인구위기국가
일본

인구위기국가 일본

저출산, 고령화, 인구감소의 위기를 극복하는 방법

초판 1쇄 펴낸날 | 2021년 11월 17일

지은이 | 정현숙
펴낸이 | 류수노
펴낸곳 | (사)한국방송통신대학교출판문화원
　　　　03088 서울시 종로구 이화장길 54
　　　　대표전화 1644-1232
　　　　팩스 02-741-4570
　　　　홈페이지 http://press.knou.ac.kr
　　　　출판등록 1982년 6월 7일 제1-491호

출판위원장 | 이기재
편집 | 신경진
본문 디자인 | 티디디자인
표지 디자인 | bookdesignSM

©정현숙, 2021
ISBN 978-89-20-04225-6 93300

값 22,000원

인구위기국가
일본

정현숙 지음

에피스테메
EPISTEME

1990년대까지만 해도 일본을 수식하는 말은 '경제 대국'이었다. 일본 경제는 1950년대 중반부터 1970년대 초반까지 매년 빠르게 성장해 연평균 9%의 성장률을 나타냈고, 이러한 성장에 힘입어 일본은 1968년에 미국에 이어 두 번째로 큰 경제규모를 갖게 되었다. 1987년에는 1인당 실질 GNP국민총생산가 미국을 추월했다.

세계는 일본의 고도성장에 주목했고, 일본의 독특한 집단주의 문화와 협조적 노사관계가 경제성장을 뒷받침했다고 찬사를 보냈다. 동아시아 문제의 권위자인 에즈라 보겔이 『저팬 애즈 넘버원 Japan as Number One』이라는 책에서 미국은 일본을 배워야 한다며 칭찬을 아끼지 않았던 것이 1979년의 일이다.

그렇지만 1990년대에 거품경기가 꺼지면서 일본은 장기간의 경기침체에서 빠져나오지 못했다. 1995년 일본의 GDP국내총생산는 5조 4489억 달러로 세계 GDP의 17.5%를 차지했다. 그렇지만 이 해를 정점으로 정체와 감소를 반복해 일본의 GDP는 2017년에

4조 8673억 달러로 하락했고, 세계 GDP에서 차지하는 비중도 6.1%로 크게 떨어졌다.[1]

같은 기간 미국의 GDP가 7조 6397억 달러에서 19조 4854억 달러로 2.6배 증가한 것과는 대조를 이룬다. 또한 같은 기간 한국의 GDP는 5561억 달러에서 1조 5308억 달러로 2.8배 증가했다. 그리고 같은 기간 중국의 GDP는 7345억 달러에서 12조 2378억 달러로 16.7배 증가했고, 이러한 약진을 통해 중국은 2010년에 일본을 제치고 세계에서 두 번째로 경제규모가 큰 나라가 되었다.

일본의 쇠락은 1인당 GDP에서도 잘 드러난다. 1995년과 2017년의 1인당 GDP를 비교해 보면, 일본은 43,440달러에서 38,402달러로 감소했다. 같은 기간 미국은 28,758달러에서 60,055달러로 2.1배 증가했고, 한국은 12,277달러에서 30,025달러로 2.4배, 중국은 592달러에서 8,682달러로 14.7배 증가했다.

이러한 수치에서 알 수 있듯이 다른 나라가 성장해서 앞으로 나아가고 있을 때 일본은 20년이 넘는 긴 시간 동안 침체와 후퇴를 반복하고 있었던 셈이다. 그 결과 한국과 일본의 경제격차는 계속해서 줄어들고 있다. GDP 규모에서 한국은 1995년에 일본의 10.2%에 불과했으나 그 격차를 좁혀 2017년에 일본의 31.5%를 나타냈다. 1인당 GDP에서는 한국은 1995년에 일본의 28.3%에 불과했으나 2017년에는 일본의 78.2%가 되었다. 그리고 구매력

---

1 이하 GDP 수치는 총무성 통계국(総務省統計局)에서 펴낸 『세계의 통계(世界の統計)』 (2020)에 따른 것이다.

평가 기준으로 본 1인당 GDP에서 한국은 2017년에 일본을 넘어섰고, 이러한 우위는 이후에도 이어지고 있다.

그렇다면 일본은 왜 이렇게 국제 경쟁력을 잃고 추락하고 있는가? 이에 대해서는 여러 측면에서 다양한 요인을 생각해 볼 수 있지만 그 근저에는 저출산과 고령화, 인구감소로 대표되는 인구문제가 있다. 일본은 1990년까지만 해도 유럽의 선진국보다 고령자비율이 낮은 편이었지만 이후 고령화가 빠르게 진행되어 2005년에는 세계에서 고령자 비율이 가장 높은 나라가 되었다. 또한 생산연령인구는 1995년을 정점으로 감소하고 있으며, 총인구는 2008년을 정점으로 감소하고 있다.

저출산, 고령화, 인구감소의 위기를 겪고 있는 일본의 현재 상황은 매우 심각하다. 가장 큰 뇌관은 사회보장비용의 팽창으로 인해 천문학적으로 증가하는 재정적자이다. 일본 정부는 사회보장비용의 부담문제를 해결하지 못해 매년 수십 조 엔의 국채를 발행해 그 부족분을 메우고 있다. 일본의 사회보장제도는 사회보험방식을 근간으로 하고 있지만 부담은 줄이고 혜택은 늘리는 방식으로 제도를 운영해 왔기 때문에 전체 사회보장급여비에서 차지하는 공비부담(중앙정부와 지자체의 부담) 비율이 40％가 넘는다. 따라서 재정 위기에 매우 취약하다. 고도성장기에는 늘어나는 세수로 사회보장비용을 충당할 수 있었지만 저성장기에는 세수는 크게 감소한 데 반해 고령인구가 빠르게 증가해 정부의 재정적자가 눈덩이처럼 불어나고 있다. 그렇지만 정치적으로 국민부담 문제를 해결하지 못해 향후에도 재정적자가 누적되면서 재정 파탄을 우려해야 하는 상황이다.

또한 고령화로 인한 사회복지서비스의 수요도 사회적으로 감당하기 어려운 수준으로 팽창하고 있다. 복지 현장의 인력 부족은 이미 오래전부터 심각한 사회문제가 되었다. 1950~1960년대 고도성장기에 일자리를 찾아 대도시로 들어온 젊은이들이 75세 이상 고령자가 되면서 향후 도쿄와 그 주변 도시는 고령자 복지시설 부족과 인력난이 심각한 사회문제가 될 것으로 예상된다.

나아가 지방의 쇠퇴와 소멸문제도 심각하다. 이미 수십 년 전부터 젊은이들이 빠져나간 농산어촌과 소도시는 고령화와 인구감소로 활기를 잃고 있다. 인구 50만 명 이상 또는 100만 명 이상의 대도시에서도 이미 인구감소가 일어나고 있으며, 도시 인프라의 노후화도 빠르게 진행되고 있다.

더욱이 일본의 인구위기는 아직 초입 단계에 들어선 것에 불과하며, 본격적인 위기 상황은 지금부터 30~40년 동안 매우 급격하게 진행될 것이라는 점이 중요하다. 총인구는 향후 40년 동안 3248만 명이라는 엄청난 규모로 감소하는데, 인구감소의 대부분은 생산연령인구의 감소로 인한 것이다.[2] 생산연령인구는 1995년

---

2 인구전망치는 후생노동성(厚生労働省) 산하의 국립사회보장·인구문제연구소(国立社會保障·人口問題研究所)가 2017년에 추계한 것으로 출생과 사망 중위 수준 가정 시의 추계 결과이다. 이하 이 책에서 특별한 언급이 없는 한 인구전망치는 출생과 사망 중위 수준 가정 시의 추계 결과이다.

을 정점으로 2020년까지 25년 동안 이미 1310만 명 감소했고, 2020년에서 2060년까지 40년 동안 2613만 명이 감소한다. 반면 고령인구는 2040년까지 계속 증가한다. 이런 점에서 향후 30~40년의 시간을 버티면서 저출산, 고령화, 인구감소가 일으키는 축소와 소멸의 소용돌이에 빠지지 않도록 과감한 혁신과 개혁을 이루어 낼 수 있을지가 일본의 국가 운명을 좌우할 것이다.

그런데 일본의 위기 상황이 우리에게는 남의 이야기가 아니다. 일본이 매우 급격한 형태로 저출산과 고령화, 인구감소의 위기를 맞는 첫 번째 국가라면, 한국은 일본과 동일한 길을 가는 두 번째 국가가 될 것이기 때문이다. 더욱이 한국은 일본보다 고령화 속도가 빠르고 출산율은 극단적으로 낮아서 일본이 겪고 있는 위기 상황보다 훨씬 심각하게 인구위기를 겪게 될 가능성이 높다.

따라서 일본의 현재 상황과 향후 겪게 될 위기 상황의 총체를 제대로 파악하는 것은 우리의 인구문제를 대비하고 해법을 모색하는 데도 매우 중요한 참고가 된다. 한국에서도 일본의 인구문제는 매스미디어를 통해 널리 소개되고 있지만 단편적인 소개에 그치고 있어 위기의 전체상을 제대로 파악하기 어렵다. 또한 피상적으로 이해하고 있는 부분도 많아 일본의 실패한 대응책이 성공 사례로 소개되는 경우도 꽤 있었다.

이런 점을 고려해 이 책에서는 일본이 겪고 있는 인구위기의 근본 원인이 무엇이고, 인구위기가 일본 사회의 주요 영역에서 어떤 양상으로 나타나고 있는지를 분석한다. 나아가 문제 해결을 위한 일본 사회의 대응은 적절한지에 대해 검토하고 향후 전망을 제시한다.

우리는 일본이라는 사례를 통해 인구위기가 사회 전 영역에 걸쳐 얼마나 큰 영향력을 미치는지를 확인할 것이다. 그리고 총체적인 위기를 극복하는 일이 얼마나 어려운 일인지, 그럼에도 불구하고 빨리 손을 쓰지 않으면 헤어나올 수 없는 위기의 심연으로 빠져들게 된다는 점을 생생하게 확인할 것이다.

인구문제의 해결책을 모색하는 데 가장 필요한 것은 우선 인구위기의 전체상을 전 국민이 제대로 이해하는 일이다. 그래야만 국민의 이해와 공감을 얻고 위기 극복을 위한 협력과 비용 분담도 요구할 수 있다. 이런 점에서 우리는 일본이 어떤 점에서 성과를 올렸고, 또 어떤 점에서 실패를 했는지 면밀하게 검토할 필요가 있다. 이 책이 한국의 인구문제를 생각하는 데 많은 참고가 되었으면 좋겠다.

2021년 11월
정현숙

1장

일본의 인구위기,
어느 정도로 심각한가

일본의 인구위기는 어느 정도로 심각한가? 일본인들은 일본이 처한 상황을 어떤 시각으로 보고 있을까? 분석의 출발점으로서 여기에서는 당사자인 일본인의 눈을 통해 일본이 직면하고 있는 위기 상황을 거시적인 틀에서 파악해 본다.

현재 일본에서는 총체적 위기론이 일본 열도를 뒤덮고 있다고 할 정도로 위기 의식이 팽배하다. 일본인들 사이에서는 저출산과 고령화, 인구감소로 일본이 쇠퇴하고 있으며, 쇠퇴를 넘어 소멸을 향해 가고 있다고 주장하는 목소리도 많다.

반면 소수이지만 낙관적 전망을 제시하는 사람도 있다. 낙관론자들은 고령자나 여성의 노동시장 참여로 인구감소를 극복할 수 있으며, 인공지능이나 로봇을 활용해 생산성을 향상시킬 수 있다고 주장한다.

이 장에서는 현재 상황을 바라보는 일본인들의 상반된 시각을 통해 일본이 처해 있는 전반적인 상황을 파악하고, 구체적으로 어떤 점이 문제가 되는지를 살펴본다.

1. 총체적 위기론의 분출

일본인들이 현재 상황을 매우 심각하게 보고 있다는 것은 각종 여론조사나 인터넷, TV, 신문, 출판물 등 다양한 매체를 통해 널리 확인된다. 내각부가 2014년에 실시한 「인구, 경제사회 등 일본의 장래상에 관한 여론조사」에 따르면 50년 후의 일본 미래가 밝다고 생각한다는 응답은 33%, 어둡다고 생각한다는 응답은 60%에 이른다(內閣府, 2014).

인터넷에는 근대 이후 처음 경험하는 인구감소에 대한 위기의식을 표현하는 글과 영상이 넘쳐난다. 일본의 성장시대는 끝났으며, 앞으로 쇠퇴와 소멸의 길을 걸을 것이라는 대중들의 불안과 걱정의 목소리가 많다. TV 방송에서는 이용객이 거의 없는 철도역을 찾아가거나 산 속에 고립된 집을 찾아가는 정규 프로그램이 있을 정도로 지방의 쇠퇴는 익숙한 모습이 되었다.

인구문제를 다룬 출판물도 엄청나게 쏟아져 나오고 있다. 인구문제에 대한 대중들의 관심과 불안을 배경으로 판매부수가 수십만 부에 이르는 베스트셀러도 상당히 많다. 신문기자인 가와이 마사시河合雅司가 2017년에 발표한 『미래 연표: 인구감소 일본에서 향후 일어나는 일未来の年表: 人口減少日本でこれから起きること』은 일본 정부기관의 인구예측 통계를 토대로 향후 수십 년 동안 일어나게 될 일들을 현실감 있게 제시하여 76만 부가 팔리는 베스트셀러가 되었다. 이 책은 한국어로도 번역되어 있다.

이하에서는 인구문제를 다룬 주목할 만한 논의를 몇 개의 영역으로 나누어 소개한다.

인구감소국가의 암울한 미래

인구 장래추계를 발표하고 있는 후생노동성 산하의 국립사회보장·인구문제연구소에 따르면 일본 인구는 2020년에 1억 2583만 명에서 2060년에 9284만 명이 될 것으로 예상된다. 불과 40여 년 사이에 3000만 명 이상이 감소하는 일본의 모습은 상상이 잘 안 된다. 이런 충격적인 인구예측을 받아들여 일본의 미래를 암울하게 전망하는 책들이 많다.

일본재건이니셔티브日本再建イニシアティブ는 후쿠시마 원전사고라는 엄청난 충격을 준 역사적 사건을 계기로 창설된 민간 단체인데, 일본이 직면한 국가적 과제에 대응해 다양한 조사와 연구활동을 통해 정책 제언을 하고 있다. 이 단체가 2015년에 펴낸 『인구증발 5000만 명 국가, 일본의 충격人口蒸発「5000万人国家」日本の衝撃』이라는 책에는 다음과 같은 위기 의식이 절절히 드러난다. 현재의 저출산이 지속되면 일본 인구는 21세기 말에 5000만 명 규모로 축소하며, 더욱이 고령자가 40%나 되는 늙은 국가가 된다. 5000만 명 국가 일본의 활력과 생명력은 쇠퇴하고, 국민은 자신감을 상실하며, 지금까지 이어져 온 문화나 전통도 유지할 수 없게 된다.

이러한 인식을 토대로 이 책에서는 암울할 미래를 극복하기 위한 해결책으로 백년대계의 관점에서 인구정책을 마련해야 한다고 주장한다. 그리고 구체적인 정책으로 출산율을 높이기 위한 적극적인 지원책, 일과 생활의 양립, 교육의 근본적 개혁, 지방의 인구 재배치, 대도시와 지방을 살리기 위한 지역 재생 등 그야말로 사회 전 영역에 걸친 광범위한 개혁을 주문한다.

인구경제학자 가토 히사카즈加藤久和도 비슷한 지적을 하고 있다. 그는 2016년에 발표한 『8000만 명 사회의 충격: 지방 소멸에서 일본 소멸로8000万人社会の衝撃: 地方消滅から日本消滅へ』에서 이대로 저출산이 지속되면 2060년에 일본 인구는 8000만 명 규모로 축소해 지방 소멸을 넘어 일본 소멸로 가게 된다고 주장한다. 그는 인구문제가 미치는 영향을 경제성장, 대도시와 지방의 격차, 재정과 사회보장 부문으로 나누어 광범위하게 분석하고 있다. 그의 분석에 따르면 초고령화와 생산연령인구의 감소로 경제성장은 더욱 어려워지고, 막대한 사회보장비용으로 인해 국가 재정은 위기 상황에 놓이게 된다. 또한 도쿄권의 일극 집중으로 지방의 쇠퇴는 더욱 가속화될 것이다.

가토 교수는 이러한 분석을 토대로 일본 소멸을 막기 위한 전략으로 저출산 탈피, 지속적인 경제성장이 가능한 시스템의 구축, 인구감소에 맞는 국토의 재배치, 재정 건전성을 확보하기 위한 사회보장개혁을 주장한다.

한편 가와이 마사시는 앞에서도 언급한 『미래 연표』에서 향후 수십 년 동안 일본은 다음과 같은 충격적인 사건의 연속에 놓이게 된다고 주장했다. 국립대학이 도산 위기에 처하고, IT 기술자가 부족해 기술 대국의 지위가 흔들리며, 노부모 간병을 위해 이직하는 사람이 대규모로 발생하고, 독거 고령자도 크게 증가한다. 또한 기업은 인건비 상승으로 경영난에 처하며, 치매환자가 700만 명 규모로 급증한다. 빈집이 전체 주택의 1/3에 이르고, 사망 건수가 급증하면서 화장장이 부족해지고, 결혼하지 않는 미혼자들이 크게 증가하며, 지자체의 절반이 소멸 위기에 처한다는 것이다.

지방의 쇠퇴와 소멸

앞에서 소개한 논의는 인구위기가 사회 전반에 미치는 영향을 포괄적으로 분석한 것인 데 반해 특정 영역에서 벌어지는 문제에 주목한 논의도 많다.

일본에서 인구문제는 지방에서 먼저 시작되었다. 고도성장이 한창인 1960년대에 지방의 젊은이들이 대거 대도시권으로 몰려들면서 지방에서는 심각한 인구유출이 일어났고, 인구의 재생산 기반을 상실해 고령화가 더욱 빠르게 진행되었다. 이처럼 인구가 급격히 빠져나가 지역공동체의 기능을 제대로 하지 못하는 지역을 과소지역過疎地域이라고 하는데, 과소지역이 직면한 문제의 심각성을 다룬 책은 셀 수 없을 정도로 많다. 한편 중소도시에서도 이미 오래전부터 인구감소와 고령화로 지역이 쇠퇴하는 경우가 많아 지방도시의 문제를 다룬 책들도 넘쳐난다.

NHK 취재반이 2017년에 펴낸 『축소 일본의 충격縮小ニッポンの衝擊』은 극단적인 고령화와 인구감소로 지역공동체의 기반이 무너져

가는 지방의 현주소를 생생하게 보여 준다. 시마네현 고츠시江津市의 세지리마을瀨尻集落은 거주하는 사람이 없어 이미 11년 전에 폐촌이 되었다. 지금은 풀숲으로 육로가 막히고 사람들이 사라진 마을에는 원숭이, 멧돼지, 너구리 등이 내려와 논밭에 피해를 주고 있다. 또한 같은 시마네현 이이난초飯南町의 다니지구谷地区는 인구 감소로 더 이상 대중교통수단이 유지되기 어려워지자 주민들이 자원봉사로 미니버스를 운행하고 있다. 이 책에는 여러 과소지역의 사례가 소개되고 있는데, 이들 사례를 통해 소멸위기에 처한 마을 주민들이 기초적인 생활 수준을 유지하기 위해 모든 부담을 떠안으며 안간힘을 쓰는 가혹한 현실을 확인할 수 있다.

농산촌의 지역 재생 연구를 주도해 온 오다기리 도쿠미小田切德美 교수는 2014년에 발표한 『농산촌은 소멸하지 않는다農山村は消滅しない』에서 마을이 소멸하는 단계를 다음과 같이 지적했다. 우선 인구가 계속 감소하는 '사람의 공동화空洞化'가 일어나면 지역공동체로서 생산을 보완하고 생활을 지원하는 기능이 쇠퇴한다. 이렇게 되면 농업을 지속하는 것이 어려워져 주민들이 농사를 그만두고 토지를 방치하는 '토지의 공동화'가 일어난다. 이후 주민들 사이에서 지역사회에 대한 자부심이나 자긍심이 상실되면서 마을을 떠나는 '마을의 공동화'가 일어난다. 이 단계가 되면 마을은 급속히 소멸 단계로 간다.

한편 향후 수십 년 뒤 전개될 지역사회의 충격적인 모습을 거시적으로 보여 준 책으로 총무대신総務大臣을 지낸 마스다 히로야増

田寬也가 2014년에 펴낸『지방 소멸地方消滅』이 있다. 한국어로도 번역된 이 책은 일본에서 24만 부가 팔릴 정도로 큰 반향을 일으켰다. 마스다가 이끌고 있는 정책제언기관 일본창성회의日本創成会議는 독자적인 장래추계를 바탕으로 2010~2040년에 20~39세의 가임여성 인구가 절반 이하로 감소하는 기초자치체를 '소멸 가능성 도시'라고 불렀다. 가임여성의 감소는 출생아 수의 급격한 감소로 이어지기 때문에 결국 지역의 소멸을 초래한다. 일본창성회의에서는 2040년에 소멸할 가능성이 있는 지자체가 모두 896개로 전체 시정촌市町村의 49.8%에 이른다는 충격적인 결과를 제시했다.

지방 소멸에는 도쿄로만 사람이 몰려드는 도쿄의 일극 집중화가 매우 중요한 요인으로 작용한다. 일본창성회의는 도쿄가 블랙홀처럼 지방의 젊은이들을 빨아들이고 있다고 주장한다. 지방에 머물렀더라면 거기서 결혼해 아이를 낳고 잘 살았을 젊은이들을 도쿄로 끌어들여 결혼도 출산도 하지 못하게 하고 있다는 것이다. 따라서 이 책에서는 지방 소멸과 일본 소멸을 막기 위해 도쿄의 일극 집중화를 억제해야 한다고 주장했다.

한편 가와이 마사시도 일본창성회의와 비슷한 분석을 통해 지방의 쇠퇴와 소멸을 경고한다. 그는 2019년에 발표한『미래의 지도첩: 인구감소 일본의 각 지역에서 일어나는 일未来の地図帳: 人口減少日本で各地に起きること』에서 일본 정부기관이 발표한 지방의 인구예측치를 토대로 2045년에 인구감소로 소멸하는 지자체가 무더기로 속출하고 기존의 대도시권마저 무너지는 충격적인 상황을 제시했

다. 그야말로 급격한 인구감소로 현행 광역자치체와 기초자치체의 행정체계조차 유지하기 어려운 암울한 미래가 기다리고 있다.

빈집 증가와 부동산 폭락

고령화와 인구감소는 빈집, 논밭, 산림 등의 부동산이 방치되는 문제를 일으킨다. 대도시보다 수십 년 앞서 고령화와 인구감소를 경험하고 있는 지방에서는 고령자가 사망하면서 상속되지 않는 빈집과 토지 등이 크게 증가하고 있어 심각한 문제를 낳고 있다.

도시계획 전문가인 노자와 지에野澤千絵 교수가 2016년에 발표한 『낡은 집, 붕괴되는 마을: 주택과잉사회의 말로老いる家 崩れる街: 住宅過剰社会の末路』에서는 급속한 고령화와 인구감소로 빈집이 빠르게 증가하는 실태를 잘 보여 준다. 2013년 기준으로 820만 호에 달하는 빈집은 2033년에는 2150만 호에 이르러 세 집 중 한 집이 빈집이 되는 상황이 발생한다.

그런데 빈집이 넘쳐나는 상황에서도 지방 소도시와 농촌에서는 여전히 신규 주택이 무질서하게 건설되는 모순된 상황이 벌어지고 있다. 이는 인구를 조금이라도 늘려서 세수를 확보하고 싶은 지자체와 싼 토지에 주택을 분양해서 이윤을 남기려는 개발업자의 이해가 맞아떨어져 생긴 일이다. 이런 식의 무질서한 주택 공급으로 거주지가 확대되면 새 거주지역의 인프라 정비에 막대한 세금이 투입되고 입주민을 대상으로 한 행정서비스 비용도 증가한다. 심지어 거주지로서 기반을 갖추지 못한 곳은 입주자를 찾지 못해 주택가격 폭락과 빈집 양산, 거주환경 악화라는 결과를 초래하기도 한다. 이처럼 인구감소시대에 역행하는 도시 운영으로 인해 지방의 쇠퇴가 더욱 가속화되는 상황이 일본 각지에서 벌어지고 있다.

한편 요시하라 쇼코吉原祥子가 2017년에 발표한 『인구감소시대의 토지문제: 소유자 불명화와 상속, 빈집, 제도의 향방人口減少時代の土地問題:「所有者不明化」と相続, 空き家, 制度のゆくえ』에서는 인구감소시대에 방치되는 토지문제가 매우 심각함을 생생히 보여 준다. 요시하라에 따르면 일본 전국에 있는 사유지의 약 20%는 소유자의 거주지나 생사를 알 수 없는 토지이며, 그 면적은 규슈 지방보다 넓을 정도로 엄청난 규모이다. 그리고 소유자를 알 수 없는 토지는 농산촌에서뿐만 아니라 도시에서도 많이 발견된다는 점에서 문제가 심각하다.

그 사례를 살펴보면 등기부상의 소유자가 이미 수십 년 전에 사망한 경우도 많고, 여러 대에 걸쳐 상속 이전이 이루어지지 않고 방치됨으로써 상속자가 수십 명에 이르는 경우도 많다. 고령화와 인구감소로 인해 소유자를 알 수 없는 부동산은 빠르게 증가하는데, 고령자의 사망과 더불어 이용 가치나 자산 가치가 없는 토지가 후손에게 상속되지 않은 채 그대로 방치되고 있기 때문이다. 요시하라는 이러한 분석을 토대로 인구감소시대에 걸맞은 새로운 소유 관념과 소유제도를 통해 토지를 유효하게 활용할 수 있는 방안을 마련해야 한다고 주장했다.

아사히신문 취재반이 2019년에 발표한 『부동산시대: 마이너스

가격의 집과 토지負動産時代: マイナス価格となる家と土地』에서도 부동산을 둘러싼 심각한 위기 상황이 잘 드러난다. 지금까지 일본에서 부동산은 그 가치가 계속 올라가는 자산으로 여겨져 왔는데, 인구감소 시대에 부동산은 고정자산세와 관리비만 들어가는 마이너스 부동산이 되고 있다.

이 책에 소개된 사례를 살펴보면, 거품경기가 한창이던 시기에 스키장 등의 유원지에 대량으로 지어진 리조트 맨션은 그냥 내놓아도 팔리지 않는다. 건축한 지 40년이 넘는 노후 맨션도 빠르게 증가하고 있는데, 2027년이 되면 지은 지 40년이 넘는 집합 주택이 일본 전국에서 185만 호가 될 것이라고 한다. 현재도 소유자의 연령대나 소득 수준이 달라 집합 주택의 해체 또는 매각에 대한 합의를 이루지 못하고 빈집으로 방치되어 있는 경우가 많은데, 향후 노후 맨션의 재건축 문제는 더욱 큰 사회적 이슈가 될 것으로 예상된다. 그리고 고령자의 사망 건수가 증가하면서 상속되지 않고 남는 빈집은 더욱 늘어날 것이다.

한편 인구감소로 부동산 가격 하락을 예언하는 책들도 쏟아져 나오고 있다. 지방의 부동산 가격 하락은 이미 오래전부터 일어난 현상이지만 인구가 대규모로 감소하는 시대에 들어서면 도쿄와 같은 대도시도 폭락 사태를 맞게 된다는 주장이 많다.

사카키 아쓰시榊淳司는 2017년에 펴낸 『2025년 도쿄부동산 대폭락2025年東京不動産大暴落』에서 2025년에 도쿄의 부동산이 대폭락할 것이라고 주장했다. 2025년은 패전 직후에 태어난 베이비붐 세대가

75세 이상 고령자가 되고, 지방에서 유입되는 전입자 수도 감소해 도쿄 23구[1]의 인구가 본격적으로 감소하는 시기이다. 따라서 지방의 쇠퇴와 소멸을 넘어 도쿄와 같은 대도시에서도 부동산이 대폭락하는 사태가 도래할 것이라고 주장한다.

비슷한 주장은 여러 사람들에 의해 제기되고 있다. 사사키 노부오佐々木信夫 교수는 2017년에 발표한 『늙어가는 도쿄老いる東京』에서 도쿄의 쇠퇴를 걱정한다. 그는 베이비붐 세대가 대거 퇴직하면서 이미 도쿄 주변 지역의 쇠퇴가 진행되고 있으며, 올림픽 개최가 예정된 2020년을 정점으로 도쿄 23구에서도 인구가 감소하고 고령자가 빠르게 증가해 심각한 노화와 쇠퇴문제가 대두될 것이라고 지적한다.

이와 같은 여러 분석을 고려할 때 고령화와 인구감소로 인해 지속적으로 증가하게 될 빈집과 빈 토지, 빈 임야를 어떻게 유효하게 활용할 것인지가 향후 큰 과제가 될 것이다. 전 국토의 효율적 이용이라는 거시적 차원에서 부동산의 소유제도나 이용 방식에 대한 근본적 개혁이 필요함을 이들 논의에서 잘 보여 주고 있다.

1　일본의 수도는 도쿄도(東京都)이며, 도쿄도 안에는 도쿄 23구를 비롯해 26개 시, 5개 정(町), 8개 촌(村)이 있다. 23개의 특별구로 이루어진 도쿄 23구는 특별공공지방단체로 일반시와 거의 같은 권한을 부여받고 있다. 우리가 흔히 서울특별시와 대비시켜 떠올리는 도쿄는 도쿄 23구에 해당된다.

사회보장비용의 팽창과 재정적자

고령화가 빠르게 진행되면서 사회보장비용이 크게 증가하고 이로 인해 재정적자는 빠르게 증가하고 있다. 재무성의 추계에 따르면, 1990~2021년까지 31년 동안 부족한 사회보장비용을 충당하기 위해 일본 정부가 발행한 국채의 누적액수는 무려 372조 엔이나 된다(財務省, 2021). 이처럼 상황이 매우 심각하기 때문에 재정 파탄에 대한 위기 의식으로 사회보장비용의 팽창과 재정적자의 문제를 다룬 책은 헤아릴 수 없을 정도로 많다.

경제학자 야시로 나오히로八代尚宏는 2013년에 발표한 『사회보장을 다시 세운다: 국채 의존으로부터의 탈피社会保障を立て直す: 借金依存からの脱却』에서 고령화로 인한 사회보장비용의 팽창과 이로 인한 국가 재정의 심각한 위기 상황을 경고하고 있다. 일본은 지금까지 수십 년간 적자 재정으로 사회보장제도를 유지해 왔는데, 향후 고령화가 더욱 빠르게 진행되는 상황에서 이러한 방식은 더 이상 지속 가능하지 않기 때문에 재정 파탄이 일어날 가능성이 크다. 야시로 교수는 이 문제를 해결하기 위해서는 고령자의 부담을 높여 세대 간 공평성을 확보하고, 사회보장제도를 효율적으로 운영하기 위해 시장의 규율을 살린 제도를 설계해야 한다고 주장했다.

또한 야시로 교수는 2016년에 발표한 『실버 민주주의: 고령자 우대를 어떻게 극복할 것인가シルバー民主主義: 高齢者優遇をどう克服するか』에서 실버 민주주의의 폐해를 지적한다. 실버 민주주의란 유권자에서 차지하는 비중이 크고 투표율도 높은 고령층이 정치적으로 큰

힘을 발휘하는 것을 말하는데, 실버 민주주의의 위력이 커지면서 사회보장개혁은 더욱 요원해지고 있다. 야시로 교수는 고령자 우대를 극복하는 길만이 재정적자를 줄이고 사회보장 시스템을 지속 가능하게 만드는 길임을 강조한다.

조만간 재정 파탄이 일어날 수 있음을 경고하는 책들도 넘쳐난다. 그중에서 대표적인 논의로 고바야시 게이이치로小林慶一郎를 비롯해 금융과 재정 분야의 전문가들이 2018년에 펴낸 『재정 파탄 후: 위기의 시나리오 분석財政破綻後: 危機のシナリオ分析』이 있다. 이 책에서 논자들은 인구감소가 급속히 일어나는 현 상황에서 일본의 재정 파탄은 이미 우려를 넘어 현실에서 언제든지 일어날 수 있는 일이라고 경고한다. 국가채무가 1,000조 엔을 돌파한 상황에서 재정파탄은 일어날 것인가 아닌가의 문제가 아니라 언제든 일어날 수 있는 문제라는 것이다. 이러한 절박한 문제 의식에서 이 책에서는 재정 파탄 시 피해를 최소화하고 위기를 단기간에 극복하기 위한 긴급한 대응책과 더불어 일본이 안고 있는 재정적자의 문제를 근본적으로 해결하기 위한 개혁 조치도 제시하고 있다.

2. 인구문제에 대한 낙관적 전망은 가능한가

이상으로 살펴본 총체적 위기론에 대해서는 반발도 크다. 총체적 위기론이 인구위기를 과장하고 불안감을 조장한다는 것이다.

낙관론자들은 인구감소가 꼭 절망적인 것만은 아니며 오히려 풍요와 여유를 누릴 수 있는 좋은 기회라고 주장하기도 한다.

낙관론의 대표적인 논자로서 경제학자인 하라다 유타카原田泰는 2001년에 발표한 『인구감소의 경제학: 저출산, 고령화가 일본을 구한다人口減少の経済学: 少子高齢化がニッポンを救う!』에서 인구감소가 한 사람 한 사람의 삶을 풍요롭게 하는 원천이 될 수 있다고 주장한다. 인구감소사회에서는 개인이 가진 가치가 더욱 중시되며, 노동생산성을 높임으로써 한 사람 한 사람의 풍요를 비약적으로 높일 수 있다. 또한 인구감소로 늘어난 토지와 주택을 활용함으로써 사람들은 여유로운 생활을 누리고 행복을 만끽할 수 있다.

단 이러한 낙관적 전망이 가능하기 위해서는 충족되어야 할 전제조건이 있다. 하라다 교수는 미국에 비해 상당히 낮은 노동생산성을 높여야 하고, 노동력 감소를 완화하기 위해 여성과 고령자의 경제활동참여가 활발해져야 한다고 주장한다. 그리고 고령자에 대한 간병의 충실화, 의료의 효율화, 연금개혁 등을 통해 고령사회의 비용을 낮추어야 한다는 점도 지적한다. 이런 지적들을 고려할 때 그가 바라보고 있는 현실이 결코 낙관적이지만은 않다는 것을 알 수 있다. 하라다 교수의 주장은 순수한 낙관론이라기보다는 저자의 희망 섞인 낙관론의 성격이 강하다고 할 수 있다.

낙관론의 또 다른 대표적인 논자로는 거시경제학자인 마츠타니 아키히코松谷明彦가 있다. 그는 의료공학자인 후지마사 이와오藤正巌와 2002년에 발표한 『인구감소사회의 설계: 행복한 미래로 가는

경제학人口減少社会の設計: 幸福な未来への経済学』에서 지나온 인구증가시대
가 긴 노동시간과 낮은 노동생산성, 낮은 노동분배율, 소비억제
등으로 인해 일본인에게 행복만을 가져왔던 것은 아니라고 지적한
다. 또한 인구감소로 인한 경제규모의 축소가 결코 어두운 미래를
가져오는 것은 아니다. 저자들은 인구감소가 개개인의 행복감을
높이고, 기술개발에 대한 자극이 되며, 거주공간이나 여가를 충분
히 누리는 사회를 확립하는 호기라고 주장한다.

또한 마츠타니는 2004년에 발표한 『인구감소경제의 새로운 공
식: 축소하는 세계의 발상과 시스템人口減少経済の新しい公式: '縮む世界'の発
想とシステム』에서 인구감소시대가 그동안 경제규모에 비해 빈곤한
국민생활을 지속해 온 일본이 안고 있는 근본 문제를 해결할 수
있는 호기라고 주장한다. 인구감소사회에서는 일본 경제 전체 규
모보다는 국민 1인당 경제규모가 중시되며, 개인의 풍요와 행복이
중시되기 때문이다.

그렇지만 마츠타니는 인구감소시대에 풍요로운 사회를 유지하
기 위해서는 개인생활에서부터 기업 경영, 지역경제, 정부 정책에
이르기까지 광범위한 영역에서 근본적인 개혁이 필요하다는 점도
강조한다. 개인은 은퇴 이후의 생활까지 내다보는 긴 안목으로 회
사 중심의 사고 방식에서 벗어나 새로운 시대에 요구되는 전문성
을 갖추고, 일과 여가를 양립시키는 라이프스타일을 추구해야 한
다. 기업은 혁신과 슬림화를 추구하고, 매출 확대가 아닌 부가가
치 향상을 통해 새로운 길을 모색해야 한다. 정부는 경기부양을

목표로 한 사회간접투자나 파탄 직전에 있는 사회보장 시스템을 과감하게 축소하고 최소한의 인프라를 제공하는 작은 정부에 머물러야 한다. 지자체는 인근 지역과 밀접한 경제권을 형성하는 지역 광역경제권을 만들어 지역경제를 살려야 한다.

이러한 처방전에서 알 수 있듯이 마츠타니 교수도 하라다 교수와 마찬가지로 현재 일본이 처한 상황을 매우 엄중하게 보고 있다. 그의 입장은 고령화와 인구감소로 인한 경제규모의 축소를 피할 수 없으며, 사회보장 시스템이 파탄 직전에 있음을 전제로 미래를 위한 해결 방안을 모색해야 한다는 것이다.

한편 경제평론가 스즈키 마사유키鈴木将之는 조금 다른 관점에서 낙관론적 전망을 제시하고 있다. 그는 2017년에 발표한『초고령사회이기 때문에 급성장하는 일본 경제: 2030년에 GDP 700조 엔의 일본超高齢社会だから急成長する日本経済: 2030年にGDP700兆円のニッポン』에서 고령자의 자산규모가 매우 크다는 점에 주목해 고령자의 잠재적 소비력을 현실화하면 이것이 일본 경제의 성장동력이 될 수 있다고 주장했다. 2014년을 기준으로 60세 이상 인구가 가지고 있는 금융자산은 약 1,000조 엔에 이른다. 이는 개인금융자산 1,700조 엔의 약 60%에 해당되는 엄청난 규모이다.

이처럼 풍부한 자산을 가지고 있는 고령자는 이미 일본의 소비시장을 주도하고 있다. 고령인구가 빠르게 증가하는 가운데 기업들은 고령자를 대상으로 한 상품이나 서비스 개발에 적극적이다. 그 영역은 일상용품에서 건강식품, 패션, 미용, 취미생활 등에 이르기까지 다양하며, 고액의 서비스를 제공하는 시장도 빠르게 커가고 있다. 베이비붐 세대의 고령자는 정보 수집에도 적극적이기 때문에 고령자 대상의 상품, 가사서비스, 케어서비스의 성장 가능성은 매우 크다. 스즈키는 일본의 뒤를 이어 고령화가 빠르게 진행되고 있는 다른 나라에도 고령자 대상의 상품 개발이나 서비스의 노하우를 판매할 수 있기 때문에 일본의 미래는 밝다고 주장한다.

이상으로 살펴본 낙관론의 주장을 정리해 보면 다음과 같다. 인구감소시대에도 경영혁신과 기술혁신, 고부가가치산업으로의 이행을 통해 경제성장은 가능하다. 또한 여성과 고령자를 활용해 노동력 부족문제를 해결하고 고도의 정보통신기술을 이용해 생산성을 향상시키면 희망적인 미래를 맞이할 수 있다. 나아가 고령자의 풍부한 소비 여력을 잘 활용하면 새로운 시장을 창출해 성장동력으로 삼을 수 있다.

다만 낙관주의자들의 주장은 '위기를 기회로 바꿀 수 있는 조건들이 실현되었을 때'라는 전제 조건을 달고 있어서 어디까지나 희망을 반영한 낙관론에 불과하다는 한계가 있다. 인구감소가 개인의 행복도를 높이고, 거주 공간의 여유를 가져오고, 기술개발을 자극하고, 노동생산성을 높일 수 있는 호기가 될 수 있다는 것이지 그 실현을 보장하는 것은 아니기 때문이다.

낙관론자들이 말하는 낙관적 전망이 현실이 되기 위해서는 인구감소시대에 적합하도록 사회 시스템을 개혁해야 하는데, 그러한 개혁을 실현하는 것 자체가 매우 어려운 과제이다. 낙관론의 대표적인 논자로서 하라다 유타카나 마츠타니 아키히코의 낙관론이 처음 제시된 것이 2001년과 2002년, 2004년인데, 당시만 해도 조금만 노력하면 잘 해결될 수 있다는 희망이 보인 시기였다고 할 수 있다. 그렇지만 20년이 다 되어가는 이 시점에서도 일본 사회의 개혁은 제대로 이루어지지 않고 있다. 아니 수십 년간 제자리에 머물러 있다고 해도 과언이 아니다.

따라서 중요한 것은 인구위기가 가져오는 미래를 암울하게 볼 것인지 아니면 희망적으로 볼 것인지의 입장 차이가 아니라, 그동안 개혁의 필요성이 줄기차게 제기되었음에도 불구하고 일본은 왜 개혁을 이루지 못했는지를 규명하는 일이다. 얼마나 철저하게 개혁을 추진해 현실을 바꿀 수 있느냐에 일본의 미래가 달려 있다고 하는 점에 주목해야 할 것이다.

3. 일본의 인구문제를 어떻게 분석할 것인가

이상으로 일본의 현재 상황을 바라보는 두 가지 상반된 시각을 통해 일본이 현재 직면하고 있는 문제들을 거시적인 큰 틀에서 살펴보았다. 이하에서는 두 가지 시각의 검토를 통해 드러난 논점을 토대로 이 책에서 일본의 인구문제를 어떻게 다룰 것인지 입장을 제시해 본다.

역사 흐름의 중심에 있는 '인구'

인구人口는 한 나라 또는 일정한 지역에 살고 있는 사람들의 총수를 말한다. 한 사회를 구성하는 개개인을 집합적으로 묶어서 수數로 표현할 때 우리는 인구라는 개념을 사용한다. 숫자로 표현된 인구통계에는 그 시대를 살았던 인간의 삶이 기록되어 있다. 한 해에 얼마나 많은 아이들이 태어났고 얼마나 많은 사람들이 사망했는지, 어떤 요인들이 출생아 수와 사망자 수에 영향을 미쳤는지, 우리는 숫자를 통해 그 시대를 살았던 사람들의 생애나 당시 사회 상황을 떠올릴 수 있다.

이런 점에서 볼 때 인구는 한 사회의 모습을 파악하는 가장 기초적인 지표이다. 사회 구성원으로서 개인은 생산활동의 담당자이자 생활을 영위하는 소비자이기도 하다. 또한 사회제도와 문화를 만들어 내고 새로운 변화를 이끌어 가는 주체이기도 하다. 그리고 세금이나 사회보장비용을 부담하는 주체이며, 국가와 국민을 지키는 병역의 담당자이기도 하다. 이런 이유로 인구는 국력의 지표로 여겨져 왔고, 지금도 여전히 국력을 구성하는 중요한 지표 중 하나이다.

인구통계에서는 인구를 크게 인구정태人口靜態와 인구동태人口動態의 두 가지 측면에서 파악한다. 특정 시점에서 파악한 인구상태를 인구정태라고 하는데, 인구정태 통계에서는 한 사회를 구성하는 인구가 몇 명이고, 성별·연령별·지역별·직업별 인구구성이 어떤 상태인지를 파악한다.

한편 인구는 시간과 더불어 변화한다. 출생아 수가 사망자 수보다 많아지면 인구가 증가하고 그 반대가 되면 감소한다. 또한 외부에서 들어오는 전입자가 밖으로 나가는 전출자보다 많아지면 인구는 증가하고 그 반대가 되면 감소한다. 그리고 이러한 변동의 과정에서 인구구조가 크게 바뀌기도 한다. 이처럼 일정 기간 내에 발생한 인구변동 상황을 인구동태라고 하는데, 인구변동을 가져오는 3요소가 바로 출생과 사망, 이동이다.

영국 인구학의 권위자 폴 몰런드Paul Morland는 2019년에 발표한 『인구의 힘The Human Tide』에서 인구가 국가의 운명을 좌우하고 세계사의 흐름을 바꾸었다고 지적한다. 근대에 들어와 진행된 인구혁명은 국가의 흥망성쇠나 권력과 경제력의 대대적인 전환에 관여했을 뿐 아니라 개인의 삶에도 큰 변화를 일으켰다.

세계에서 가장 먼저 인구폭발을 경험한 영국은 방대한 수의 공장 노동자에 힘입어 세계에서 가장 먼저 산업혁명을 달성할 수 있었고, 또 한편으로는 대량 생산과 수출이 가능했기에 기하급수적으로 증가하는 인구를 부양할 수 있었다. 그리고 급증한 인구를 호주, 뉴질랜드, 미국, 캐나다 등 광대한 지역으로 내보냄으로써 영어를 쓰는 인구를 폭발적으로 증가시켰고 세계의 흐름을 주도하는 국가가 되었다.

또한 영국에서 건너간 청교도가 건국한 미국은 서유럽뿐만 아니라 북유럽, 동유럽, 남유럽의 이민자를 적극적으로 받아들여 인구 대국이 되었다. 그리고 방대한 인구에 힘입어 단기간에 산업혁명을 달성했고, 막강한 경제력과 군사력, 기술력으로 세계의 흐름을 주도하는 초강대국이 되었다.

몰런드에 따르면, 일본은 비유럽계 국가에서는 가장 먼저 맬서스의 덫으로부터 탈출해 근대적인 인구구조로 전환한 나라이다.[2] 그는 근대 초기 일본의 급속한 공업화와 국력 상승은 인구증가와 표리일체의 관계에 있다고 지적한다. 일본은 대규모 인구를 경제력 및 산업력과 잘 결합함으로써 유럽 국가들과 어깨를 나란히 하는 열강의 대열에 들어설 수 있었다.

그렇지만 과거에 인구혁명을 주도했던 선진국들은 현재 저출산과 고령화로 인구가 정체하거나 감소하는 것을 우려해야 하는 상황에 있다. 그 선두에 일본이 있다. 과거 200년간 거대한 인구 흐름이 여러 국가들의 위상을 바꾸었듯이 21세기인 현재 저출산과 고령화, 인구감소의 위기를 겪는 국가는 국력이 쇠퇴하고 국제적 위상이 추락할 것인가? 인구위기의 선두에 있는 일본은 쇠락하는 첫 번째 국가가 될 것인가? 아직까지 인류가 한번도 경험하지 못한 이러한 대전환의 시대에 인구위기가 어떤 결과를 초래할지 그 충격과 파급력에 주목할 필요가 있다.

---

2 맬서스의 덫(Malthusian Trap)이란 영국의 경제학자 토머스 맬서스(Thomas R. Malthus)가 『인구론』(1798)에서 제시한 것으로 생산능력의 제약으로 인해 일정 수준 이상의 인구성장은 불가능하다는 이론이다. 그는 통제되지 않은 인구는 기하급수적으로 증가하는 데 반해 식량은 산술급수적으로 증가하기 때문에 필연적으로 식량 부족이 일어난다고 보았다. 이처럼 인구가 증가함에 따라 식량 생산이 전체 인구를 부양할 수 없는 한계에 도달하면 기근이나 질병 등의 위기가 발생해 인구성장이 멈추게 되는 것을 맬서스의 덫이라고 한다.

일본은 인구위기를 극복할 수 있을까?

인구학자들은 사회현상에 대한 여러 예측 중에서 인구예측만큼 정확한 것은 없다고 말한다. 인구예측은 출생과 사망, 국제인구이동에 대한 가정을 설정해 이루어진다. 일본에서는 장래 출생추이와 사망추이에 대해 각각 중간 수준과 높은 수준, 낮은 수준을 가정해 9가지의 추계치를 산출한다. 출생과 사망의 가정 수준에 따라 그 수치가 달라지기는 하지만 전쟁이나 대규모 재난 등의 특수한 상황이 아니라면 향후 인구추이도 이러한 예측 범위 안에 있다고 할 수 있다. 인구예측을 통해 우리는 수십 년 뒤의 '정해진 미래'를 내다볼 수 있는 셈이다.

그런데 인구예측의 정확성을 전제로 할 때 국립사회보장·인구문제연구소가 내놓은 인구전망은 일본 사회가 정상적으로 감당하고 극복해 낼 수 있는 범위를 넘어선다.

일본의 총인구는 2008년을 정점으로 감소하기 시작해 2020년까지 12년간 약 225만 명 감소했다. 평균 잡아 한 해에 약 19만 명 정도가 감소한 셈이다. 그렇지만 향후 본격적인 인구감소가 시작되는 2020년부터 2060년까지 3248만 명 감소할 것으로 예상된다. 한 해에 약 79만 명이 감소하는 셈이다. 이런 점에서 지금까지의 인구감소는 시작에 불과하고, 본격적인 인구감소는 지금부터 30~40년 동안 매우 급격하게 일어난다는 것을 알 수 있다.

향후 고령화는 더욱 가속화한다. 65세 이상 고령인구는 2040년까지 지속적으로 증가해 정점에 이르고 이후 조금씩 감소하는데,

2020년부터 2060년까지 감소수는 -78만 명으로 크지 않다. 반면 생산연령인구는 2020년에서 2060년까지 2613만 명이 감소하고, 유소년인구는 556만 명이 감소한다.

이러한 인구추이로 인해 2060년의 연령별 인구비율은 유소년인구 10.2%, 생산연령인구 51.6%, 고령인구 38.1%를 나타낸다. 유소년인구 비율이 매우 작고 고령인구 비율이 매우 큰, 인구재생산의 측면에서는 매우 불리한 인구구조를 보인다. 이런 점에서 일본은 향후 더욱 심각한 인구위기에 직면하게 된다.

경제평론가 이와사키 히로미츠岩崎博充는 2020년 1월에「동양경제東洋経済」온라인에 발표한「일본인은 잃어버린 30년의 본질을 깨닫지 못하고 있다日本人は「失われた30年」の本質をわかってない」라는 글에서 일본은 이제 '잃어버린 30년'을 지나 '잃어버린 40년 또는 50년'으로 들어가는 것은 아닌가라는 질문을 던지고 있다. 일본 사회는 잃어버린 30년의 원인이나 책임도 묻지 않은 채 무사안일주의로 일관하고 있고, 새로운 가치관을 받아들이지 않는 국민이나 기업이 만연하고 있다. 그러는 사이에 일본의 생산능력은 현저히 떨어지고 저출산과 고령화는 더욱 심화되었다. 이와사키는 이대로라면 2030년대에 일본은 항상적인 마이너스 성장 국가가 되고, 경상적자가 이어지며, 마침내 선진국에서 탈락하는 날이 올 수도 있다고 엄중하게 경고한다.

지금까지 일본 정부와 지자체, 지역 주민들이 일본 사회의 위기를 극복하기 위한 노력을 기울이지 않은 것은 아닌데, 그러한 대응책은 왜 효과를 발휘하지 못했던 것일까? 지금까지 일본 사회는 인구위기에 어떻게 대처해 왔고, 그 대응책은 어떤 점에서 성과를 거두었으며 또 어떤 점에서 실패했는가? 일본은 과연 이 엄청난 인구위기의 폭풍우를 헤쳐 나갈 수 있을 것인가?

이런 물음에 답하기 위해 이 책에서는 인구위기를 겪고 있는 일본에서 일어나고 있는 일들을 방대한 데이터를 이용해 꼼꼼하게 분석해 나간다. 일본이 현재 겪고 있는 문제 중에서도 가장 핵심적이고 근본적인 문제라고 할 수 있는 저출산, 고령화와 사회보장제도, 사회보장비용의 팽창과 재정적자, 지방의 쇠퇴와 소멸이라는 영역에 초점을 맞추어 이들 영역에서 어떤 문제가 일어나고 있으며, 그 해법은 무엇인지 분석하고 검토한다.

2장

국제 비교의 관점에서 본
일본의 인구위기

일반적으로 저출산과 고령화는 선진국에서 공통으로 나타나는 보편적인 현상이라고 보는 시각이 많다. 고령화는 평균수명이 늘면서 생겨난 현상이고, 저출산은 풍요를 달성한 국가에서 결혼과 출산을 둘러싼 사회경제 상황과 가치관의 변화가 초래한 현상이라고 보는 시각이 많다.

그렇지만 나라마다 차이도 분명히 존재한다. 선진국 중에서도 고령화가 빨리 진행되는 국가가 있는가 하면 상대적으로 천천히 진행되는 국가도 있다. 출산율도 나라마다 차이가 있다.

그렇다면 다른 나라와 비교할 때 일본의 인구위기는 어느 정도로 심각한가? 이 장에서는 우리의 시야를 넓혀 국제비교의 관점에서 일본의 인구문제를 살펴본다. 유엔의 인구통계를 이용해 고령화와 저출산, 인구감소라는 세 가지 측면에서 일본과 다른 나라를 비교한다.

1. 인구문제를 지구적인 차원에서 본다면

국제비교에 앞서 먼저 세계 인구의 추이를 간략히 살펴보자. 근대는 인구폭발의 시대라고 일컬어질 정도로 인구가 매우 빠르게 증가한 시대였다. 근대 이전의 농업사회에서는 식량 생산을 늘리는 데 한계가 있었기 때문에 인구가 증가하는 데도 한계가 있었다. 근대에 와서 비로소 인류는 농업혁명과 공업혁명을 통해 비약적으로 생산력을 향상시킴으로써 급증하는 인구를 먹여 살릴 수 있는 인구부양력을 갖추게 되었다. 인구폭발은 산업혁명을 주도했던 영국을 비롯한 유럽 국가에서 먼저 시작되었다.

[그림 2-1]은 이러한 상황을 아주 뚜렷한 형태로 보여 준다. 세

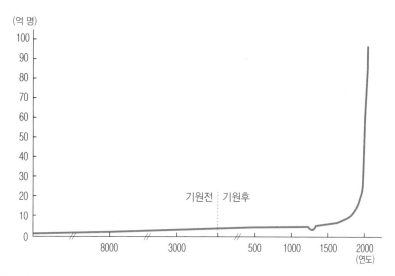

[그림 2-1] 세계 인구의 추이

출처: 유엔인구기금 도쿄사무소(国連人口基金東京事務所) 홈페이지.

계 인구는 1750년부터 빠르게 증가하기 시작해 1804년에 10억 명에 도달했고, 이후 더욱 빠른 속도로 증가해 1927년에 20억 명, 1960년에 30억 명, 1974년에 40억 명, 1986년에 50억 명, 1998년에 60억 명, 2011년에 70억 명에 도달했다. 인구 10억 명에서 20억 명으로 증가하는 데 123년이 걸린 데 반해 20억 명에서 30억 명으로 증가하는 데 33년, 30억 명에서 40억 명으로 증가하는 데 14년, 40억 명에서 50억 명으로 증가하는 데는 12년밖에 걸리지 않았다.

유엔의 예측에 따르면, 향후 세계 인구는 2057년에 100억 명을 돌파하고 2100년에는 108억 명을 넘어설 것으로 예상된다.[1] 이처럼 세계 인구가 계속해서 큰 규모로 증가하면 인류는 식량 부족이나 자원 고갈, 지구 온난화, 환경 오염 등의 큰 어려움에 직면하게 된다. 현재에도 이미 세계는 78억 명의 인구를 부양하기 위해 많은 어려움을 겪고 있다.

그렇지만 대륙별 인구추이를 보면 대륙마다 상황이 크게 다르다. 현재 인구가 가장 많은 아시아의 인구추이를 살펴보면, 1950년에 14.0억 명, 2020년에 46.4억 명, 2055년에 53.0억 명으로 증가한 후 2055년을 정점으로 감소하기 시작해 2100년에 47.2억 명이 될 것으로 예상된다. 이러한 추이에는 인구 대국인 중국과 인도의 상황이 반영되어 있다. 중국은 2031년에 14.6억 명을 정점으로 인

---

1 이하에서 언급하는 세계 인구와 대륙별 인구에 관한 통계는 유엔의 「World Population Prospects 2019」에 따른 수치이며, 인구예측치는 출생 중위 수준 가정 시의 추계치이다.

구감소로 돌아서고, 인도는 2059년에 16.5억 명을 정점으로 인구감소로 돌아설 전망이다.

한편 아프리카의 인구는 1950년에 2.2억 명에서 계속 증가해 2020년에 13.4억 명을 나타내고, 2100년에는 42.8억 명이 될 것으로 예상된다. 이처럼 인구가 빠른 속도로 증가해 2100년에 아프리카는 아시아와 거의 비슷하게 인구가 많은 대륙이 된다. 2100년에 이 두 대륙 인구가 세계 인구에서 차지하는 비중은 아시아가 43.4%, 아프리카가 39.4%가 될 것으로 예상된다. 따라서 향후 출산율 조절을 통해 아프리카 대륙의 인구증가를 적절한 수준으로 억제하는 것이 세계적 차원의 과제가 될 것이다.

반면 산업화와 더불어 이른 시기에 인구폭발을 이끌었던 유럽의 인구는 1950년에 5.5억 명에서 2020년에 7.5억 명으로 증가한다. 그렇지만 2020년을 정점으로 이후 서서히 감소해 2100년에는 6.3억 명을 나타낼 것으로 예상된다.

이외에 중남미 인구는 1950년에 1.7억 명이었는데, 2020년에 6.5억 명으로 증가한 후 2100년에 6.8억 명으로 큰 변화가 없다. 북미 인구는 1950년에 1.7억 명에서 2020년에 3.7억 명, 2100년에 4.9억 명으로 조금 증가하는 것에 그친다. 인구규모가 작은 오세아니아의 인구는 1950년에 1000만 명에서 2020년에 4000만 명, 2100년에 7000만 명을 나타낼 것으로 예상된다.

이처럼 세계 인구는 대륙별로 차이가 크다. 선진국 다수가 포함되어 있는 유럽은 인구감소를 걱정해야 하는 상황에 있는 반면 아직 저개발 단계에 있는 국가가 많은 아프리카는 인구급증을 걱정해야 하는 대조적인 상황에 있다.

2. 고령화의 국제 비교

고령화 사회, 고령사회, 초고령사회의 구분

그렇다면 일본과 다른 나라들의 고령화 상황을 비교해 보자.

우리가 흔히 쓰는 고령화라는 개념이 처음 등장한 것은 1956년에 유엔이 출판한 『인구고령화와 그 경제적, 사회적 의미The Aging of Populations and its Economic and Social Implications』이다. 이 책에서는 인구를 0~14세, 15~64세, 65세 이상의 연령그룹으로 구분하고, 65세 이상 인구비율이 4% 미만인 국가를 젊은 국가young countries, 4% 이상 7% 미만인 국가를 성숙국가mature countries, 7% 이상인 국가를 고령국가aged countries로 표현했다.[2]

이러한 구분에서 유래해 이후 사람들이 7%의 두 배가 되는 14%를 고령화가 자리 잡은 사회라는 의미로 사용하면서 오늘날 일반적으로 통용되는 고령화 사회aging society(65세 이상 인구비율 7% 이상)와 고령사회aged society(14% 이상)의 구분이 정착되었다. 최근

---

2 본문에서 언급하는 고령화 사회와 고령사회, 초고령사회의 용어에 대해서는 스기하라 나오키(杉原直樹)와 다카에스 요시노리(高江洲義矩)가 쓴 「고령화 사회에 관한 용어의 의미(高齢化社会をめぐる用語の意味するもの)」(2000)를 참고했다.

에는 65세 이상 인구 비율이 20%를 넘는 사회를 초고령사회ultra-aged society라고 칭하는 용법도 정착되었다.

물론 유엔의 인구통계에서는 과거에 고령인구를 60세 이상으로 구분한 적도 있어서 고령자에 대한 절대 기준이 있는 것은 아니다. 향후 장수화가 더욱 진행되면 고령자의 연령 기준도 바뀔 수 있다.

유럽보다 고령화의 속도가 빨랐던 일본

고령화는 선진국에서 먼저 시작되었다. 산업화가 빨랐던 유럽에서는 고령자 비율이 7%에 도달하는 나라가 꽤 일찍부터 등장했다. 놀랍게도 프랑스는 1864년, 스웨덴은 1887년이라는 매우 이른 시기에 고령화 사회에 도달했고, 그 뒤를 이어 영국은 1929년, 독일은 1932년에 고령화 사회에 도달했다. 이들 국가가 고령자 비율 14%에 도달한 시기는 1970년대인데 프랑스는 1979년, 스웨덴은 1972년, 영국은 1975년, 독일은 1972년에 고령사회에 진입했다(『고령사회백서』 2018년에서 인용).

한편 일본은 이들 국가들보다 뒤늦은 1970년에 고령화 사회에 도달했고, 1994년에 고령사회에 도달했다. 앞에서 언급한 유럽의 선진국들이 길게는 115년, 짧게는 40년 걸린 데 반해 일본은 불과 24년 만에 고령화 사회에서 고령사회에 진입한 것이다. 또한 한국은 2000년에 고령화 사회에 도달했고, 2017년에 고령사회에 도달해 일본보다도 더욱 단기간인 17년 만에 고령화 사회에서 고령사회로 진입했다.

[그림 2-2]는 세계 주요국의 고령화 추이를 나타낸 것이다. 먼저 그림 왼쪽의 일본과 서구 국가의 추이를 비교해 보면, 일본의 고령화 속도가 다른 나라들에 비해 매우 빠르다는 것을 알 수 있다. 1990년까지만 해도 일본의 고령자 비율은 가장 낮은 수준이었지만 이후 가파르게 상승해 2005년에는 모든 국가들을 앞지르게 되었다. 그리고 이후에도 가파르게 상승해 2060년에도 가장 높은 수준을 나타낼 것으로 예상된다. 특히 2060년에 고령자 비율이 적게는 8%, 많게는 14% 정도 차이가 날 정도로 일본과 서구 국가의 차이가 크다는 점에 주목할 필요가 있다.

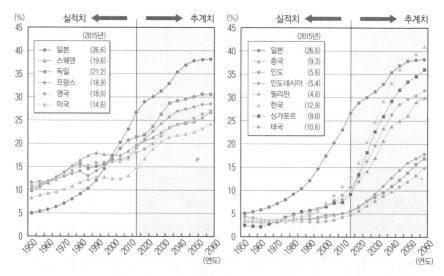

[그림 2-2] 세계 주요국의 고령자 비율의 추이

자료: UN, World Population Prospects 2019.
　　일본은 2015년까지는 총무성의 「국세조사(国勢調査)」, 2020년부터는 국립사회보장·
　　인구문제연구소의 「일본의 장래추계인구(日本の将来推計人口)」(2017년 추계).

출처: 내각부(2020), 『고령사회백서(高齢社会白書)』 7쪽.

일본보다 빠르게 고령화가 진행되는 아시아 국가

[그림 2-2]의 오른쪽 그림에서 일본과 아시아 국가를 비교하면, 일본을 바짝 뒤쫓는 국가로 한국과 싱가포르가 있다. 특히 한국은 2050년에 일본을 추월해 세계에서 고령자 비율이 가장 높은 나라가 된다. 유엔의 2017년 인구전망에서는 2060년에 일본의 고령자 비율이 한국보다 근소하게 높을 것으로 예측되었지만, 예상보다 심각한 한국의 낮은 출산율로 인해 2019년 인구전망에서는 그림과 같이 한국의 고령자 비율이 더 높은 것으로 바뀌었다. 싱가포르도 고령자 비율이 가파르게 상승해 2060년에 일본을 바짝 뒤쫓을 것으로 예상된다. 한국과 싱가포르는 일본보다 30년 정도 늦게 고령화 사회에 진입했지만 고령자 비율이 가파르게 상승하고 있다는 점에 주목할 필요가 있다.

아시아 국가 중에서 한국과 싱가포르 다음으로 고령화가 빠르게 진행되는 국가는 중국과 태국이다. 이들 국가에서도 고령화가 빠르게 진행되어 2060년에는 고령화율이 30%를 넘어설 것으로 예상된다. 그 비율은 2060년에 프랑스, 영국, 스웨덴, 미국보다 높은 수준이다.

반면 인도, 인도네시아, 필리핀은 고령화 속도가 느리다. 그리고 2060년에도 고령자 비율이 높지 않을 것으로 예상되는데, 인도와 인도네시아는 15%를 약간 넘어서고, 필리핀은 10%를 넘는 수준에 불과하다.

이처럼 [그림 2-2]를 통해 고령화의 속도와 그 수준이 나라마다 다르다는 것을 확인할 수 있다. 특히 서구 국가와 일본을 포함한 아시아 국가의 차이가 중요하다. 산업화가 빨랐던 서구 국가는 일찍부터 고령화를 경험했지만 그 속도가 완만해 1970년대에 고령사회에 진입한 이후에도 상대적으로 고령화가 서서히 진행되고 있다.

반면 일본을 포함해 한국, 싱가포르, 태국, 중국은 고령화 속도가 매우 빠르다. 일본은 고령화의 출발점이 서구 국가보다 늦었지만 고령화가 매우 단기간에 진행되어 세계에서 고령화가 가장 앞서 있다. 그리고 한국은 일본보다 고령화의 출발점이 30년 정도 늦었지만 그 속도가 매우 빨라 2050년에 일본을 추월한다. 싱가포르도 뒤늦게 출발해 일본의 뒤를 바짝 쫓고 있다. 이런 점에서 고령화 문제는 유럽의 선진국보다 아시아의 후발국에서 심각한 문제가 될 것이라는 점에 유의해야 한다.

최근 일본에서는 일본의 뒤를 이어 고령화가 빠르게 진행될 것으로 예상되는 아시아 국가에 대한 관심이 높아지고 있다. 고령자 복지서비스와 헬스 케어를 담당하는 기업이나 복지용구를 제조·판매하는 기업의 아시아 진출이 활발하다. 중국을 비롯해 타이완, 말레이시아, 태국 등에서 노인홈이나 요양시설을 설립해 운영하는 사례가 많으며, 한국에 진출한 업체도 있다. 아시아의 고소득 고령자를 겨냥한 질 높은 서비스를 내세운 사업이 활발하게 전개되고 있으며, 일본 정부도 이들 기업의 아시아 진출을 적극적으로 지원하고 있다.

3. 저출산의 국제 비교

조출생률, 합계출산율, 인구대체수준

이번에는 저출산 현황에 대해 국제 비교를 해 보자. 한 나라의 출생력出生力을 나타내는 대표적인 지표로는 조출생률과 합계출산율이 있다.

조출생률Crude Birth Rate: CBR은 총인구에 대한 출생아 수의 비율을 말한다. 일반적으로 인구 1,000명당 출생아 수로 표시하며, 간단히 줄여서 출생률이라고도 하며 보통출생률이라는 용어를 쓰기도 한다. 한 해에 태어난 출생아 수의 절대적인 수준을 파악하는 데 유용하다. 다만 남녀노소 구분 없이 모든 인구를 대상으로 하기 때문에 해당 국가의 성별·연령별 인구구성의 영향을 받는다는 단점이 있다.

이러한 단점을 보완하기 위해 사용하는 지표가 바로 합계출산율Total Fertility Rate: TFR이다. 합계출산율은 대상이 되는 인구를 출산 가능한 15~49세 여성으로 한정해 이 여성들이 얼마나 많은 아이를 출산하는지를 나타낸 것이다. 15세에서 49세까지 여성의 각 연령별 출산율을 모두 합했다는 의미에서 합계출산율이라고 한다. 이 수치를 한 여성이 일생 동안 낳을 것으로 예상되는 자녀 수를 나타내는 지표로 간주해 사용한다.

출산과 관련해서 인구대체수준replacement level fertility이라는 개념도 널리 쓰인다. 인구대체수준이란 부모 세대와 자식 세대의 인구가 같은 규모를 유지할 수 있는 합계출산율 수준을 말한다. 인구 대체수준은 고정적인 것이 아니라 해당 국가의 사망률 수준이나 남녀의 출생 성비에 따라 달라진다. 현재 선진국의 인구대체수준은 합계출산율 2.1이다.

전 세계에서 일어난 다산多産에서 소산少産으로 출생력 전환

유엔의 인구통계에서는 출생률과 합계출산율을 모두 제시하고 있는데, 이하에서는 유엔의 합계출산율 데이터를 이용해 세계 각 국의 상황을 살펴보자. [표 2-1]은 유엔이 제시하고 있는 세계의 그룹별·지역별 합계출산율이다. 유엔에서는 국가의 발전 정도에 따른 합계출산율과 대륙별 합계출산율, 그리고 개별 국가의 합계출산율을 발표하고 있다.

이를 보면 국가의 발전 정도에 따른 합계출산율의 차이가 뚜렷하다. 선진국은 이미 1950년대 중반에 합계출산율이 2.82로 낮은 수준이며, 이후 조금씩 감소해 1970년대 후반에는 인구대체수준인 2.1을 밑돌고 있다. 선진국의 2010년대 후반의 합계출산율은 1.64이다. 한편 중진국은 1970년대 중반까지도 5.23의 높은 수준을 보이다가 이후 빠르게 저하해 2010년대 후반에 2.33을 나타내고 있다. 반면 후진국은 1980년대 후반까지도 6.17로 높은 수준이었으며, 2010년대 후반에도 4.0으로 높다.

한편 소득을 기준으로 한 국가별 차이는 발전 정도에 따른 국가별 차이와 거의 비슷하다. 고소득 국가의 합계출산율은 선진국

[표 2-1] 세계 각국의 그룹별·지역별 합계출산율 추이

	1950년대 중반	1950년대 후반	1960년대 중반	1960년대 후반	1970년대 중반	1970년대 후반	1980년대 중반	1980년대 후반	1990년대 중반	1990년대 후반	2000년대 중반	2000년대 후반	2010년대 중반	2010년대 후반
합계	4.97	4.90	5.02	4.93	4.47	3.86	3.59	3.44	3.01	2.78	2.65	2.58	2.52	2.47
[발전 정도에 따른 구분]														
선진국	2.82	2.79	2.66	2.38	2.16	1.92	1.84	1.81	1.67	1.57	1.58	1.68	1.67	1.64
중진국	6.02	5.85	6.05	5.95	5.23	4.31	3.87	3.63	3.04	2.74	2.57	2.46	2.38	2.33
후진국	6.53	6.60	6.70	6.76	6.75	6.67	6.53	6.17	5.75	5.38	5.00	4.65	4.31	4.00
[소득 수준에 따른 구분]														
고소득 국가	2.99	3.01	2.94	2.65	2.34	2.06	1.94	1.85	1.82	1.73	1.71	1.76	1.72	1.67
중소득 국가	5.68	5.53	5.70	5.63	5.04	4.24	3.85	3.63	3.04	2.74	2.57	2.47	2.39	2.35
저소득 국가	6.42	6.57	6.54	6.66	6.68	6.61	6.60	6.45	6.20	5.93	5.61	5.29	4.91	4.52
[대륙별 구분]														
아프리카	6.57	6.62	6.70	6.71	6.70	6.64	6.50	6.19	5.72	5.35	5.08	4.90	4.73	4.44
아시아	5.83	5.59	5.80	5.75	5.06	4.10	3.69	3.50	2.90	2.61	2.45	2.33	2.21	2.15
유럽	2.66	2.66	2.57	2.37	2.17	1.98	1.88	1.81	1.57	1.43	1.43	1.56	1.60	1.61
중남미	5.83	5.85	5.83	5.46	4.92	4.44	3.94	3.45	3.08	2.77	2.49	2.26	2.14	2.04
북미	3.34	3.61	3.28	2.55	2.02	1.77	1.79	1.88	2.00	1.95	1.99	2.01	1.85	1.75
오세아니아	3.89	4.10	3.97	3.59	3.25	2.76	2.63	2.53	2.52	2.48	2.46	2.54	2.44	2.36

주: 시기 구분은 각 연도의 00~05년을 중반, 05~00년을 후반으로 표시했다.

출처: UN, World Population Prospects 2019.

의 합계출산율과 거의 비슷하며, 중소득 국가의 합계출산율은 중
진국의 그것과 비슷하다. 저소득 국가의 합계출산율은 후진국의
그것과 거의 동일하다.

이러한 차이는 대륙별 차이로 이어진다. 산업화가 빨랐던 선진
국이 다수 포함되어 있는 유럽은 1950년대 중반에 합계출산율이
2.66으로 이미 낮은 수준이었고, 1970년대 후반부터는 인구대체
수준을 밑도는 저출산이 지속되고 있다. 북미도 유럽과 마찬가지
로 합계출산율이 빠르게 감소해 1970년대 중반부터 인구대체수준
을 밑돌고 있다. 오세아니아는 합계출산율이 지속적으로 하락했지
만 2010년대 후반에도 2.36으로 인구대체수준을 상회하고 있다.

반면 아시아와 중남미는 합계출산율의 하락이 매우 빠르다. 이
두 대륙은 1950년대 중반에 합계출산율이 5.83으로 높은 수준이
었지만 1970년대 후반부터 빠르게 감소해 2010년대 후반에는 각
각 2.15와 2.04를 나타내고 있다.

한편 아프리카는 지금도 여전히 합계출산율이 높다. 이 지역은
1950년대 중반에 합계출산율이 6.57로 매우 높았는데, 이후에도
높은 수준을 유지해 1980년대 후반에도 6.19를 나타낸다. 이후 조
금씩 하락하고는 있지만 2010년대 후반에도 4.44로 여전히 높다.

이상으로 살펴본 세계 각국의 그룹별·지역별 합계출산율의 추
이는 저출산 현상을 이해하는 데 매우 중요한 변화의 흐름을 보여
준다. 불과 60년이라는 짧은 기간 동안 아프리카를 제외한 전 세

계 다수 국가에서 합계출산율이 빠르게 감소하는 방향으로 가고 있다. 과거에 한 여성이 평생 동안 아이를 5~6명 낳는 것이 일반적이었던 시대에서 이제는 2명 내지 2명 이하로 낳는 시대로 바뀌고 있다. 또한 이러한 추세는 선진국에서 먼저 시작되어 중진국으로 단기간에 확산되었다는 것도 알 수 있다.

특히 중진국에서, 대륙으로는 아시아와 중남미에서 빠르게 합계출산율이 감소할 수 있었던 것은 유엔과 같은 국제기구가 적극적으로 나서서 산아제한을 장려했고, 각국 정부도 이를 받아들여 국가적 차원에서 가족계획 프로그램을 적극적으로 실행했기 때문이다.

이러한 출산을 둘러싼 변화의 큰 흐름을 인구전환론Demographic Transition Theory의 관점에서 설명할 수 있다. 인구전환론은 서구 각국의 역사적 경험에서 도출된 귀납적 이론으로 20세기 중반에 많은 연구자들이 활발하게 논의를 전개했으며, 현재에도 여전히 인구변동을 설명하는 거대이론으로서 영향력을 발휘하고 있다(阿藤, 2000).

그 핵심은 근대화와 산업화가 진행된 사회에서는 인구변화의 패턴이 다산다사多産多死에서 다산소사多産少死를 거쳐 소산소사少産少死로 이행한다는 것이다. 출생의 관점에서 이야기한다면 한 사회의 출생력이 높은 수준에서 낮은 수준으로 이행하는 것인데, 이를 가리켜 출생력 전환Fertility Transition이라고 한다. [표 2-1]은 이러한 출생력 전환이 전 세계적인 차원에서 일어나는 보편적인 현상임을 매우 분명한 형태로 확인시켜 준다.

유럽보다 늦었지만 그 속도가 빨랐던 일본의 출생력 전환

그렇다면 이제 개별 국가에 초점을 두어 합계출산율의 추이를 살펴보자. 저출산은 현재 선진국 또는 경제개발이 진행되고 있는 국가에서 나타나는 공통된 현상이지만 그 안에서도 합계출산율에는 차이가 있다. 저출산이란 합계출산율이 인구대체수준을 밑도는 상태가 장기간 지속되는 현상을 말한다. 저출산이 문제가 되는 이유는 부모 세대보다 자식 세대가 줄어드는 축소재생산이 반복되면 그 사회의 인구는 지속적으로 감소하고 궁극적으로는 소멸에 이를 수밖에 없기 때문이다.

[그림 2-3]은 일본과 유럽 5개국의 합계출산율의 추이를 나타낸 것이다. 이를 보면 유럽 국가와 일본 모두 1960년대 후반 이후부터 지속적으로 합계출산율이 하락했다는 공통점을 찾을 수 있다. 일본을 비롯해 유럽 5개국 모두 1970년대 후반에 와서 인구대체수준을 밑도는 수준으로 합계출산율이 하락하고 있다.

차이점도 있다. 가장 큰 차이점은 [그림 2-3]에서는 제시하지 않았지만 1930년대에 유럽에서는 이미 다산에서 소산으로 출생력 전환을 이루었다는 것이다. 프랑스는 유럽에서도 일찍이 19세기 초부터 다산에서 소산으로 출생력 전환이 시작되어 합계출산율이 저하했다(阿藤, 2000). 영국과 독일에서는 1차 세계대전 이후 합계출산율이 저하하기 시작해 1930년대에 한 여성이 평생 동안 낳는 자녀 수가 2명 미만이 되었다(Morland, 2019). 스웨덴도 마찬가지로 1930년대에 유럽에서 최저 수준의 조출생률을 나타낼 정도로

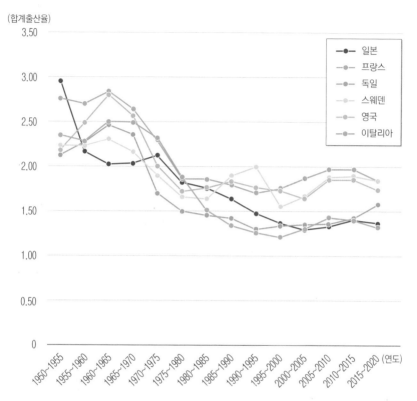

(합계출산율)

[그림 2-3] **일본과 유럽 5개국의 합계출산율 추이**

출처: UN, World Population Prospects 2019.

저출산 문제가 심각했다(藤田, 2009).

반면 일본은 산업화가 늦었던 만큼 다산에서 소산으로 출생력 전환도 유럽 국가보다 늦게 일어났다. 일본의 합계출산율은 1940년 대 후반에도 4.0으로 높은 수준을 유지했으며, 1950년대 중반에도 3.0의 수준을 유지했다. 이후 빠르게 감소해 1960년대 중반에 2.0으로 바닥을 찍은 후 1970년대 중반에 재상승했다가 이후 지속적으로 하락하는 모습을 보이고 있다.

[그림 2-3]에서 또 하나 주목할 점은 1990년대 이후의 추이이다. 합계출산율이 인구대체수준 이하로 떨어진 이후 각국은 크게 두 그룹으로 나뉜다. 프랑스, 영국, 스웨덴의 합계출산율은 상대적으로 높아 인구대체수준에 근접해 있다. 반면 독일, 이탈리아, 일본은 합계출산율이 1.5 이하로 낮은 수준을 나타낸다.

출생력 전환에서 일본을 단기간에 추월한 아시아 국가

[그림 2-4]는 일본과 아시아 5개국의 합계출산율 추이를 나타낸 것이다. 이를 보면 일본과 아시아 5개국의 차이가 매우 뚜렷하게 드러난다. 1950년대 중반 시점에서 일본의 합계출산율은 이미 3.0 수준으로 낮지만 아시아 5개국의 합계출산율은 6.0을 전후한 수준으로 높다. 그렇지만 이후 이들 5개국의 합계출산율은 급격히 하락해 1980년대 또는 1990년대 시점에서 인구대체수준을 밑돌고 있다. 일본보다 더 늦게 경제개발에 착수한 이들 국가에서 그야말로 단기간에 매우 빠르게 다산에서 소산으로 출생력 전환이 일어났다.

같은 맥락에서 [표 2-2]에서는 일본과 비교해 아시아 국가(홍콩은 특별행정구)에서 합계출산율이 얼마나 빠르게 감소했는지를 제시했다. 합계출산율이 5.0에서 2.1로 저하하는 데 걸린 기간을 제시했는데, 이를 보면 일본이 31년이 걸린 데 반해 타이완은 20년, 한국과 중국은 19년, 태국은 18년, 홍콩은 16년, 싱가포르는 14년이 걸렸다. 이들 아시아 국가들이 일본보다 10년 이상 짧은 기간

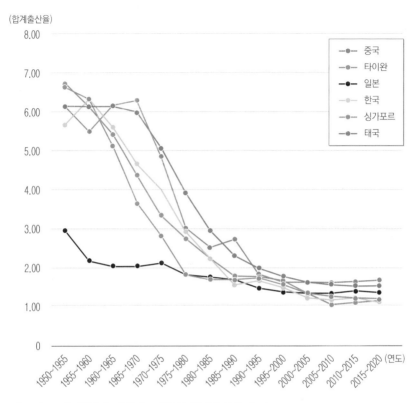

(합계출산율)

─●─	중국
─●─	타이완
─●─	일본
─●─	한국
─●─	싱가포르
─●─	태국

[그림 2-4] 일본과 아시아 5개국의 합계출산율 추이

출처: UN, World Population Prospects 2019.

에 출생력 전환을 이루었음을 알 수 있다.

또 하나의 차이점으로 일본은 합계출산율이 5.0을 나타낸 시기가 1926년인 데 반해 아시아의 다른 국가들은 그 시기가 1960년대와 1970년대 시점으로 일본보다 훨씬 늦다는 점에도 주목할 필요가 있다. 또한 합계출산율 2.1에 도달한 시기도 일본은 1957년인데 반해 다른 아시아 국가들은 1980년대 또는 1990년대로 일본보

[표 2-2] 아시아 주요국의 출생력 전환기간(합계출산율 5.0 → 2.1로 저하)

국명	출생력 전환기간	시작 연도 (합계출산율 5.0)	종료 연도 (합계출산율 2.1)
일본	31년	1926년	1957년
타이완	20년	1965년	1985년
한국	19년	1966년	1985년
중국	19년	1972년	1991년
태국	18년	1973년	1991년
홍콩	16년	1964년	1980년
싱가포르	14년	1962년	1976년

출처: 와카바야시 게이코(若林敬子)(2006), 「근년에 보는 동아시아의 저출산고령화(近年に みる東アジアの少子高齢化)」 98쪽.

다 20년 이상의 시간 차이가 있다.

이처럼 아시아 각국에서 합계출산율이 단기간에 급격히 하락할 수 있었던 배경에는 각국 정부의 적극적인 산아제한정책이 그 효과를 발휘했기 때문이다. 국가가 나서서 인위적으로 출산율을 낮추려는 정책을 적극적으로 펼쳤고, 이에 국민들이 적극적으로 호응하면서 단기간에 출산율을 낮추는 데 성공했다.

문제는 출산율 저하가 그 뒤로도 이어져 인구대체수준을 밑도는 낮은 합계출산율이 지속되고 있다는 점이다. 특히 한국과 싱가포르는 일본보다도 합계출산율이 낮다. 일본보다 단기간에 매우 급격한 형태로 합계출산율이 하락한 만큼 한국과 싱가포르를 비롯해 중국, 태국 등에서는 일본보다 심각한 형태로 저출산 문제를 겪게 될 것이다.

합계출산율을 기준으로 세계 각국을 구분한다면?

앞에서 살펴본 것처럼 선진국을 비롯한 세계 여러 나라에서 인구대체수준을 밑도는 저출산 현상이 지속되자 세계 인구학자들은 저출산의 추이와 그것이 가져오는 파급효과에 주목했다. 특히 인구대체수준을 크게 밑도는 국가들이 다수 등장하자 인구대체수준을 밑도는 정도에 따라 몇 개의 그룹으로 세분하는 시도도 하고 있다.

캘드웰John C. Caldwell과 쉰들마이어Thomas Schindlmayr는 합계출산율 1.5를 기준으로 1.5 미만인 경우를 '매우 낮은 출산very low fertility' 국가로 구분한다(Caldwell and Schindlmayr, 2003). 빌러리Francesco C. Billari와 콜러Hans-Peter Kohler는 합계출산율 1.3 미만인 경우를 '극단적으로 낮은 출산lowest-low fertility' 국가로 구분하기도 한다(Billari and Kohler, 2002).

이러한 구분을 차용해 여기에서는 첫 번째 그룹으로 합계출산율 1.5 이상 2.1 미만인 국가를 '저출산 국가'로 칭한다. 유엔의 2019년 인구통계를 인용해 합계출산율(2015~2020년 평균치)을 살펴보면, 여기에 해당되는 국가로 [그림 2-3]에서는 스웨덴(1.85), 프랑스(1.85), 영국(1.75)이 있다. 독일(1.59)은 최근 합계출산율이 증가하면서 이 그룹에 포함되었다. 또한 [그림 2-4]에서는 중국(1.69), 태국(1.53)이 있다. 이외에 뉴질랜드(1.90), 호주(1.83), 미국(1.78), 덴마크(1.76), 브라질(1.74), 벨기에(1.71), 노르웨이(1.68), 네덜란드(1.66), 칠레(1.65), 핀란드(1.53), 오스트리아(1.53) 등이 이 그룹에 속한다.

두 번째 그룹으로 합계출산율 1.3 이상 1.5 미만인 국가를 여기에서는 '초저출산 국가'로 칭하기로 한다. 여기에 해당되는 국가로 [그림 2-3]에서는 일본(1.37), 이탈리아(1.33)가 있다. 그리고 세르비아(1.46), 크로아티아(1.45), 우크라이나(1.44), 폴란드(1.42), 스페인(1.33), 홍콩(1.33), 그리스(1.3)가 있다.

세 번째 그룹으로 합계출산율 1.3 미만인 국가를 여기에서는 '극초저출산 국가'로 칭한다. 여기에 해당되는 국가로 [그림 2-4]에서는 싱가포르(1.21), 타이완(1.15), 한국(1.11)이 있다. 그리고 포루투갈(1.29), 보스니아·헤르츠고비나(1.27), 푸에르토리코(1.22)가 있다.

이처럼 우리가 합계출산율의 차이에 주목하는 이유는 그것이 고령화 속도와 인구감소의 속도에 영향을 미치기 때문이다. [그림 2-5]는 인구대체수준의 의미를 이해하기 쉽도록 세 개의 유형으로 나누어 설명한 것이다. 이것은 국립사회보장·인구문제연구소의 정보조사분석부 부장인 사토 류자부로佐藤龍三郎의「저출산의 의미: 인구학적 관점에서少子化の意味: 人口学的観点から」라는 논문에서 인용한 것인데, 여기에서는 이해하기 쉽도록 1세대에 10명의 인구를 가정했다.

그림 (A)는 합계출산율이 인구대체수준인 경우이다. 이 경우에는 부모 세대와 자식 세대의 인구가 늘지도 줄지도 않는 정지인구靜止人口 상태를 나타낸다.

그림 (B)는 합계출산율이 3명인 경우이다. 3명은 2.1명의 1.4배

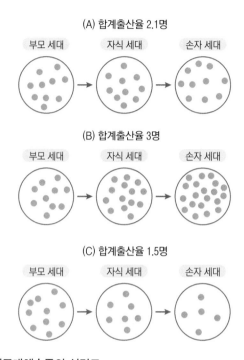

(A) 합계출산율 2.1명

부모 세대 　자식 세대 　손자 세대

(B) 합계출산율 3명

부모 세대 　자식 세대 　손자 세대

(C) 합계출산율 1.5명

부모 세대 　자식 세대 　손자 세대

[그림 2-5] 인구대체수준의 설명도

출처: 사토 류자부로(2004), 「저출산의 의미: 인구학적 관점에서」 8쪽.

에 해당되기 때문에 출생아 수는 두 세대를 거치면서 2배로 증가
(1.4×1.4≒2)하는 경향을 보인다. [표 2-1]에서 확인한 바와 같이
중진국의 합계출산율 2.33보다는 높고 후진국의 합계출산율 4.0
보다는 낮은 수준이다.

그림 (C)는 합계출산율이 1.5명인 경우이다. 1.5명은 2.1명의
약 70%이기 때문에 출생아 수는 두 세대를 거치면서 절반으로 감
소(0.7×0.7≒0.5)하는 경향이 있다. 이것은 [표 2-1]에서 살펴본
선진국의 합계출산율 1.64보다 약간 낮은 수준이다.

앞의 그림은 결국 인구대체수준을 하회하는 한 인구는 지속적으로 감소할 수밖에 없다는 사실을 매우 분명하게 보여 준다. 그리고 이러한 경향이 장기간 이어지면 세대를 거듭하면서 인구가 매우 큰 폭으로 빠르게 감소하고, 결국 소멸할 수밖에 없다는 것을 명확히 제시한다.

더욱이 인구에는 한쪽 방향으로 쏠리는 인구모멘텀population momentum이라는 특성이 있다. 인구모멘텀은 증가와 감소 두 가지 방향으로 작동한다. 장기간 합계출산율이 인구대체수준을 상회하는 상태가 이어지면 이후에 합계출산율이 인구대체수준이나 그 이하로 저하하더라도 당분간은 대체로 인구증가가 이어진다. 증가 쪽으로 관성이 작용한다고 볼 수 있다. 이는 인구대체수준을 상회하는 합계출산율이 지속되면 아이를 낳을 수 있는 인구(재생산연령인구)의 절대수가 그들의 부모 세대보다 많아지기 때문에 일어난다.

반대로 장기간 합계출산율이 인구대체수준보다 낮은 상태가 지속된 경우에는 이후에 합계출산율이 인구대체수준을 회복하거나 그 이상으로 증가하더라도 당분간 인구감소가 이어진다. 이번에는 감소 쪽으로 관성이 작용하는 것이다. 이는 인구대체수준을 밑도는 상태가 지속되면 재생산연령인구의 절대수가 그들의 부모 세대보다 적어지기 때문에 일어난다. 따라서 인구감소의 늪에 빠지면 합계출산율을 인구대체수준 이상으로 끌어올린다 하더라도 인구감소는 당장 멈추는 것이 아니라 상당 기간 이어진다.

다만 합계출산율이 인구대체수준을 하회하더라도 합계출산율이 조금이라도 높으면 높을수록 고령화의 속도와 인구감소의 시기를 늦추는 효과가 있기 때문에 합계출산율을 높이기 위해 노력할 필요가 있다. 이런 점에서 한국의 극단적으로 낮은 합계출산율은 매우 심각하다. 한국은 2018년부터 3년 연속 1.0 이하의 합계출산율을 나타냈다. 이는 사회 시스템이 정상적으로 작동하는 사회에서는 도저히 나타나기 어려운 정도로 낮은 수치이다. 이러한 극단적인 출산율이 일시적인 것이 아니라 추세로 굳어진다면 한국은 저출산으로 빠르게 축소하고, 축소를 넘어 소멸하는 국가가 될 것이다.

4. 인구감소의 국제 비교

지금까지 살펴본 고령화와 저출산의 추이가 향후 인구전망에도 그대로 영향을 미친다. 여기에서는 유엔의 인구통계를 이용해 향후 세계 각국의 인구가 어떤 추이를 보이게 될 것인지 살펴본다. 유엔에서는 출생과 사망, 국제인구이동에 대해 현재까지의 동향을 분석하고 장래 전망에 대한 가정을 설정해 장래인구를 추계한다.

선진국으로서는 이례적인 대규모 인구감소국가 일본

유엔의 인구통계를 이용해 2020년에서 2050년까지 향후 30년

간 인구가 감소하는 나라를 살펴보면 다음과 같다.

1위부터 20위까지 국가명과 인구감소율을 제시하면, 1위는 불가리아(-22.5%)이다. 그 뒤를 이어 리투아니아(-22.1%), 라트비아(-21.6%), 우크라이나(-19.5%), 세르비아(-18.9%), 보스니아·헤르츠고비나(-18.2%), 크로아티아(-18.0%), 몰도바(-16.7%), 일본(-16.3%), 알바니아(-15.8%), 루마니아(-15.5%), 그리스(-13.4%), 에스토니아(-12.7%), 헝가리(-12.3%), 폴란드(-12.0%), 조지아(-11.8%), 포르투갈(-10.9%), 북마케도니아(-10.9%), 쿠바(-10.3%), 이탈리아(10.1%) 등의 나라가 있다.

이들 국가명에서 알 수 있듯이 인구감소율이 높을 것으로 예상되는 국가 중에는 사회주의체제가 무너지고 내전을 겪는 등의 어려움을 겪었던 동유럽 국가들이 다수 포함되어 있다.

선진국 중에서 인구가 크게 감소하는 국가로는 일본이 9위로 선두에 있다. 그 뒤를 이어 이탈리아가 20위를 차지한다. 일본처럼 선진국으로서 심각한 경제위기나 사회체제의 붕괴, 전쟁 등을 겪지 않은 국가에서 이처럼 단기간에 인구가 대규모로 감소하는 것은 매우 이례적인 현상이라고 할 것이다.

인구감소에서 일본을 빠르게 추격하는 한국

한편 우리의 시야를 넓혀 2100년까지 인구전망치를 보면 매우 흥미로운 점을 발견할 수 있다. 세계 각국을 크게 세 개 그룹으로 구분할 수 있는데, 2020년을 기준으로 '향후에도 여전히 인구가 증가하는 국가', '그다지 변화하지 않는 국가', '향후 인구가 감소하는 국가'가 있다.

대륙별로도 큰 차이가 있다. 2020년을 100으로 하여 2100년의 인구지수를 제시해 보면, 아프리카가 319.3으로 인구가 3배 이상 증가한다. 반면 아시아는 101.7, 중남미는 104.0으로 큰 변화가 없다. 북미는 133.1, 오세아니아는 175.5로 증가하는 반면 유럽은 84.2로 감소한다.

이런 점에서 향후 인구증가는 주로 아프리카에 있는 국가에서 일어나고, 유럽에서는 인구가 감소하는 나라가 많을 것으로 예상할 수 있다.

[그림 2-6]은 이러한 인구지수를 일본을 포함한 9개국에 대해 살펴본 것이다. 이를 보면 인구가 여전히 증가하는 나라로 미국과 스웨덴, 영국이 있다. 반면 프랑스는 거의 변화가 없다. 인구가 감소하는 나라는 독일, 중국, 이탈리아, 일본, 한국이며, 이 순서대로 인구감소의 폭이 커진다.

특히 한국은 2050년대까지는 일본보다 인구감소의 속도가 느리지만 그 이후에는 매우 빠르게 진행되어 2100년 시점에서는 일본보다 인구감소의 정도가 조금 더 크다. 그야말로 최대의 인구감소국가가 되는 셈이다. 유엔 예측에 따르면 한국 인구는 2024년을 정점으로 이후 빠르게 감소해 2100년에 2954만 명이 될 것으로 예상된다.

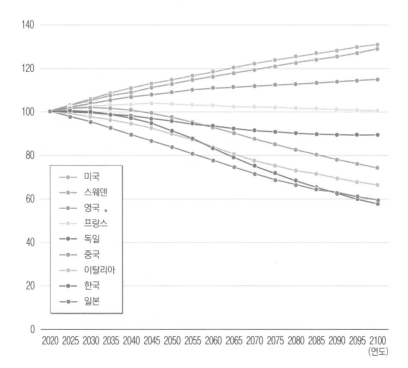

[그림 2-6] 주요국의 향후 인구전망(2020년=100으로 보았을 때의 추이)

출처: UN, World Population Prospects 2019.

　지금까지 유엔 인구통계를 이용한 분석을 정리해 보면, 한국은 일본보다 더욱 급속하게 진행되는 고령화, 일본보다 훨씬 낮은 합계출산율, 향후 빠르게 진행될 것으로 예상되는 인구감소로 인해 향후 수십 년 안에 일본을 넘어서는 정도로 심각한 인구위기를 맞게 될 수 있다. 현재와 같이 극단적으로 낮은 합계출산율이 지속된다면 한국이 지구상에서 최초로 소멸하는 국가가 될 것이라는 전문가들의 예측이 조만간 현실이 되는 날이 올지도 모른다.

3장

일본 인구문제
150년의 궤적

2장에서는 국제 비교를 통해 일본의 인구문제를 검토했다. 일본이 안고 있는 인구문제가 발전된 국가에서 공통으로 나타나는 문제인지, 아니면 일본 고유의 문제인지를 검토하기 위해 유엔의 인구통계를 이용해 고령화와 저출산, 인구감소의 세 가지 측면에서 일본과 다른 나라를 비교분석했다.

이를 통해 서구를 모델로 근대화와 산업화를 추진하는 과정에서 일본은 서구 국가보다 단기간에 다산에서 소산으로 이행했고, 서구 국가보다 빠르게 고령사회에 도달했으며, 선진국으로서는 이례적으로 대규모로 인구가 감소하는 국가가 될 것이라는 점을 확인했다.

그렇다면 이제부터는 일본에 초점을 두어 일본이 왜 인구문제의 선두 국가가 되었는지를 분석한다. 이 물음에 답하기 위해서는 우리의 시야를 넓혀 인구문제의 출발점이 되는 근대 초기로 거슬러 올라갈 필요가 있다. 이 장에서는 근대 초기부터 현재까지 일본 인구문제 150년의 궤적을 살펴본다.

1. 급속한 공업화가 초래한 인구폭발

일본 인구는 136년 동안 3.7배 증가

일본의 인구문제를 논하면서 그 출발점을 근대 초기로 잡은 것은 근대야말로 엄청난 인구변동의 시기이기 때문이다. 근대는 산업혁명이 가져온 생산력 향상으로 인류 역사상 처음으로 인구폭발을 경험한 시기이다.

인구폭발은 산업혁명을 선도했던 유럽에서 먼저 일어났다. 인구학자들의 분석에 따르면 프랑스와 독일, 영국, 스웨덴 등의 서유럽과 북유럽을 합한 유럽 인구는 1750년에 6000~6400만 명에서 1850년에 1억 1600만 명으로 증가한 것으로 나타난다(吉川, 2016). 100년 동안 약 2배 가까이 증가한 것인데, 산업혁명이 가져온 경제성장, 위생 상태의 개선과 의학 발전으로 인한 사망률 감소에 힘입어 유럽 인구는 빠르게 증가했다.

일본도 근대 이후 인구폭발을 경험했다. 근대국가가 들어선 이후 처음으로 실시된 1872년의 호적조사에서 일본 인구는 3480만 명을 기록했는데, 이후 매년 빠르게 증가해 1950년에는 8411만 명을 나타냈고, 인구의 정점에 이른 2008년에는 1억 2808만 명을 나타냈다. 136년 동안 약 3.7배 증가한 셈이다.

[그림 3-1]은 일본의 고대시대에 해당되는 800년부터 2100년까지 인구추이와 전망을 제시한 것이다. 고대 이후 일본 인구는 서서히 증가하다가 에도막부가 성립한 1603년부터 1700년대 초반

까지 큰 폭으로 증가한 이후 다시 150년 동안 정체 상태를 나타내고 있다.

그렇지만 근대 이후에는 그 이전과는 확연하게 다른 모습을 보이고 있다. 인구는 매년 큰 폭으로 증가해 가파른 봉우리를 형성한 뒤 다시 가파르게 감소할 것으로 예상된다. 2020년부터는 전망치인데 여기에서는 고위, 중위, 하위의 추계치를 제시했다. 저위

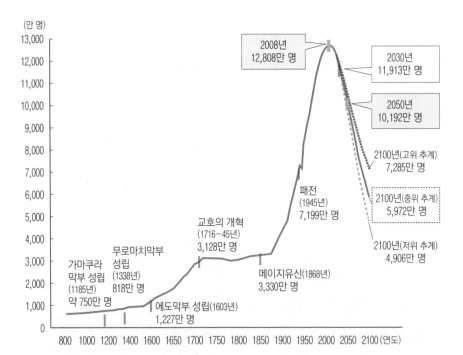

[그림 3-1] 일본 인구의 장기 추이

주: 1920년 이전은 국토청의 「일본 열도 인구분포의 장기시계열 분석(日本列島における人口分布の長期時系列分析)」(1974), 1920~2015년은 총무성 통계국의 「국세조사」, 2020년부터는 국립사회보장·인구문제연구소의 「일본의 장래추계인구」.

출처: 히로이 요시노리(広井良典)(2019), 『인구감소사회의 디자인(人口減少社会のデザイン)』 40쪽에서 재인용.

추계의 경우 2100년에 일본 인구는 1910년 수준으로 회귀한다. 고위 추계의 경우에도 1945년 패전 직후의 수준으로 회귀한다. 인구 폭발의 시대를 거친 후 마치 제자리로 돌아가려는 듯 일본 인구는 빠르게 감소할 것으로 예상된다. 이런 점에서 근대 이후 그야말로 인구 격변의 시대가 펼쳐지고 있다.

다산의 시대에서 소산의 시대로

그렇다면 근대에 와서 왜 이렇게도 빠르게 인구가 증가할 수 있었는가? 사람들이 아이를 많이 낳았기 때문이다. 근대 초기부터 1970년대까지 매년 사망자 수를 크게 웃도는 출생아 수가 있었기 때문에 일본 인구는 빠르게 증가했다. 이를 잘 보여 주는 것이 [표 3-1]인데 여기에서는 1872년부터 2020년까지 10년 간격으로 출생아 수와 사망자 수, 자연증가 수, 합계출산율을 제시했다. 여기에서는 특히 출생아 수의 추이에 주목한다.

출생아 수는 1872년에 56.9만 명에서 시작해 1880년에 88.4만 명, 1890년에 114.5만 명으로 해를 거듭할수록 증가했다. 그리고 1900년에 142.1만 명, 1910년에 171.3만 명, 1920년에 202.6만 명으로 증가했고, 이후 증가 수는 둔화되었지만 1930년에 208.5만 명, 1940년에 211.6만 명, 1950년에 233.8만 명으로 한 해에 200만 명 이상의 아이가 태어나는 시기가 30년 동안 이어지고 있다.

출생아 수가 정점에 이른 것은 2차 세계대전이 끝난 직후인 1947~1949년이다. 이 시기에는 그동안 전쟁으로 인해 억제되었

[표 3-1] 출생아 수와 사망자 수, 자연증가 수, 합계출산율의 추이

	출생아 수	사망자 수	자연증가 수	합계출산율
1872년	569,034	405,404	163,630	-
1880년	883,584	603,055	280,529	-
1890년	1,145,374	823,718	321,656	-
1900년	1,420,534	910,744	509,790	-
1910년	1,712,857	1,064,234	648,623	-
1920년	2,025,564	1,422,096	603,468	-
1930년	2,085,101	1,170,867	914,234	4.72
1940년	2,115,867	1,186,595	929,272	4.12
1947년	2,678,792	1,138,238	1,540,554	4.54
1950년	2,337,507	904,876	1,432,631	3.65
1960년	1,606,041	706,599	899,442	2.00
1970년	1,934,239	712,962	1,221,277	2.13
1980년	1,576,889	722,801	854,088	1.75
1990년	1,221,585	820,305	401,280	1.54
2000년	1,190,547	961,653	228,894	1.36
2010년	1,071,305	1,197,014	-125,709	1.39
2020년	840,832	1,372,648	-531,816	1.34

출처: 후생노동성, 「인구동태통계(人口動態統計)」.

던 출산욕구가 분출되어 3년 동안 매년 260만 명이 넘는 아이가 태어났다. 이것을 제1차 베이비붐이라고 한다.

그렇지만 1960년대에 와서 일본은 다산의 시대를 끝내고 소산의 시대로 넘어간다. 마치 롤러코스터를 타고 내려가듯 1950년대를 거치면서 출생아 수는 빠르게 감소했다.

그러다가 제1차 베이비붐 시기에 태어난 세대가 1970년대 초 중반에 집중적으로 출산에 돌입하면서 제2차 베이비붐이 도래했다. 제2차 베이비붐으로 인해 1971~1974년에 매년 200만 명이 넘는 아이가 태어났지만 이는 일시적인 증가에 그쳤을 뿐 이후 출생아 수는 빠르게 감소했다.

2018년에는 한 해 출생아 수가 91만 명을 나타내 처음으로 100만 명을 밑돌았고, 2019년, 2020년에는 90만 명 이하를 나타냈다. 이는 출생아 수가 가장 많았던 1949년의 1/3에 불과한 수준이다.

다산에서 소산으로의 전환은 합계출산율에서도 확인할 수 있다. [표 3-1]에서는 합계출산율을 산출할 수 있는 1930년부터 제시했는데, 1930년에 4.72로 높은 수준을 유지하던 합계출산율은 큰 폭으로 하락하고 있다. 특히 1960년에 와서 인구대체수준 이하로 떨어진 것을 확인할 수 있다.

인구전환의 일본적 특징

앞에서 살펴본 다산에서 소산으로의 전환은 근대화를 거치면서 나타나는 보편적 특징이기도 하다. 인구학자들은 인구전환론의 관점에서 근대화를 거친 국가에서는 인구변화의 패턴이 다산다사에서 다산소사를 거쳐 소산소사로 이행한다고 보았다. 여기에 대해서는 이미 2장 3절 '저출산의 국제 비교'에서 확인한 바와 같다.

근대 이전의 농업사회에서 자녀는 부모 입장에서 보면 농사일을 돕고 일정한 연령이 되면 당당한 노동력으로서 가계를 지탱하며, 노후에는 생활을 의지할 수 있는 존재였다. 반면 아이를 기르고 보살피는 데 드는 비용은 낮았다. 따라서 사람들은 다산을 선호했고 출산을 제한할 필요가 없었다. 더욱이 성인이 되기 전에 사망하는 비율이 높았기 때문에 가계를 유지하기 위해 사람들은 아이를 많이 낳을 필요가 있었다.

그렇지만 근대 공업사회에 와서 영유아 사망률은 감소했고 이로 인해 다산의 필요성이 낮아졌다. 또한 아이의 노동력으로서의 의미나 노후 보장의 역할은 약해진 반면 양육비와 교육비는 증가한다. 따라서 사람들은 자녀 수를 줄이는 선택을 한다. 이것이 다산의 시대에서 소산의 시대로 이행하는 사회경제적인 배경이다.

이러한 인구전환의 과정이 산업화가 가장 앞섰던 영국에서는 이미 1700년대 중반부터 시작되었다. 인구학자 고노 시게미河野稠果에 따르면, 영국은 1750년에 다산다사에서 다산중사多産中死의 단계로 이행하고, 1880년에 중산소사中産少死의 단계로, 그리고 1930년에 소산소사의 단계로 이행했다고 한다(河野, 2007). 이런 점에서 인구전환의 모델 국가로 일컬어지는 영국에서는 180년이라는 긴 시간 동안 서서히 인구전환을 경험한 셈이다.

이에 반해 일본은 유럽 국가에 비해 산업화가 늦었던 만큼 인구전환의 과정을 뒤늦게 맞았으며, 그것도 단기간에 극적인 형태로 경험했다. 인구학자 아토 마코토阿藤誠는 일본 인구전환의 시기 구분을 1870년 이전을 다산다사의 시대, 1870~1960년을 다산소산의 시대, 1960년 이후를 소산소사의 시대로 구분한다(阿藤,

2000). 반면 역사인구학자 기토 히로시鬼頭宏는 좀 더 시기를 좁혀서 1920년 이전까지를 다산다사의 시대, 1920년경부터 1960년대까지를 다산다사에서 소산소사로 이행하는 전환기로 본다(鬼頭, 2016). 이처럼 연구자에 따라 시기 구분에 다소 차이는 있지만 메이지기부터 시작되는 근대화와 산업화 과정을 통해 일본이 다산다사에서 다산소사를 거쳐 소산소사의 시대로 이행했다는 점에서는 모두 동의한다.

[그림 3-2]에서는 일본의 인구전환 추세를 파악할 수 있도록 출생률과 사망률, 자연증감률을 제시했다. 이를 보면 출생률은 메이지기부터 1920년까지 계속 상승하다가 1920년을 정점으로 하락해 1960년에 바닥을 형성하고 있다. 사망률은 1890년까지 상승하다가 이후 일정 수준을 유지한 후 하락해 1950년대에 와서 매우 낮은 수준을 유지하고 있다. 출생률과 사망률의 차이가 자연증감률인데, 연도에 따라 변동이 있기는 하지만 자연증감률은 1940년대 후반까지 지속적으로 상승하는 추세이다.

이 그림이 인구전환론에서 지적하듯이 고출생률과 고사망률을 나타내는 다산다사의 시기, 고출생률과 저사망률을 나타내는 다산소사의 시기, 저출생률과 저사망률을 나타내는 소산소사의 시기로 뚜렷하게 구분되는 것은 아니지만 추세적으로 다산다사에서 다산소사를 거쳐 소산소사로 이행하는 흐름을 확인할 수 있다.

지금까지의 분석을 통해 메이지 초기부터 사망률을 크게 넘어서는 높은 출생률이 수십 년간 지속된 것이 인구폭발을 초래했음

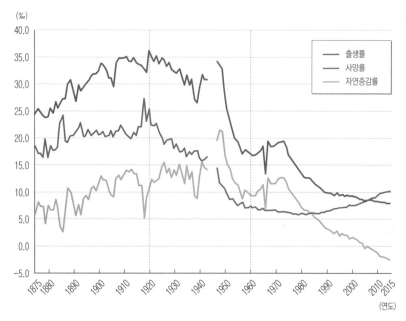

(‰)
40.0

35.0

30.0

25.0

20.0

15.0

10.0

5.0

0.0

−5.0

1875 1880 1890 1900 1910 1920 1930 1940 1950 1960 1970 1980 1990 2000 2010 2015

(연도)

출생률
사망률
자연증감률

[그림 3-2] 일본의 출생률과 사망률, 자연증감률의 추이

주: 출생률과 사망률, 자연증감률은 모두 인구 1,000명당 출생아 수와 사망자 수, 자연증가
　수를 나타낸 것이다.
　전쟁과 패전으로 인해 1944~1946년에는 조사가 실시되지 않아 데이터가 누락되어 있다.
출처: 후생노동성, 「인구동태통계」.

을 알 수 있다. 특히 1890년부터 1950년까지 30‰에 근접하거나
또는 그 이상의 고출생률을 나타낸 시기가 60년간 이어진 것이 인
구폭발의 원인이었다. 그리고 인구폭발의 시기를 거친 후 출생률
이 단기간에 빠르게 하락해 소산의 시대로 이행한 것이 현재의 급
속한 고령화와 대규모 인구감소를 초래하는 원인이 되었다. 다시
말하면 단기간에 다산다사에서 다산소사를 거쳐 소산소사의 시대
로 이행한 '인구전환의 일본적 특징'이 일본의 인구문제를 초래한

근본 원인이라고 할 수 있다.

일본이 이렇게 단기간에 다산의 시대에서 소산의 시대로 이행한 것은 다음 2절과 3절에서 살펴보듯이 일본의 특수한 상황과 관련되어 있다. 서구를 모델로 단기간에 근대화와 산업화를 추진했던 후발국 일본의 사회경제적 상황은 다산을 지탱하는 요인으로 작용했다. 반면 1945년 패전 이후에 빈곤을 우려한 많은 사람들이 인공임신중절이라는 수단을 일거에 받아들인 것은 소산의 시대를 앞당긴 요인이 되었다.

이러한 인구전환이 보다 완만하게 진행되었더라면 현재 일본이 안고 있는 인구문제는 다소 완화되었을 수도 있다. 2절에서 고찰하듯이 1920년대에는 산업화와 도시화가 빠르게 진행되면서 도시민들 사이에서 자녀 수를 줄이고 싶다는 동기가 싹트고 있었고, 이러한 수요에 대응해 산아제한운동도 활발하게 전개되었다. 만약 이 시기의 산아제한운동이 실질적인 성과를 얻고 이와 더불어 일본 정부가 산아제한운동을 탄압하지 않았더라면, 그리고 전시기에 일본 정부가 국가를 위해 아이를 많이 낳으라고 강요하지 않았더라면 다산소사에서 소산소사로의 인구전환은 보다 완만하고 순조롭게 진행되었을지도 모른다. 이하 2절과 3절에서는 이 부분을 집중적으로 살펴본다.

2. 인구폭발을 지탱한 요인

공업화가 가져온 인구부양력의 향상

그렇다면 근대에 와서 출생률은 왜 이렇게도 빠르게 증가할 수 있었는가? 여기에서는 근대 초기부터 1945년 패전 이전까지의 시기를 염두에 두고 살펴보기로 하자.

우선 생각할 수 있는 것은 공업화로 인한 경제성장으로 인구부양력이 커진 점을 들 수 있다. 앞에서도 언급한 바와 같이 근대 이전까지 인류는 늘 식량 부족의 위기에서 벗어나지 못하고 있었는데, 근대에 와서 산업혁명으로 생산력이 크게 향상되면서 그 위기에서 벗어나게 되었다. 공업화는 공업제품을 대량으로 생산하는 것을 가능하게 했을 뿐만 아니라 농업 부문에서 농기구나 농업기계, 화학비료를 이용해 농업 생산력을 높이는 데도 기여했다. 이러한 경제 상황에서 사람들은 출산을 억제할 필요가 없었다.

이는 근대 이전의 에도시대와 비교하면 쉽게 이해할 수 있다. 에도시대에 출산이 경제적 조건에 크게 제약을 받았다는 것은 역사인구학의 여러 연구를 통해 알 수 있다. 흔히 다산으로 알려진 바와는 달리 에도시대의 출생률은 의외로 낮았다. 이는 지역별로 작성해 영주에게 제출한 종문인별개장宗門人別改帳이라는 주민에 대한 기록을 통해 확인할 수 있다. 종문인별개장의 기록을 이용해 지역별 출생률을 추산한 역사인구학자 하야미 아키라速水融의 분석에 따르면, 다음과 같이 지역에 따라 출생률의 편차가 큰 것을 알

수 있다(繩田, 2006에서 재인용).[1]

출생률(인구 1,000명당 출생아 수)이 높은 지역 순으로 시기별 출생률을 제시하면, 미노국美濃国의 사이조무라西條村(1773~1868년) 31.9‰, 이즈미국和泉国의 도하라무라塔原村(1792~1851년) 31.48‰, 오와리국尾張国의 간도신덴神戸新田(1838~1870년) 31.2‰, 히젠국肥前国의 노모무라野母村(1766~1871년) 28.8‰, 무쓰국陸奥国의 시모유다무라下油田村(1808~1812년) 28.2‰, 시나노국信濃国의 요코우치무라橫内村(1671~1871년) 26.3‰, 비젠국備前国의 후키아게무라吹上村(1693~1860년) 26.0‰, 무쓰국의 시모유다무라(1832~1836년) 19.1‰, 무쓰국의 시모유다무라(1773~1777년) 18.4‰로 나타난다. 기록이 여러 해에 걸쳐 남아 있는 무쓰국의 시모유다무라는 시기별로 출생률에 큰 차이가 있다.

앞의 자료를 인용한 나와타 야스미츠繩田康光는 다산이라고 알려졌던 것과는 달리 에도시대에 의외로 출생률이 낮았다는 점을 강조한다(繩田, 2006). 1900년에 일본 전국의 출생률이 32.4‰, 1912년에 35.1‰, 1926년에 34.6‰, 제1차 베이비붐 시기였던 1947년에 34.3‰인 점을 고려할 때 앞에서 제시한 에도시대의 출생률이 여기에 미치지 못하기 때문이다.

---

1 종문인별개장은 에도시대에 기독교도를 탄압하기 위해 생겨난 것으로 주민이 불교도인 것을 증명하기 위해 세대별로 호주와 가족 구성원, 봉공인의 이름과 연령, 소속한 사원을 기재하도록 했다. 매년 새롭게 각 세대의 구성과 관계, 출생, 결혼, 사망 등의 사항을 기재했다.

또한 에도시대에는 생애에 걸쳐 낳는 자녀 수, 즉 생애출생아 수가 계층에 따라 차이가 컸다. 생애출생아 수는 지주나 비교적 대규모 농지를 갖고 있는 자작농의 경우는 많고, 소규모 자작농이나 소작농의 경우는 적은 것으로 나타난다. 예를 들어 출생률이 31.9‰로 높았던 미노국 사이조무라의 경우, 생애출생아 수는 지주층(10만 석 이상)이 5.4명, 소작층이 3.7명인 것으로 추산된다(繩田, 2006에서 재인용). 출생력이 낮은 소규모 자작농이나 소작농은 자녀가 없어 가문이 단절되는 경우도 많았다고 한다.

결국 출생률이나 생애출생아 수가 의미하는 것은 에도시대에 출산이 경제적 조건의 제약을 크게 받았다는 것이다. 당시의 높은 영아사망률을 고려할 때 출생률이나 생애출생아 수는 앞서 제시한 수치보다 더 높아져야 할 필요가 있지만 경제적 상황의 제약으로 인해 사람들은 많은 자녀를 출산할 수 없었다고 봐야 할 것이다.

나아가 에도시대에는 피임 방법이 없었던 만큼 낙태와 마비키間引き라는 영아살해를 통한 인구조절도 이루어졌다. 마비키란 말 그대로 풀이하면 '솎아내다'라는 의미인데, 어린 벼나 채소 등을 뽑아내 간격을 둠으로써 더 잘 자라게 하는 것을 말한다. 에도 중후기에 농민들은 농업 생산력의 정체와 대기근의 빈발로 생존의 어려움에 처하자 낙태와 마비키를 하는 경우가 많았다. 낙태와 마비키의 관습은 전국적으로 관찰되며, 낙태 도구나 마비키를 하는 모습을 그린 그림은 지금도 많이 남아 있다. 이 또한 식량 사정에서 자유롭지 못한 당시 상황을 잘 보여 준다.

낙태와 마비키가 성행하자 에도막부와 각 번藩의 영주는 이것을 금지하는 명령을 내리는 한편 출산관리정책과 영유아 양육책을 실시했다(関口 외, 1998). 그 내용을 보면, 마을 내 임신한 자를 사전에 조사하고, 출산 시에는 마을 관리나 주민이 입회해 사산이라는 명목으로 마비키를 하지 못하도록 조치를 취했다. 그리고 무사히 출산한 경우에는 관청에 출생아의 성별을 기록한 출생신고를 하도록 하고, 영유아 양육비를 지급했으며, 아이가 성장한 후에는 농기구를 지급하기도 했다. 새로 태어나는 사회 성원이 사회체제를 지탱하는 데 얼마나 중요한지를 이 시대의 위정자들도 충분히 알고 있었던 것이다.

이런 점에서 에도 중후기는 농지의 생산성에 한계가 있어 출산에 제약을 받았으며, 이로 인해 저출산대책을 고민하던 시대였음을 알 수 있다. 근대에 들어와 농업 부문의 생산성이 향상되고 공업화로 경제가 성장하면서 비로소 사람들은 경제적 제약에서 다소 자유로워졌다고 할 것이다.

근대가족의 성립이 초래한 혼인율과 출산율 증가

또 하나의 중요한 요인으로는 근대가족의 성립이 가져온 변화이다. 메이지 정부는 근대국가의 기초를 갖추기 위해 메이지민법을 제정해 중혼을 금지하고 일부일처제를 근간으로 하는 근대가족제도를 만들었다. 우리에게는 호주제도로 익숙한 일본의 이에제도家制度는 남성 가장의 절대적인 권한과 가족 구성원에 대한 통제를 강요한 가부장적 가족제도였다. 그렇지만 또 한편으로는 가족을 근세의 지연공동체로부터 분리시키고 개인을 권리의 주체로 설정했다는 점에서 근대적 요소도 함께 가지고 있었다.

이러한 가족제도가 만들어지면서 일본에서는 결혼 건수가 증가하고 이혼 건수는 감소하는 등 가족의 안정성이 커지는 변화가 생겨났다. 혼인 건수는 메이지 민법이 시행된 다음 해인 1899년에 29.7만 건에서 1910년에 44.1만 건, 1920년에 54.6만 건, 1930년에 50.7만 건, 1940년에 66.7만 건으로 증가했고, 인구 1,000명당 혼인 건수를 의미하는 혼인율도 증가하는 추세를 나타냈다(厚生劳働省, 2018).

한편 메이지 초기와 중기까지만 해도 이혼율이 상당히 높았다. 인구 1,000명당 이혼 건수를 의미하는 이혼율은 메이지 민법이 시행되기 이전인 1883년에 3.38‰, 1890년에 2.73‰을 나타냈는데, 이는 현재 일본의 이혼율보다도 높은 수준이다. 그렇지만 근대가족제도가 자리잡으면서 이혼율은 1900년부터 1940년까지 지속적으로 감소했다.

이 시기의 혼인율 상승에 대해서는 신분제 장벽이 철폐된 것이 큰 요인으로 작용했다고 볼 수 있다. 신분제 사회였던 에도시대에는 신분제 장벽이나 경제적 여건으로 인해 결혼하지 못하는 남성이 상시적으로 발생했다. 일부 남성이 많은 여성을 독점했던 반면 일부 남성은 평생 독신으로 살아가야 했다. 서민이라도 결혼할 수 있는 사람은 집안의 토지를 물려받은 장남뿐이었다. 에도막부는 농지의 영세화를 막기 위해 토지의 분할상속을 금지했기 때문에 토지를 물려받지 못한 차남 이하의 형제는 남의 집으로 봉공을 가거나 장남인 형 밑에서 가내노예처럼 살아야 했다.

젠더 연구를 주도해 온 가족사회학자 우에노 지즈코上野千鶴子 교수는 신분제적 제약이나 경제적 요인으로 인해 전근대 사회에서 평생 결혼하지 못하는 남성의 생애 비혼율이 20%에 달했다고 지적한다(上野, 2013). 그 비율은 지역과 시기에 따라 달라질 수 있어 정확하게 이렇다고 단정하기는 어렵지만 에도시대에는 신분제적 장벽이나 경제적 여건으로 인해 가족을 형성할 수 없는 사람들이 상당수 있었다고 추정해 볼 수 있다.

반면 메이지기에 일부일처제를 근간으로 하는 근대가족제도가 확립되면서 혼인율이 지속적으로 상승하고 모두가 결혼하는 개혼사회皆婚社会로 들어섰다. 근대에 와서 평범한 남자라도 부인을 얻어 가정을 꾸리고 안정적으로 살게 된 것이다. 이러한 변화를 가리켜 우에노 지즈코 교수는 공업화가 차남이나 삼남으로 하여금 가산이나 가업에 의존하지 않아도 일가를 이룰 수 있을 만큼의 수입을 가질 수 있도록 했다고 지적한다(上野, 2013). 이는 신분제의 차별에서 벗어난 근대가 가져온 새로운 변화였다.

그렇지만 근대가족이 정착하기까지는 시간이 걸렸다. 메이지기에는 여전히 축첩의 관습이 광범위하게 있었고, 첩이 아니더라도 젊은 여성에게 아이를 낳게 하는 일이 적지 않았다. 『일본제국동태통계日本帝国動態統計』에 나타난 추이를 보면, 1900년대 초반에서

1910년대 중반까지 전체 출생아 중 혼외자가 차지하는 비율은 10%에 약간 못 미치는 정도로 높았다(善積, 1977). 그러다가 이후 서서히 감소해 1940년이 되면 5% 수준으로 하락했다.

이처럼 1910년대에서 1940년대까지 혼외자의 비율이 줄어든 것에 대해 역사인구학자 하야미 아키라는 다이쇼 천황이 측실제도를 철폐한 것이 영향을 미쳐 일반 국민들이 점차 축첩이나 혼외자를 받아들이지 않게 되었다고 지적한다(速水·小嶋, 2004). 또한 여성해방운동의 영향과 교육의 보급으로 혼외자를 갖는 것이 비윤리적이고 부도덕하다는 생각이 일반 국민들에게 확산되어 나갔다고 지적한다.

한편 메이지 정부는 낙태나 마비키를 금지하는 조치도 취했다. 신정부가 수립된 1868년에 메이지 정부는 포고령을 내려 낙태와 마비키를 도왔던 산파의 낙태행위를 금지하고, 1880년에는 낙태죄를 법률로 규정했다. 이런 조치도 출생률을 높이고 출생아 수를 증가하게 하는 요인이 되었다.

이처럼 메이지기 이후의 출생률 상승은 산업혁명이 가져온 경제성장으로 출산을 억제하지 않아도 되었던 점, 그리고 신분제가 폐지되고 일부일처제를 근간으로 하는 근대가족제도가 탄생하면서 혼인율이 상승한 점, 나아가 일본 정부가 낙태와 영아 살해를 금지하는 조치를 취한 점 등이 복합적으로 작용해서 가능했다고 할 수 있다.

실패로 끝난 1920~1930년대의 산아제한운동

이처럼 매년 빠르게 증가하는 출생아 수로 인해 일본 인구는 1920년에 5596만 명을 기록했다. 50년 동안 인구가 2000만 명 이상 증가한 셈인데, 이로 인해 1920년대가 되면서 인구과잉으로 인한 식량 부족이나 하층민의 생활난을 걱정하는 소리가 많아졌다.

특히 1910년대 말에는 1차 세계대전의 영향으로 경제성장이 빠르게 이루어졌지만 물가가 급등하고, 특히 쌀값이 폭등하면서 서민들의 생활은 더욱 어려워졌다. 이런 가운데 1918년에는 도야마현의 한 어촌에서 쌀 반출에 항의하는 어촌 주부들의 쌀 소동사건이 벌어졌고, 이후 이 사건은 도야마현을 넘어 다른 지역으로까지 확산되었다. 이 사건을 계기로 농민이나 도시 하층민의 생활난이나 빈곤문제가 중요한 사회적 이슈로 부각되었다.

이런 사회상황을 배경으로 1920년대에는 아베 이소오安部磯雄, 야마모토 센지山本宣治, 가토 시즈에加藤シズエ 등의 지식인들이 피임을 통한 산아제한으로 이 문제를 해결해야 한다고 주장하고 나섰다.[2]

특히 가토 시즈에는 이 시기 산아제한운동을 이끌어 간 대표적인 사회운동가였다. 유복한 실업가의 가정에서 태어난 가토 시즈에는 남편 이시모토 게이키치石本惠吉 남작의 부임지인 규슈 지방의

---

[2] 1920~1930년대에 전개된 산아제한운동에 대해서는 야마모토 기요코(山本起世子)의 「생식을 둘러싼 정치와 가족변동(生殖をめぐる政治と家族変動)」(2011), 하야미 아키라와 고지마 미요코(速水融·小嶋美代子)의 『다이쇼 데모그래피(大正デモグラフィ)』(2004), 오기노 미호(荻野美穂)의 「자원화된 신체: 전전·전중·전후의 인구정책에 대해(資源化される身体: 戦前·戦中·戦後の人口政策をめぐって)」(2008) 등을 참고했다.

탄광촌에서 생활하면서 비참한 생활을 하는 광산 노동자의 생활상을 목격했는데, 이 경험은 훗날 가토 시즈에가 산아제한운동에 뛰어들게 만든 계기가 되었다. 그 후 남편을 따라 미국으로 건너간 가토 시즈에는 당시 빈민가에서 산아제한운동을 펼쳤던 마가렛 생어Margaret Higgins Sanger의 영향을 강하게 받았고, 귀국해서 1922년에 산아제한연구회를, 1934년에 산아제한상담소를 설립했다. 또한 페서리나 젤리 등의 피임 기구를 제조해 판매했고, 먼 곳에 사는 사람들에게는 피임 방법의 통신지도나 피임 기구의 통신판매를 하기도 했다.

일본의 산아제한운동사에서 중요한 사건은 1922년에 마가렛 생어가 일본을 방문한 일이다. 가토 시즈에가 생어의 일본 방문을 추진하자 산아제한운동을 금지하려는 일본 정부 측과 이를 추진하려는 여성운동가 사이에 격렬한 논쟁이 벌어졌다. 일본 정부는 생어가 대중 앞에서 산아제한에 대한 강연을 하지 않는다는 약속을 받고 방일을 허락했고, 결국 생어는 산아제한에 대해서는 일절 언급하지 못하고 돌아갔다.

그렇지만 생어의 방일은 사회적으로 큰 반향을 일으켰다. 생어의 방일 이후 산아제한을 실행하기 위해 수태 조절 방법을 가르쳐주는 병원도 등장했고, 우리에게도 그 이름이 널리 알려진 오기노荻野식 피임법이 여성들 사이에서 확산되기 시작했다. 당시 주부들에게 널리 인기가 있었던 여성잡지 『주부의 벗主婦之友』에서는 피임법 기사가 종종 등장했고, 여러 방법으로 시행착오를 거듭한 끝에 피임에 성공한 독자의 경험담을 정리한 책자가 간행되기도 했다. 또한 피임 기구나 약품도 통신판매나 점포판매를 통해 유통되었다.

이처럼 1920년대에서 1930년대 전반은 일본에서 산아제한운동이 크게 확장된 시기이다. 특히 세계적인 대공황과 겹쳐 일본에서도 쇼와 공황이라고 불렀던 경기침체가 이어졌던 1930년대 초반에 산아제한운동은 절성기를 맞았다. 산아제한운동을 실천하는 많은 단체가 결성되었고 각지에 산아제한상담소가 개설되었다.

이처럼 산아제한운동이 확장될 수 있었던 배경에는 사람들 사이에서 아이를 잘 기르고 싶다는 수요가 대두되고 있었고, 다산으로 인한 건강 피해나 생활고를 완화하기 위해 피임을 원하는 수요가 있었기 때문이다. 이 당시 산아제한상담소를 찾은 이용자에 대해 분석한 미야사카 야스코宮坂靖子의 연구에 따르면, 이용자들은 신중간층이 절반 정도로 많았지만, 이용자의 20~30%는 저소득 노동자계급이었다(宮坂, 2012). 그리고 상담소를 찾은 이유를 살펴보면 아이가 이미 4~5명이어서 양육과 교육이 곤란하고 생활이 어렵다는 등의 경제적 이유로 더 이상 아이를 갖고 싶지 않다는 사람이 많았다고 한다. 이는 산아제한의 방법이 알려지기 시작했던 당시 상황을 배경으로 산아제한을 실현하고 싶다는 사람들의 현실적인 요구가 표출되고 있었음을 잘 보여 준다.

산아제한에 대한 수요가 높았던 도시의 화이트칼라층에게 아이는 교육을 통해 잘 길러내야 하는 애정과 양육의 대상이었다. 산아제한운동가들은 아이를 노동력 또는 노후를 의지할 대상으로 보지 말고 교육을 통해 당당한 사회 성원으로 길러내야 한다고 주장했다. 이는 확실하게 그 이전 시대와는 달라진 자녀관을 보여 주는 것이었다.

이런 사회적 분위기 속에서 당시 도시민을 중심으로 산아제한이 조금씩 확산되어 나갔다고 할 수 있다. 이것을 잘 보여 주는 것이 [그림 3-3]인데, 여기에서는 1925년의 시부와 군부의 합계출산율을 제시했다. 이것은 역사인구학자 하야미 아키라가 국세조사 자료를 이용해 시부와 군부의 합계출산율을 산출한 것이다(速水·小嶋, 2004). 시부는 인구 10만 명 이상의 도시이며, 군부는 인구 10만 명 이하의 중소도시와 농촌지역을 말한다.[3]

이를 보면 전국 각지의 어느 지역에서도 시부의 합계출산율이 군부의 합계출산율보다 1.5명 내지 2명 정도 적다. 참고로 1925년 일본 전국의 합계출산율은 5.1이다. 이 그림을 통해 당시 농촌에서는 아이를 5~6명 낳았던 반면 도시에서는 그보다 적은 3~4명을 낳았다고 볼 수 있다. 도시 중에서도 도쿄시, 오사카시, 고베시

---

3 1925년에 인구 10만 명 이상의 도시가 있는 도부현(道府県)은 모두 13개이며, [그림 3-3]에서 제시한 순서대로 도부현과 그에 속한 16개 도시를 제시하면 다음과 같다. 홋카이도(北海道)는 삿포로시와 오타루시, 하코다테시, 미야기현(宮城県)은 센다이시, 도쿄부(東京府)는 도쿄시, 가나가와현(神奈川県)은 요코하마시, 이시카와현(石川県)은 가나자와시, 아이치현(愛知県)은 나고야시, 교토부(京都府)는 교토시, 오사카부(大阪府)는 오사카시, 효고현(兵庫県)은 고베시, 히로시마현(広島県)은 히로시마시와 구레시, 후쿠오카현(福岡県)은 야하타시, 나가사키현(長崎県)은 나가사키시, 가고시마현(鹿児島県)은 가고시마시가 있다.

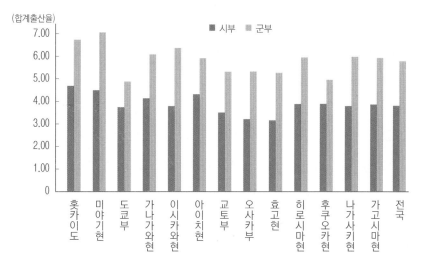

(합계출산율)

■ 시부 ■ 군부

[그림 3-3] **시부와 군부로 나누어 본 합계출산율(1925년)**

출처: 하야미 아키라·고지마 미요코(速水融·小嶋美代子)(2004), 『다이쇼 데모그래피(大正
デモグラフィ)』 213쪽.

와 같은 대도시를 끼고 있는 도쿄부, 오사카부, 효고현에서 시부
의 합계출산율이 다른 시부보다 더 낮은 것을 확인할 수 있다.

이와 같은 시부와 군부의 출산율의 차이는 거주지역에 따른 사
회경제 상황의 차이를 반영하는 것으로 해석할 수 있다. 1920년대
는 일본에서 경공업 중심에서 중화학공업 중심으로 산업의 중심축
이 바뀌고 도시화도 빠르게 진행되었던 시기이다. 도쿄시와 오사
카시, 고베시, 나고야시, 현재의 기타큐슈시에 4대 공업지대로 불
리는 대규모 공업지대가 형성되었고, 특히 1차 세계대전에서 일본
은 전쟁특수를 누려 대기업으로 성장한 기업이 다수 등장했다.

이러한 사회경제 상황을 배경으로 도시화가 진행되고 도시의

중간계층을 중심으로 소비문화가 확장되어 갔다. 도시에 사는 중간계층은 자녀교육에 대한 관심이 높아 자녀들에게 책이나 잡지 등을 적극적으로 사주었으며, 자녀를 중등교육기관이나 고등교육기관으로 진학시키는 데도 열심이었다. 사회적 지위 달성의 수단으로서 학력의 중요성이 커지던 이 시기에 도시민들 사이에서는 적게 낳아 잘 키우자는 도시적 자녀관이 확대되어 가고 있었다.

그렇지만 [그림 3-3]에서 놓치지 말아야 할 또 하나의 중요한 사항이 있다. 그것은 이 시기에 시부의 출산율도 결코 낮지 않았다는 것이다. 시부의 출산율은 3명을 넘고 있으며, 일부 지역을 빼면 대체로 4명 수준을 나타낸다. 도시의 낮은 출산율은 미혼 여성이 많은 인구구조의 특징도 반영하기 때문에 기혼여성의 출산 자녀 수는 3~4명보다 많았을 수 있다. 이런 점에서 당시 도시의 일부 계층에서 산아제한을 실천하고는 있었지만 농업에 종사하는 인구가 다수였고 도시에서도 영세 자영업자가 압도적으로 많았기 때문에 산아제한이라는 생각이 널리 확산되기는 어려운 상황이었다고 봐야 할 것이다.

국가를 위해 아이를 많이 낳으라고 강요했던 전시기

당시 일본에서는 산아제한에 대한 반대가 컸다. 피임은 자연의 질서에 반한다거나 국가의 번영을 위해 인구는 많을수록 좋다는 의견이 많았다. 아이는 나라의 보물이라는 생각이 지배적이었기 때문에 산아제한은 매우 위험한 사상으로 여겨졌다. 인구과잉문제를 해결하기 위해서는 피임이 아니라 아시아 대륙으로 진출을 확대해야 한다는 주장도 있었다. 1931년에 관동군 참모장으로 만주사변을 일으켰던 이타가키 세이시로板垣征四郎는 국토가 좁고 자원이 부족한 일본에서 매년 60만 명씩 인구가 늘어나고 있는 현실을 거론하며 만주 진출의 필요성을 주장했다(吉川, 2016).

1930년대 후반 일본이 본격적인 전쟁수행체제에 돌입하면서 산아제한운동은 당국의 감시와 탄압을 받았다. 1938년에 산아제한상담소는 강제로 폐쇄되었고, 이렇게 해서 산아제한운동은 종식을 맞았다.

반면 국가가 나서서 인구를 늘리는 정책을 전개했다. 인적 자원의 공급처로서 가족에 대한 개입을 강화하고, 나라를 위해 싸울 병력과 노동현장에서 일할 노동력을 늘리기 위한 인구정책을 전개한 것이다. 이를 가리켜 '낳아라, 늘려라産めよ殖やせよ' 정책이라고 한다. 인구정책은 전쟁이 끝날 때까지 계속되었는데 그 핵심적 내용을 정리하면 다음과 같다.[4]

1938년에 일본 정부는 육군의 요청을 받아들여 국민을 양적·질적으로 통제하고 관리하는 전문행정기관으로서 후생성을 신설했다. 1939년에는 후생성의 부속기관으로 인구문제연구소(국립사

---

4 전시기에 일본 정부가 강압적으로 실시한 인구정책에 대해서는 오기노 미호의 「자원화된 신체: 전전·전중·전후의 인구정책에 대해」(2008)를 참고했고, 이러한 인구정책을 보도한 신문기사에 대해서는 공익재단법인 국제협력NGO JOICFP(国際協力NGOジョイセフ)의 홈페이지에 게재되어 있는 자료를 이용했다.

회보장·인구문제연구소의 전신)를 설치했다.

1939년에 후생성은 다산을 장려하기 위해 만 6세 이상 자녀가 10명 이상인 다자가정을 표창한다는 요강을 발표했다. 이러한 요강에 의거해 1940년에 전국에서 10,622호의 가정을 선정했는데 그중 65%가 농가였다.

또한 같은 해 후생성은 아이를 늘리자는 슬로건과 함께 '결혼 10훈'을 제시했는데, 이것은 나치 독일의 배우자 선택 10개조를 모델로 한 것이라고 한다. 결혼 10훈에는 심신이 건강하고 유전적으로 문제가 없는 사람을 배우자로 정할 것, 만혼을 피할 것, 국가를 위해 아이를 낳을 것 등이 있었다.

1940년에는 우생사상을 반영한 국민우생법国民優生法을 제정했다. 이 법은 나치 독일의 단종법을 모델로 한 것으로 인구의 질 관리를 위해 유전성 정신병이나 유전성 신체질환을 가진 사람에 대해 강제적으로 불임수술을 할 수 있도록 했다.

1941년에는 내각 각의에서 「인구정책확립요강」을 발표했는데, 이는 가히 강압적이고 억압적이었다. 일본 정부는 대동아공영권의 확립을 내걸고 당시 7350만 명이었던 본토 인구를 1960년에 1억 명까지 늘리겠다는 목표를 제시했다. 이를 위해 평균 혼인연령을 3세 앞당기고 부부의 자녀 수를 평균 5명으로 늘릴 것을 제시했고, 다자가정에 대한 우대책과 함께 자식이 없는 가정이나 독신자에게는 세금을 더 부과하는 정책을 제시했다. 그리고 불건전한 개인주의 사상의 배제, 건전한 가족제도의 유지·강화, 단체나 공공기관에 의한 결혼상담과 소개, 결혼비용 경감과 결혼자금 대여, 학교에서의 모성 교육, 20세 이상 여성의 취업 억제, 피임이나 낙태 등의 산아제한 금지 등을 제시했다.

특히 결혼 알선사업은 관민이 나선 국책사업이었다. 회사나 공장에는 종업원의 결혼장려를 위해 결혼상담소가 설치되었고, 도쿄의 미쓰비시백화점에도 국립상담소가 설치되었다. 도시보다 공동체의 압력이 강한 농촌에서는 미혼자 가정을 방문해 1주일 이내에 결혼을 결정하도록 강요하기도 했다고 한다.

이와 같이 국가가 위로부터 강압적으로 결혼과 다산을 강요했던 역사적 경위로 인해 일본인 중에는 국가가 저출산정책을 추진하는 것에 강하게 반대하는 사람이 많다. 전시기의 강압적인 인구정책을 떠올리게 한다는 것이다. 이들은 결혼과 출산이라는 지극히 사적인 영역에 국가가 개입하는 것에 강한 거부감을 갖고 있다.

3. 대규모 인공임신중절이 앞당긴 소산의 시대

빈곤국가를 우려한 일본 정부가 공인한 인공임신중절

1947~1949년까지 매년 260만 명이 넘는 출생아 수를 기록했던 베이비붐이 끝나고 출생아 수는 크게 감소해 1961년에는 158.9만 명으로 떨어졌다. 이와 더불어 1947년에 4.54였던 합계출산율도 감소해 1961년에는 인구대체수준 이하인 1.96까지 하락했다. 합

계출산율이 단기간에 급격히 하락하면서 1960년대에 일본은 확실하게 소산의 시대에 진입했다.

그렇다면 왜 이렇게도 빠르게 소산의 시대에 진입한 것일까? 여기에는 인공임신중절을 허용한 국가의 정책 전환이 큰 영향을 미쳤다. 패전국가 일본이 빈곤국가가 될 것을 우려한 일본 정부가 낙태를 허용한 것이다.

패전 직후 일본은 생산 설비가 파괴되고 원료 수입이 두절되어 생산활동이 제대로 이루어지지 못했다. 식량난은 심각했고 치솟는 인플레로 인해 경제활동도 마비되었다. 또한 패전으로 만주, 한반도, 타이완 등 외지에 나갔던 사람들이 본국으로 귀환하면서 인구가 크게 증가했다. 여기에 출생아 수의 폭발적인 증가도 예상되는 상황이었다.

이 때문에 당시 일본에서는 과잉 인구를 우려하는 목소리가 높았다. 패전국 일본이 다산으로 빈곤을 면하지 못할 것이라는 생각이 널리 퍼져 있었다. 일본 정부도 인구증가로 인한 빈곤문제를 우려했다.

1948년에 일본 정부는 1940년에 제정한 국민우생법을 우생보호법優生保護法으로 개정해 인공임신중절을 조건부로 허용했다.[5] 이 법은 두 가지 목적이 있었는데, 하나는 과잉 인구를 억제하기 위해

---

5   우생보호법의 내용과 제정 배경, 경위에 대해서는 NHK 복지정보사이트 하트넷의 기사(2018년 5월 30일, 2018년 6월 12일, 2018년 7월 20일, 2020년 9월 17일)를 참고했다.

산아제한을 허용하는 것이다. 지금까지 불법이었던 인공임신중절을 조건부로 합법화해 의학적으로 관리함으로써 모성의 생명과 건강을 보호한다는 명분을 내걸었다. 또 하나는 우생상의 견지에서 불량한 자손의 출생을 방지한다는 것이었는데, 이를 위해 유전성 장애인에 대한 중절이나 단종수술을 실시하도록 했다.[6]

1949년에는 이 법을 개정해 경제적 이유로 인한 낙태를 허용했다. 1952년의 개정에서는 경제적 이유에 해당되는지의 판단을 의사에게 위임하도록 하여 인공임신중절을 더욱 자유화했다.

그리고 1949년에 일본 정부는 피임 도구의 판매를 허용하고 피임장려책의 일환으로 콘돔도 싸게 공급했다.

이러한 일련의 조치로 인해 1960년대 초반까지 인공임신중절 건수는 빠르게 증가했다. 1949년에 10만 건이었던 인공임신중절 건수는 1953년에 100만 건을 돌파했고, 이후 1961년까지 매년 100만 건을 넘었다. 그야말로 상상을 초월하는 수준의 인공임신중절이 전 국민적으로 행해진 것이다.

---

6 이 법에서 강제로 단종수술을 해야 하는 근거로 제시된 것이 '역도태론(逆淘汰論)'이라는 발상이다. 이는 국가가 산아제한을 실시하면 우수한 사람들은 가족계획에 따라 자녀 수를 제한하지만 열등한 사람들은 욕망이 이끄는 대로 많은 자녀를 낳기 때문에 열등한 사람이 다수를 차지하게 된다는 반인권적 논리였다. 우생보호법은 1996년에 모체보호법으로 개정될 때까지 존속했다.
   NHK 보도에 따르면, 우생보호법으로 인해 강제로 약 1만 6,000건의 단종수술이 행해졌으며, 본인 동의하에 행해진 수술을 포함하면 수술 건수는 84만 5,000건이나 된다고 한다. 2018년 1월에 60대 여성이 지적 장애를 이유로 불임수술을 받은 것은 위헌이라며 국가배상을 요구하는 소송을 제기해 사회적 이슈가 되었고, 2019년 4월에 이 법으로 인한 피해자에게 일시금을 지급하는 법률이 제정·시행되었다.

그 결과 일본은 세계에서 유례가 없는 단기간에 소산의 단계로 이행했다. 2차 세계대전 이후 미국과 영국, 프랑스 등 다른 선진국에서 베이비붐이 1960년대 초반까지 이어진 데 반해, 일본에서는 베이비붐이 1950년대 초반에 종료되었다.

가족계획사업을 통해 전국으로 확산된 수태 조절

일본 정부는 인공임신중절을 합법화한 이후 가족계획을 보급시켜 수태 조절을 확산시키고자 했다. 인공임신중절에 따른 피해를 줄이고자 한 것인데, 가족계획사업은 농촌에서 도시에 이르기까지 전국적으로 실시되어 단기간에 큰 성과를 거두었다.[7]

먼저 일본 정부는 피임의 보급률이 낮았던 농촌을 대상으로 계획 출산과 수태 조절을 지도하는 일에 나섰다. 국립공중위생원에서 1950년부터 3개의 계획 출산 모델마을을 선정하고 연구자들을 파견해 지도했다. 당시 아직까지 가족계획이 무엇인지, 왜 가족계획을 해야 하는지에 대한 인식이 낮았던 농촌 주민을 계몽하고, 출산의 당사자인 여성뿐만 아니라 남편이나 시어머니를 이해시키는 데 중점을 두었다. 피임이 효과적으로 이루어지기 위해서는 남편이나 시어머니의 적극적인 협력을 얻지 않으면 사실상 효과가 없었기 때문이다. 이 사업은 농촌 주민들로부터 호응을 얻어 단

---

7 전후 일본 정부가 실시한 가족계획사업에 대해서는 앞에서 제시한 오기노 미호의 「자원화된 신체: 전전·전중·전후의 인구정책에 대해」(2008)와 독립행정법인 국제협력기구(国際協力機構)의 「일본의 인구경험(日本の人口経験)」을 참고했다.

기간에 큰 성과를 거두었다. 이 사업의 성공으로 아이는 보물이라는 생각이 강한 농촌에서도 피임을 실행할 수 있다는 것이 증명되었다.

또한 일본 정부는 수태 조절 지도원 제도를 도입해 이들이 모자보건과 가족계획의 교육활동을 담당하도록 했다. 이를 위해 조산부, 보건부, 간호부를 재교육해 수태 조절을 지도하는 전문가로 육성했다. 수태 조절 지도원들은 가정을 방문하거나 보건소를 중심으로 강연회를 열어 피임을 지도하고 가족계획을 보급시키는 데 중요한 역할을 담당했다.

특히 도시에서는 기업의 사원 가정을 대상으로 하는 가족계획 지도도 실시되었다. 수태 조절 지도원들은 기업 사택에 사는 주부들을 한 자리에 모이게 하거나 호별 방문을 실시해 피임에 대해 지도하고 피임 용품을 판매했다. 이 사업은 대기업에서 호응을 얻어 활발하게 진행되었는데, 기업 입장에서는 사원의 자녀 수가 감소하는 것은 생산성을 높이고 복리후생비를 줄이는 효과가 있다고 판단했다.

신생활운동이라고 불렸던 이 사업에서는 가족계획 지도 외에 가계부 적는 법, 요리, 양재, 뜨개질, 육아 등에 관한 강습회를 개최하기도 했고, 남편의 직장을 견학하는 프로그램도 마련해 주부들에게 널리 환영을 받았다. 이 운동이 끝나는 1960년대 말까지 수많은 대기업이 이 사업을 실시해 큰 성과를 거둔 것으로 알려져 있다.

이런 과정을 거치면서 1960년대에 일본은 농촌과 도시를 불문하고 일거에 소산사회로 이행했다. 이것을 잘 보여 주는 것이 [그림 3-4]의 도도부현별 합계출산율의 추이이다. 47개 도도부현은 광역자치체이기 때문에 농촌과 도시를 모두 포함하고 있지만, 대도시를 포함하고 있는 광역자치체와 그렇지 않은 광역자치체로 구분할 수 있기 때문에 이 그림을 농촌과 도시의 합계출산율의 차이를 보여 주는 자료로 이용할 수 있다.

그렇지만 우선 도도부현 간 차이를 무시하고 합계출산율의 시기별 변화의 큰 흐름에 주목하면 매우 중요한 시대변화의 흐름을 포착할 수 있다. 1925년과 1930년 사이에 합계출산율은 많은 도도부현에서 감소했지만 감소의 폭이 작아 연속된 시기로 볼 수 있다. 반면 1950년에 와서 합계출산율은 크게 감소해 자녀 수 1.5명 내지 2명의 감소를 보인다. 이런 점에서 1930년과 1950년 사이에는 커다란 단절이 있다. 그리고 1950년과 1960년 사이에도 또 한 번 커다란 단절이 있는데, 불과 10년 동안에 합계출산율은 매우 큰 폭으로 감소해 자녀 수 2명 내지 2명 이상의 감소를 나타낸다. 이후 1960년부터 2018년까지 합계출산율은 지속적으로 감소했지만 그 변화의 폭은 그 이전 시기와 비교할 때 다소 미미한 수준으로 느껴진다. 이와 같은 합계출산율의 추이를 통해 일본은 1960년의 시기까지 확실하게 소산의 시대에 진입했음을 다시 한 번 확인할 수 있다.

그렇다면 이번에는 도도부현 간의 차이에 주목해 보자. 합계출산율이 높은 수준을 유지했던 1925년과 1930년, 1950년의 3개 연

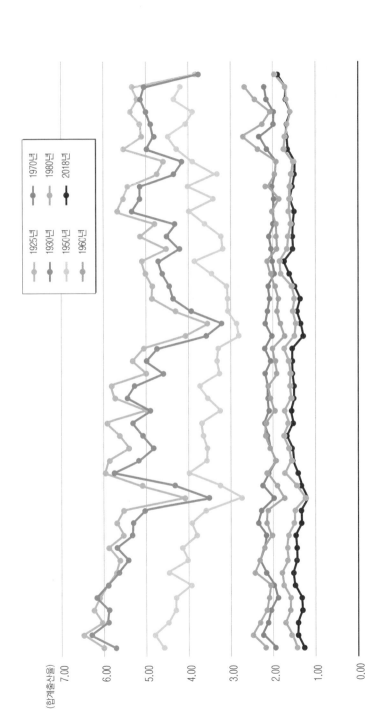

[그림 3-4] 도도부현별 합계출산율의 추이

출처: 국립사회보장·인구문제연구소 홈페이지, 「인구통계자료집(人口統計資料集)」(2020)의 '도도부현별 합계출산율: 1925~2018년' 데이터를
이용해 작성.

도에서 도도부현 간 합계출산율의 차는 매우 크다. 이는 도시와 농촌의 차이를 반영하는 것으로, 대도시를 포함하고 있는 광역자치체는 합계출산율이 낮고 이러한 대도시를 포함하고 있지 않은 광역자치체는 합계출산율이 높다. 그렇지만 1960년에 와서 도도부현 간의 차이는 크게 줄어들었다. 물론 차이가 전혀 없는 것은 아니지만 이전 시기에 비하면 크게 줄었다. 이는 도시와 농촌을 불문하고 전국적으로 인공임신중절이 행해지고 가족계획사업이 널리 보급되면서 나타난 결과라고 할 수 있다.

이런 점에서 앞의 그림은 1960년대에 도달한 소산사회가 전국에 걸쳐 균일한 모습으로 달성된 것임을 보여 주고 있다. 1960년대에 와서 자녀 수를 제한하기 위한 출산억제가 전 국민에게 보급되어 2~3명의 자녀를 출산하는 것이 하나의 라이프스타일로서 표준화되었다고 볼 수 있다.

인구학자 아토 마코토는 이러한 요인 이외에 미점령군에 의한 재벌 해체와 농지개혁, 노동개혁, 민법 개정, 중등교육의 대중화 등의 평등화 정책이 가져온 영향에 주목한다. 그는 전후개혁으로 일컬어지는 광범위한 민주화 조치가 농민과 노동자를 비롯한 전 국민에게 본인 세대와 자녀 세대를 위한 생활개선의욕을 낳았고, 이것이 자녀 수 제한의 동기를 낳았다고 지적한다(阿藤, 2000).

이러한 여러 요인을 고려할 때 소산사회로 도달한 것은 사람들이 자발적으로 수용한 결과였다고 결론 내릴 수 있다. 대다수 사람들은 자녀 수를 줄이는 것이 가정의 행복과 풍요를 가져온다고 생각해서 가족계획을 적극적으로 받아들인 것이다. 2~3명의 자녀를 낳아 아이들을 애정과 교육으로 잘 길러내는 것, 이것이 당시 사람들이 꿈꾸는 행복한 가정의 모습이었다.

4. 예견된 고령화와 대규모 인구감소

1990년대부터 더욱 빨라진 고령화

다산에서 소산으로 급격하게 이루어진 출생력 전환은 필연적으로 급속한 고령화와 대규모 인구감소를 초래한다. 다산이 이어지던 시기에는 같은 해 또는 비슷한 시기에 태어난 인구집단이 큰 규모를 형성하는데, 출생연대를 같이하는 대규모 출생집단이 65세가 되면 고령인구에 편입되어 고령자 비율을 높인다. 또한 이들이 사망하는 시점에서는 대규모 사망이 발생해 인구감소를 초래한다. 다산의 시대에 태어난 대규모 출생집단과 소산의 시대 또는 그 이후에 태어난 소규모 출생집단의 수적인 차이가 고령화와 인구감소의 양상을 결정하게 된다.

2장의 [그림 2-2]에서 확인한 바와 같이 일본은 1990년 이후 고령화가 빠르게 진행되어 2005년에는 세계에서 고령자 비율이 가장 높은 나라가 되었다. 1990년에 65세 고령인구에 편입한 출생집단은 1925년생인데, 1925년을 전후해 30년 동안 일본에서는 매년 200만 명 규모로 아이가 태어났다. 1990년대 이후의 급속한 고령화는 바로 이러한 다산의 결과라고 할 수 있다.

[표 3-2]는 다산의 시대에 태어난 대규모 출생집단이 고령인구에 편입되면서 고령인구가 크게 증가하고 고령화가 빠르게 진행되는 상황을 잘 보여 준다. 여기에서는 5년마다 조사가 이루어지는 국세조사를 통해 5년 전에 비해 고령자가 얼마나 증가했는지를 숫자로 제시했다.

이를 보면 1975년에 고령인구에 편입된 출생집단은 1910년생인데, 이때 65세 이상 고령자는 5년 전에 비해 146만 명 증가했다. 1990년에는 5년 전에 비해 고령자가 242만 명 증가했고, 2015년에는 423만 명 증가했다. 그렇지만 2025년부터 고령자의 증가 수가 크게 줄어들고 2045년을 지나 감소로 돌아선다.

한편 [표 3-2]에서는 고령자 중에서도 후기 고령자라고 일컬어지는 75세 이상 고령자가 빠르게 증가하는 현상도 확인할 수 있다. 후기 고령자는 1985년에 105만 명이 증가한 것을 시작으로 2025년에는 308만 명이 증가한다.

이처럼 일본의 고령화 현상은 평균수명의 연장과 더불어 75세 이상 고령자가 증가하면서 고령화 문제가 심화되는 단계로 바뀌고 있다. 후기 고령자는 65~74세의 전기 고령자에 비해 입원이나 장기요양을 하는 경우가 많아 의료비와 간병비가 크게 증가한다. 그뿐만 아니라 생산연령인구의 감소로 인한 인력 부족으로 의료서비스와 간병서비스를 사회적으로 감당하는 것도 어려워진다. 일본에서는 제1차 베이비붐 세대가 모두 75세 이상이 되는 2025년에 후

[표 3-2] 65세 이상 고령인구의 증감 수의 추이

	5년 전과 비교한 고령자의 증감 수(만 명)			65세 이상 고령자 비율(%)	65세 고령자가 된 사람의 출생연도
	합계	65~74세	75세 이상		
1975년	146	86	60	7.9	1910년생
1980년	179	97	82	9.1	1915년생
1985년	182	77	105	10.3	1920년생
1990년	242	116	126	12.1	1925년생
1995년	337	217	120	14.6	1930년생
2000년	375	192	183	17.4	1935년생
2005년	366	106	260	20.2	1940년생
2010년	357	110	247	23.0	1945년생
2015년	423	217	205	26.6	1950년생
2020년	272	13	259	28.9	1955년생
2025년	58	−250	308	30.0	1960년생
2030년	39	−69	108	31.2	1965년생
2035년	66	94	−28	32.8	1970년생
2040년	138	159	−21	35.3	1975년생
2045년	0	−38	38	36.8	1980년생
2050년	−79	−219	140	37.7	1985년생
2055년	−137	−166	29	38.0	1990년생
2060년	−163	−104	−59	38.1	1995년생

주: 2015년까지는 총무성 통계국의 「국세조사」. 2020년부터는 국립사회보장·인구문제연구소의 「일본의 장래추계인구」(2017년 추계)의 예측치.

출처: 내각부(2020), 『고령사회백서』 4쪽.

기 고령자가 전 인구의 20% 가까이 되는 상황을 가리켜 '2025년 문제'라고 일컫기도 한다.

대규모 인구감소와 다사시대의 도래

한편 분석의 시점을 더 뒤로 이동시켜 고령자의 사망 시기를 살펴보면, 다산의 시대에 태어난 대규모 출생집단이 집중적으로 사망에 이르는 시점에서 사망자 수는 빠르게 증가한다. 반면 수십 년 전부터 이어져 온 저출산의 영향으로 출생아 수는 꾸준히 감소해 왔기 때문에 사망자 수와 출생아 수의 차이가 벌어져 인구의 자연감소 수가 커진다.

그런데 일단 인구가 감소하기 시작하면 감소 속도는 가속도가 붙은 것처럼 매우 빨라진다. 이는 2장에서 언급한 인구구조의 변화에 따른 일종의 관성에 의한 것이다. 이를 잘 보여 주는 것이 [그림 3-5]이다. 여기에서는 2006년부터 2065년까지 사망자 수와 출생아 수의 실적치와 추계치를 제시했다.

이를 보면 사망자 수는 계속 증가하고 인구 1,000명당 사망자 수를 나타내는 사망률도 꾸준히 증가한다. 사망자 수는 2006년에 108.4만 명을 기록했고, 2020년에 141.4만 명, 2040년에 167.9만 명으로 증가한 이후 2065년에는 155.7만 명으로 감소할 것으로 예상된다. 이처럼 사망자 수가 크게 증가하는 시대를 다사多死시대라고 할 때 일본에서는 향후 30~40년 동안 다사시대가 이어진다.

반면 출생아 수는 지속적으로 감소한다. 출생아 수는 2006년에 109.3명으로 사망자 수를 상회해 인구증가를 유지했지만 이후에는 사망자 수와 격차가 벌어지면서 인구가 감소한다. 인구의 자연감소 규모는 2010년에는 12.6만 명이었지만 2020년에 51.2만 명,

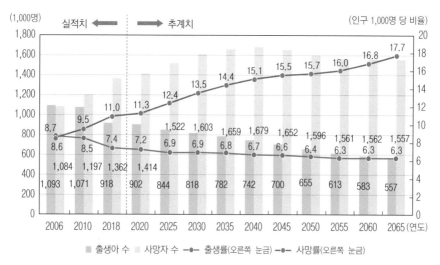

[그림 3-5] 출생아 수와 사망자 수의 장래추계

주: 2006년, 2010년, 2018년은 후생노동성의 「인구동태통계」에 의한 출생아 수와 사망자
수(외국인 비포함).
2020년부터는 국립사회보장·인구문제연구소의 「일본의 장래추계인구」(2017년 추계)
의 예측치(외국인 포함).
출처: 내각부(2020), 『고령사회백서』 5쪽.

2040년에 93.7만 명, 2065년에는 100만 명으로 커진다. 앞에서도
언급한 바와 같이 지금 당장 합계출산율을 인구대체수준 이상으로
높인다고 해도 출생아 수를 한 해 150~200만 명으로 늘리는 일은
불가능하다. 따라서 당분간 인구의 자연감소가 가속화되는 상황을
피할 수 없다.

한편 고령화가 진행되면서 사망자의 사망 당시의 연령도 더욱
고연령화되고 있다. 「인구동태통계」에 따르면, 1985년에 75세 이
상의 나이에 사망한 사람은 37.5만 명으로 전체 사망자 수의

49.9%를 차지한다. 2000년에는 그 수가 55.2만 명으로 전체 사망자 수의 57.4%를 차지하며, 2019년에는 105.6만 명으로 전체 사망자 수의 76.5%를 나타낸다.

이처럼 사망자가 매년 빠르게 증가하는 다사사대에는 전반적으로 우울해지고 활력을 잃기 쉽다. 죽음을 처리하는 사회적 비용도 많이 든다. 고령자가 살던 빈집이 넘쳐나고 방치된 토지문제도 심각해진다. 고독사하는 고령자도 계속 증가하고 있다. 그리고 방치된 무연묘無緣墓도 계속 증가해 이를 관리해야 하는 지자체의 부담은 더욱 커지고 있다. 지자체 중에는 공영묘지의 절반 또는 그 이상이 무연묘일 정도로 문제가 심각한 곳도 있다. 향후 30~40년간 지속되는 다사시대를 어떻게 대처해 나갈 것인지 일본 사회의 과제는 더욱 커지고 있다.

4장

일본이 초저출산 국가가 된 이유

2장에서는 합계출산율을 기준으로 세계 각국을 구분할 때 일본은 합계출산율 1.5 미만의 초저출산 국가에 속한다는 점을 확인했다. 이처럼 일본이 초저출산 국가가 된 것은 1970년대 중반부터 합계출산율이 인구대체수준을 밑도는 수준으로 계속 하락했기 때문이다. 1960년대에 다산에서 소산으로 출생력 전환이 일단락된 이후에도 출산율 하락이 멈추지 않은 것인데, 이러한 현상을 가리켜 '제2의 출산율 저하'라고 부르기도 한다.

그렇다면 일본은 출생력 전환이 일단락된 이후에도 왜 이렇게 지속적으로 출산율이 하락한 것일까? 여기에는 어떤 사회경제적 배경이 있는가? 그리고 향후 합계출산율은 인구대체수준으로 회복될 수 있을까? 이 물음들에 답하기 위해 이 장에서는 1970년대 중반부터 현재까지의 시기에 초점을 두어 출산율이 하락한 원인을 심층적으로 분석한다.

1. 1970년대 중반에 도래한 저출산시대

인구학자도 예견하지 못한 인구대체수준 이하의 출산율

인구학자들은 다산다사에서 다산소사를 거쳐 소산소사로 인구전환이 이루어진 이후 합계출산율이 인구대체수준에서 안정될 것으로 생각했다. 이에 대해 명확한 논의가 이루어진 것은 아니지만 막연히 출생률과 사망률이 균형을 이루어 인구는 늘지도 줄지도 않는 정지인구 상태가 될 것으로 예상했다(河野, 2007). 그런데 이러한 예견과는 달리 1970년대에 프랑스, 스웨덴, 영국, 독일, 이탈리아 등 유럽의 여러 선진국에서는 합계출산율이 인구대체수준을 하회하는 일이 벌어졌고, 이는 일시적인 현상이 아니라 하나의 추세로 고정되어 갔다.

이러한 현상을 네덜란드의 인구학자 반 데 카Dirk J. van de Kaa와 벨기에의 인구학자 레스타기Ron Lesthaeghe는 '제2의 인구전환the Second Demographic Transition'이라고 불렀다(van de Kaa 1987; Lesthaeghe, 2014). 이들은 다산다사에서 다산소사를 거쳐 소산소사로 이행한 것을 제1의 인구전환으로 보고, 소산소사 이후 인구대체수준 이하로 합계출산율이 저하한 현상을 제2의 인구전환이라고 보았다.

제2의 인구전환론에서는 출산율 저하를 초래한 요인으로 유럽 젊은이들 사이에서 일어난 가치관의 변화에 주목했다. 유럽 젊은이들 사이에서 성 행동, 동거, 결혼, 출산, 피임, 혼외자 출산, 이혼 등에 관한 전통적 도덕규범이 약화되고, 개인의 자기실현적 가치를 중시하는 개인주의화가 일어나고 있다. 제1의 인구전환에서는 가족, 배우자, 자녀에 대한 이타적 관심으로 부부가 소수의 자녀를 소중하게 기르는 것을 중시하는 근대가족의 지향이 나타난 반면, 제2의 인구전환에서는 자녀와의 관계보다는 커플 관계를 중시하는 가치관이 대두했다. 이들은 유럽 젊은이들 사이에서 일어난 가치관의 변화가 결혼 감소와 초혼연령 상승, 동거 증가, 출산 연기와 혼외자 출산 증가 등을 초래했으며, 이러한 여러 요인이 복합적으로 작용해서 인구대체수준 이하의 출산율을 가져왔다고 보았다.

이러한 주장은 소산소사 이후의 새로운 변화의 흐름을 포착하고 있다는 점에서 주목을 받았다. 유럽에서 증가하고 있는 파트너십의 다양화나 가족관계의 변화, 라이프스타일의 변화와 출산율 저하를 연관시켜 설명하고자 했기 때문이다.

그렇지만 이들의 논의가 북유럽이나 서유럽 국가를 넘어 다른 나라의 인구변동을 설명하는 보편적인 이론이 될 수 있을지에 대해 의문을 제기할 수 있다. 특히 초저출산 또는 극초저출산이 진행되고 있는 동아시아의 여러 나라에 대해 제2의 인구전환론을 적용할 수 있을지 의문이 든다. 이들 지역에서 혼전 동거가 활발해지고 혼외 출산이 증가하는 현상은 나타나지 않고 있기 때문이다. 또한 지나치게 가치관의 변화와 같은 문화적 요인의 중요성을 강조해 가치관의 변화를 초래한 사회경제적인 기반에 대한 고려를 간과하고 있다는 점도 지적할 수 있다. 인구학자 고노 시게미는 문화적 요인에는 그 자체만으로 출생전환, 인구전환을 견인하는 힘이 없다고 지적한다(河野, 2007). 나아가 1990년대에 와서 혼전 동거가 활발하고 출생아 중에서 혼외자 비율이 높은 북유럽과 서유럽에서 오히려 합계출산율이 높다는 점도 이들 주장의 설득력을 떨어뜨리고 있다(阿藤, 2012).

이런 점에서 합계출산율이 인구대체수준 이하를 나타낸다는 상황은 동일해도 합계출산율이 저하하는 이유에 대해서는 개별 국가마다 사정이 다르다고 할 수 있다. 다만 일본을 비롯한 한국이나 아시아의 여러 국가에서도 젊은이 사이에서 결혼이나 출산보다는 커리어 개발이나 자기실현 등을 중시하는 라이프스타일이나 가치관이 확산되고 있는 것은 사실이기 때문에 이러한 가치관의 변화가 결혼이나 출산 선택에 어떤 영향을 미치는지에 대해서 구체적으로 검토해야 한다. 나아가 결혼과 출산은 개인의 인생에서 큰 변화를 초래하는 중요한 선택인 만큼 그것을 결정하는 데는 개인적인 차원에서 사회경제적인 차원에 이르기까지 여러 요인들이 관련되기 때문에 이들 요인을 복합적으로 파악하려는 노력이 필요하다.

일본에서 일어난 제2의 출산율 저하

일본에서는 1960년대에 소산소사로 이행이 일단락된 이후 일시적인 안정기를 거치다가 1970년대 중반부터 다시 출산율이 하락하기 시작했다. 이런 점에서 1970년대 중반에 두 번째 출산율 저하가 시작되었다고 할 수 있다.

1974년에 합계출산율은 2.05를 나타낸 후 계속 하락해 1989년에 1.57을 기록했다. 합계출산율 1.57이라는 낮은 수치는 일본 사회에 큰 충격을 주어 '1.57쇼크'라고 불렸고, 이것이 저출산 대책을 마련하는 중요한 계기가 되었다. 그렇지만 이후에도 합계출산율 하락은 멈추지 않아 2005년에 1.26으로 최저 수준을 나타냈으며, 2020년에는 1.34를 나타내고 있다.

그렇다면 이처럼 출산율이 계속 하락한 이유는 무엇일까? 이것을 알아보기 위해 여기에서는 여성의 연령별 출산율이 시기별로 어떻게 변화해 왔는지를 살펴본다. 연령별 출산율의 변화를 통해 어느 연령대에서 출산율이 하락하고 있는지를 확인할 수 있다. [그림 4-1]은 1947년과 1955년, 1975년, 2000년, 2018년의 연령별 출산율을 나타낸 것이다. 이를 시기별로 구분해서 그 변화의 특징을 살펴보면 다음과 같다.

먼저 1947년에서 1955년 사이의 변화를 살펴보자. 이 기간 동안 합계출산율은 4.54에서 2.37로 크게 저하했는데, 이는 그림에서 보는 바와 같이 20대 중반부터 40대 초반에 이르기까지 가임 연령대 전반에서 출산율이 크게 하락한 것에 따른 결과였다.

특히 1947년 시점에서는 30대 후반, 그리고 40대 초반에도 출산률이 어느 정도 있었는데, 1955년에 와서 이들 연령대에서 출산율이 크게 하락했다는 점이 주목할 만하다. 이런 점에서 1950년대 중반까지 있었던 출산율 저하는 기혼여성이 자녀 수를 줄이면서 일어났다고 볼 수 있다. 여기에 대해서는 이미 3장에서 살펴본 바가 있는데, 인공임신중절이라는 산아제한의 수단을 통해 모두가 아이를 적게 낳는 시대의 흐름을 좇아간 것이 이 그림에 반영되어 있다.

다음으로 1955년에서 1975년 사이의 변화를 살펴보자. 이 기간 동안 합계출산율은 2.37에서 2.13으로 약간 감소했지만 안정적인 상태를 나타내고 있다. 그렇지만 연령별 출산율에서는 주목할 만한 변화가 있다. 24~26세에서 출산율이 약간 상승한 반면 30대에서 출산율이 상당히 하락했다. 이를 통해 다산에서 소산으로 전

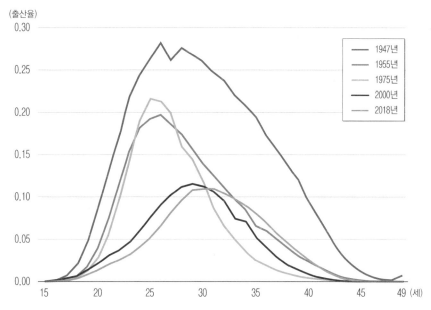

[그림 4-1] 일본 여성의 연령별 출산율의 변화

출처: 국립사회보장·인구문제연구소의 「인구통계자료집」(2020)의 [표 4-9] 여성의 연령별 출산율(1925~2018년)을 이용해 작성.

환이 일단락된 이후에도 30대 기혼여성이 자녀 수를 더욱 줄이고 있음을 알 수 있다.

이처럼 1975년에는 1955년과 비교해 25세를 정점으로 출산이 집중되는 경향이 나타났는데, 이를 가리켜 인구학자들은 밀산密産이라고 표현하기도 한다(阿藤, 2000). 이것은 1970년대에 20대가 결혼적령기라는 규범이 강해져 많은 여성들이 20대에 집중적으로 결혼해 출산을 하면서 생겨난 현상이다. 이때가 일본에서 전업주부 비율이 가장 높게 나타난 시기이기도 하다.

이처럼 패전 직후의 베이비붐을 거친 후 출산율이 급격히 떨어지다가 1960년대에 바닥을 형성한 것, 즉 다산에서 소산으로 출생력 전환을 이룬 것이 바로 '제1의 출산율 저하'이다. 이때 출산율 저하는 20대 중반에서 40대 초반까지 여성에서, 그리고 농촌과 도시를 불문하고 전국적으로 일어났다. 이러한 변화의 흐름에 대해서는 이미 3장에서 확인한 바 있다.

이러한 현상을 가리켜 가족사회학자 오치아이 에미코落合惠美子는 '재생산평등주의'라고 불렀다. 오치아이 교수는 고도성장기에 대부분의 여성들은 24세에 결혼해서 전업주부가 되고 아이를 2~3명 낳아 자녀를 사랑하고 관리하는 어머니가 되었다고 지적했다(落合, 1997). 남편은 밖에서 가족을 위해 열심히 일하고 아내는 집에서 남편을 내조하며 아이들에게 애정을 쏟는 가족상, 이것이 바로 고도성장기에 보통의 일본인들이 따라가고자 했던 근대가족의 이상적인 모습이었다.

그렇다면 이번에는 1975년부터 2000년, 2018년으로 이어지는 변화의 흐름을 살펴보자. 이 기간에는 그 이전 시기와는 변화의 양상이 매우 다르다. 합계출산율은 1975년에 1.91에서 2000년에 1.36으로 크게 떨어진 후 2018년에 1.42로 약간 상승했지만 지속적으로 인구대체수준을 크게 밑돌고 있다.

특히 1975년에서 2000년 사이에 20대의 출산율 저하가 매우 크다는 점에 주목할 필요가 있다. 이 두 기간에 연령별 출산율의 정점은 25세에서 29세로 이동했고, 동시에 20대의 출산율도 크게 하락했다. 출산이 늦춰지는 출산의 고연령화, 즉 만산화晩産化가 진행되었지만 20대에서 크게 감소한 출산율이 30대에서 회복되지 않고 있는 것이다. 이러한 영향으로 합계출산율은 크게 하락했다.

한편 2000년에서 2018년 사이의 변화는 만혼으로 인해 만산이 더욱 진행되는 양상을 보여 준다. 이 두 기간에 연령별 출산율은 큰 변화 없이 전체적으로 출산 시기가 1세 정도 뒤로 늦추어지고 있다.

이처럼 1975년에서 2018년으로 이어지는 시기에 이미 인구대체수준을 밑도는 합계출산율이 1.3~1.4 수준으로 더욱 하락하는 저출산 현상이 심화되었다. 이러한 출산율 저하는 특히 20대에서 현저하게 나타났다. 이러한 출산율 저하를 '제2의 출산율 저하'라고 부를 수 있다.

이하에서는 왜 이렇게 젊은 연령대에서 출산율 하락이 급격하게 일어났는지를 살펴본다. 출산률 하락에 여성의 학력 달성과 경제활동, 결혼, 출산으로 이어지는 라이프코스가 어떻게 관련되어 있는지, 어떤 영향을 주고 있는지를 하나하나 검토하기로 한다.

2. 국가별로 다른 연령별 출산율의 추이

합계출산율의 차이를 가져오는 각국의 연령별 출산율

앞에서 살펴본 일본 여성의 연령별 출산율의 추이는 시기별로 출산을 주도하는 연령층이 어떻게 바뀌었는지를 보여 준다. 이것은 여성의 라이프코스를 결정하는 데 중요한 영향을 미치는 출산이 여성의 연령을 기준으로 언제 일어나고 있으며, 시대 흐름과 더불어 그 시기가 어떻게 변하고 있는지를 보여 준다는 점에서 중요하다. 그리고 출산율 하락의 원인을 찾는 데도 단서를 제공한다.

그렇다면 이번에는 연령별 출산율이 다른 나라에서는 어떤 양상으로 나타나는지 일본과 비교해 보자. [그림 4-2]에서는 출산율의 차이가 큰 7개국의 연령별 출산율을 제시했다. 여기에서는 1세 단위의 연령별 출산율이 아니라 5세 단위로 묶은 연령별 출산율을 제시했기 때문에 [그림 4-1]에서 본 연령별 출산율보다는 변화의 움직임이 다소 둔하게 나타난다는 점에 주의할 필요가 있다.

우선 여기에서 제시한 7개국의 2017년 또는 2018년 시점(해당 연도는 [그림 4-2]의 주에 표시)에서 합계출산율을 보면, 홍콩 0.87, 한국 1.04, 이탈리아 1.32, 일본 1.41, 영국 1.74, 스웨덴 1.79, 프

랑스 1.83으로 차이가 크다. 2장 3절에서 언급한 바와 같이 합계
출산율을 기준으로 이들 국가를 분류하면, 홍콩과 한국은 합계출
산율 1.3 미만의 극초저출산 국가, 이탈리아와 일본은 합계출산율
1.5 미만의 초저출산 국가, 영국, 스웨덴, 프랑스는 합계출산율
1.5 이상인 저출산 국가에 해당한다.

여기에서 우선 눈에 띄는 점은 7개국 모두에서 가장 출산율이
높은 연령대가 25~29세가 아닌 30~34세라는 점이다. 이는 과거
통계와 비교할 때 달라진 점으로 7개국 공통으로 출산연령이 뒤로
늦춰지는 만산화가 진행되고 있음을 보여 준다. 산업화와 근대화

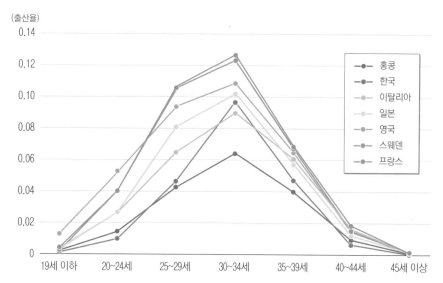

[그림 4-2] 7개국 여성의 연령별(5세 단위) 출산율

주: 한국·이탈리아·영국·스웨덴은 2017년, 홍콩·일본·프랑스는 2018년 데이터.

출처: 일본 이외의 국가는 UN, Demographic Yearbook, 2018.
　　국립사회보장·인구문제연구소의 「인구통계자료집」(2020)의 [표 4-6] 주요국 여성의
　　연령(5세 그룹)별 출산율과 합계출산율을 이용해 작성.

를 이룬 발전국가에서 여성의 고학력화가 진행되고, 노동시장 진출이 증가하면서 자연스럽게 결혼과 출산이 늦어지는 현상이 일어나고 있다.

그렇다면 이하에서는 세 개 그룹으로 나누어 각 그룹별 특징을 살펴보자.

첫째, 저출산 국가에 해당되는 3개국을 보면, 스웨덴과 프랑스는 연령별 출산율이 거의 겹쳐진다고 할 정도로 비슷한 모습을 보인다. 이 두 나라는 한국이나 홍콩에 비해 전 연령대에서 출산율이 높다. 스웨덴과 프랑스는 30~34세뿐만 아니라 25~29세의 출산율도 상당히 높으며, 35~39세와 20~24세에서도 어느 정도 출산율이 있다. 영국은 이 두 나라에 비해 30~34세, 25~29세의 출산율이 다소 낮은 반면 20~24세의 출산율이 높다.

둘째, 초저출산 국가에 해당되는 일본이나 이탈리아는 중간 위치에 있다. 30~34세, 25~29세, 35~39세에서 출산율은 프랑스와 스웨덴, 영국보다 낮고, 한국과 홍콩보다는 높다.

셋째, 출산율이 가장 낮은 극초저출산 국가로서 홍콩과 한국은 모든 연령대에서 출산율이 낮다. 한국은 30~34세에 출산율이 그나마 높지만 이것도 프랑스, 스웨덴, 영국과 비교하면 높은 수준은 아니며, 25~29세, 35~39세의 출산율도 낮다. 홍콩은 30~34세의 출산율도 매우 낮다.

이상의 고찰을 통해 저출산 문제가 상대적으로 덜 심각한 프랑스나 스웨덴 수준으로 합계출산율을 올리기 위해서는 30~34세의 출산율을 높이고, 이와 더불어 25~29세, 35~39세의 출산율을 높이는 것이 중요하다는 점을 알 수 있다. 특히 한국의 경우, 프랑스나 스웨덴에 비해 매우 낮은 25~29세의 출산율을 높일 방안을 찾을 필요가 있다.

만산화 경향에도 출산율을 유지하는 나라와 그렇지 못한 나라

그렇다면 이번에는 지난 수십 년 동안 여성의 연령별 출산율에는 어떤 변화가 있었는지를 살펴보기로 하자. [그림 4-3]은 앞에서 살펴본 7개국 중에서 프랑스와 스웨덴, 이탈리아, 한국에 대해 1975년부터 최근까지 여성의 연령별 출산율의 추이를 나타낸 것이다. 한국의 경우는 1993년, 2002년, 2010년, 2019년의 4개 연도에 대해 제시했다. 여기에서는 [그림 4-1]에서 제시한 일본의 경우도 포함시켜 5개국의 연령별 출산율의 추이를 비교해 본다.

이를 보면 출산율이 상대적으로 높은 프랑스와 스웨덴, 출산율이 상대적으로 낮은 이탈리아와 일본, 한국은 대조적인 모습을 나타낸다.

먼저 스웨덴과 프랑스는 매우 비슷한 추세를 보인다. 이 두 나라에서는 1975년부터 최근까지 출산이 늦어지는 만산화 경향이 뚜렷하게 나타난다. 1975년에 가장 출산율이 높았던 연령은 25세였는데 만산화가 진행되면서 2013년(또는 2014년)에는 30세가 가장 출산율이 높은 연령이 되었다. 그렇지만 이 두 나라에서는 20대에서 감소한 출산율이 30대에 와서 회복되면서 합계출산율은

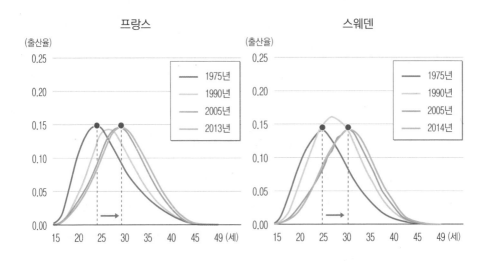

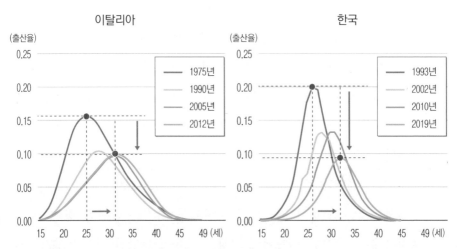

[그림 4-3] 4개국 여성의 연령별 출산율의 추이

출처: 프랑스, 스웨덴, 이탈리아는 내각부(2017), 『저출산사회대책백서(少子化社会対策白書)』 32~33쪽.
　　　한국은 조영태(2021), 『인구 미래 공존』 114쪽에서 인용.

크게 달라지지 않았다. 출산의 연령만 늦어지는 만산화가 진행된 것이다. 그 결과 합계출산율이 크게 하락하지 않았다.

반면 이탈리아와 일본, 한국은 이와는 대조적이다. 이들 세 나라에서도 출산이 늦어지는 만산화 경향이 뚜렷하지만 그와 동시에 20대의 출산율이 크게 하락했고, 30대의 출산율도 여전히 낮다. 즉 20대에서 크게 하락한 출산율이 30대에서 회복되지 않고 있는 것이다. 그 결과 합계출산율은 크게 감소했다.

특히 한국은 20대의 출산율이 크게 하락한 이후에도 하락이 멈추지 않고 2019년에 30대의 출산율이 더욱 하락하고 있어 일본, 이탈리아보다 상황이 심각하다. 또한 출산율 하락이 다른 나라에 비해 단기간에 매우 빠른 속도로 진행되고 있어 향후 상황이 더욱 악화될 수 있다.

경제활동참가율과 합계출산율의 관계

그렇다면 왜 일본, 한국, 이탈리아에서는 20대에서 낮아진 출산율이 30대에 와서 회복되지 못한 것일까? 여기에 대해서는 여러 가지 원인을 생각해 볼 수 있는데, 여성의 경제활동참가도 그 요인 중 하나이다. 유럽의 선진국에서는 1960년대 중반부터 여성의 노동시장 진출이 활발해졌는데 스웨덴, 프랑스, 영국 등 많은 국가에서 여성의 경제활동참가율은 지속적으로 상승해 왔다. 따라서 저출산 문제를 이해하는 데 여성의 취업이 출산율에 어떤 영향을 미치는지 그 관계를 파악하는 일이 중요하다.

일반적으로 여성의 경제활동이 활발해지면 출산율이 낮아질 것으로 생각하기 쉽다. 여성이 경제활동을 하면 일과 출산·육아를 병행하는 데 많은 어려움을 겪기 때문이다. 만약 출산이나 육아를 계기로 일을 그만둔다면 일하는 여성의 입장에서는 커다란 기회비용을 치르게 되는 셈이다. 따라서 여성이 노동시장에 활발하게 진출하면서 결혼을 미루거나 결혼을 해도 아이를 적게 낳을 것이라는 게 일반적인 통념이다.

그런데 OECD 회원국을 대상으로 한 여성의 경제활동참가율과 합계출산율 사이에는 주목할 만한 경향이 보인다. OECD 통계를 이용한 츠츠이 준야筒井淳也 교수의 분석에 따르면, 1971년 시점에서는 일본을 포함한 대다수 국가에서 여성의 경제활동참가율이 높을수록 합계출산율이 낮아지는 결과가 나타난 반면 40년 뒤인 2011년 데이터에서는 여성의 경제활동참가율이 높을수록 합계출산율이 높아지는 정반대의 결과가 나타난다(筒井, 2015). 이러한 상관관계의 역전이 나타나는 이유에 대해 츠츠이 교수는 스웨덴이나 프랑스 등의 유럽 국가에서 여성의 노동시장 참여를 전제로 일과 육아를 양립시키기 쉬운 환경을 조성한 것이 여성의 경제활동참가율과 합계출산율의 관계가 플러스의 상관관계를 나타내게 된 배경이라고 해석했다.

이에 대해서는 다른 연구자들도 같은 해석을 하고 있다. 출산율을 높이기 위해서는 일과 가정의 양립을 제도적으로 지원하는 것이 꼭 필요하다는 점을 강조하고 있다.

이에 대해 츠츠이 교수는 보다 심층적인 이해를 위해 1960년대부터 2010년대까지 50년 동안 스웨덴과 일본에서 나타난 여성의 경제활동참가율과 합계출산율의 관계를 분석했다. [그림 4-4]를 보면 두 나라의 차이가 잘 나타난다.

먼저 스웨덴을 살펴보면, 스웨덴에서는 1963년부터 1983년까지 전반적으로 경제활동참가율이 증가하는 동안 합계출산율은 계속해서 감소했다. 경제활동참가율이 20% 가까이 증가하는 동안 합계출산율은 0.8 정도 감소한 셈이다. 그런데 이 관계가 1983년을 기점으로 역전해 1984년부터 1990년까지는 경제활동참가율이 증가하고 합계출산율도 꾸준히 상승했다. 1991년부터 1999년까지는 경기침체로 경제활동참가율과 합계출산율이 같이 감소했고, 이후 다시 합계출산율은 상승하고 있다.[1]

한편 일본은 스웨덴과 대조적이다. 1960년부터 1975년까지는 여성의 경제활동참가율이 감소하는 가운데 합계출산율은 1971년부터 함께 감소하고 있다. 이때가 일본에서 전업주부율이 가장 높았던 시기이기도 하다. 한편 1975년부터 2005년까지 경제활동참가율은 15% 가까이 증가했지만 합계출산율은 지속적으로 감소하는 추세를 나타낸다. 그리고 2005년 이후 경제활동참가율이 증가

---

1 츠츠이 교수에 따르면 합계출산율이 상승으로 돌아선 1984년은 스웨덴에서 1970년대의 오일쇼크로 인한 경기침체를 금융정책으로 극복해 실업률이 저하하기 시작한 해이고, 합계출산율이 감소로 돌아선 1991년은 거품붕괴와 뒤이은 금융위기로 실업률이 급격히 악화되기 시작한 해라고 한다.

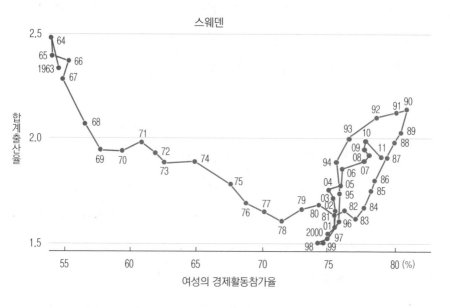

스웨덴

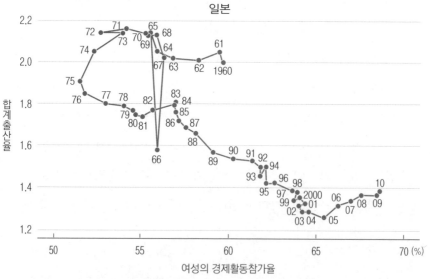

일본

[그림 4-4] 여성의 경제활동참가율과 합계출산율의 추이

출처: 츠츠이 준야(2015), 『일과 가족(仕事と家族)』 63쪽과 68쪽에서 인용.

하고 합계출산율도 조금씩 상승하고 있지만 그 상승은 스웨덴과 비교하면 미미한 상승에 불과하다.

　이와 같이 볼 때 1960년대 이래로 스웨덴과 일본 모두에서 여성의 경제활동참가율은 꾸준히 증가해 여성이 일하는 것이 당연한 시대로 바뀌고 있다. 그런데 두 나라 모두에서 여성의 경제활동참가율이 증가하는 20년 또는 30년이라는 기간에 합계출산율은 일관되게 감소하는 마이너스의 상관관계가 확인된다. 여성의 노동시장 진출이 확대되었지만 일과 가정을 양립하기 어려워 합계출산율이 지속적으로 감소한 것이다.

　그렇지만 이 시기를 거친 이후 양국의 길은 달랐다. 스웨덴은 매우 적극적으로 일과 가정을 양립할 수 있는 다양한 정책을 마련함으로써 1980년대에 와서 합계출산율 회복에 성공했고, 현재에도 인구대체수준에 가까운 합계출산율을 유지하고 있다. 반면 일본은 2000년대 중반에 와서 뒤늦게 합계출산율이 반등하기 시작했지만 그것은 매우 제한적인 상승에 그치고 있다. 일과 가정의 양립을 지원하는 정책이 충분하지 않아 합계출산율을 높이는 데 충분한 효과를 발휘하지 못했다고 볼 수 있다.

3. 출산율 저하의 주범―미혼율 증가인가, 기혼부부의 자녀 수 감소인가

출산율 저하의 70%는 미혼율 증가로 인한 것

그렇다면 이제부터는 일본에 집중해 1970년대 중반 이후에 발생한 제2의 출산율 저하가 어떤 요인에 따라 발생했는지를 분석해보자.

출산율은 혼인율과 혼인한 여성의 출생력의 두 가지 요인에 따라 결정된다. 즉 배우자가 있는 여성의 비율이 어느 정도이고, 그리고 배우자가 있는 여성이 얼마나 많은 아이를 낳느냐가 출산율을 결정한다는 뜻이다. 한국이나 일본처럼 혼외관계에서 태어나는 아이의 비율이 작은 경우에는 혼인율과 혼인한 여성의 출생력이 곧 그 사회의 출산율이 된다.

그런데 지금까지 살펴본 합계출산율이나 연령별 출산율은 미혼자와 기혼자를 구분하지 않고 산출한 수치이다. 가임기에 해당되는 15~49세의 여성 모두를 대상으로 각각의 연령에서 한 해에 몇 명의 아이를 낳았는지를 수치로 나타낸 것이 연령별 출산율이고, 이 연령별 출산율을 모두 합한 것이 합계출산율이다. 따라서 연령별 출산율이나 합계출산율의 저하가 결혼을 하지 않은 미혼여성이 늘어서 발생한 것인지, 아니면 기혼여성이 아이를 적게 낳아서 생긴 것인지를 구분하기 어렵다. 이 두 가지를 구분해 제대로 규명하지 않으면 저출산의 원인을 잘못 진단해 현실과 동떨어진 대책을 제시할 수 있다.

이런 문제점을 고려해서 많은 연구자들은 이 두 개 요인을 분리해 각각의 요인이 출산율 저하에 어느 정도 영향력을 미쳤는지를 규명하고자 했다. 국립사회보장·인구문제연구소의 이와사와 미호岩澤美帆는 동일 출생연도 집단(코호트)을 대상으로 한 시뮬레이션 분석을 통해 결혼에 대한 행동 변화(즉 결혼하지 않고 미혼인 상태로 있는 것)와 결혼한 부부의 출산 행동의 변화(즉 자녀 수를 줄이는 것)가 합계출산율 저하에 어느 정도로 영향을 미치고 있는지를 정량적으로 분석했다(岩澤, 2002).

그 분석결과를 보면, 1970년대부터 1990년대 초반까지 있었던 합계출산율의 지속적인 저하는 대부분이 결혼에 대한 행동 변화, 즉 미혼율 증가에 따른 것이다. 그리고 1990년대에 들어와서는 결혼한 부부의 출산 행동의 변화도 합계출산율 저하에 영향을 미치고 있는데, 기혼부부가 출산 자녀 수를 줄임으로써 합계출산율을 더욱 낮추고 있다. 이와사와는 구체적인 수치로 그 영향력을 제시했는데, 1970년대부터 2000년에 이르기까지 있었던 합계출산율 저하의 약 70%는 미혼율 증가에 따른 것이고, 나머지 30%가 부부의 출산 자녀 수 저하에 따른 것이라고 보았다. 이러한 결론과 더불어 만약 이 기간에 부부의 출산 자녀 수 저하가 전혀 없었더라면 2000년 시점에서 일본의 합계출산율은 1.56까지 상승할 수 있었을 것이라는 예측치도 제시했다. 2000년에 실제 합계출산율은 1.36이었다.

지금까지 살펴본 이와사와의 분석 이외에도 이와 비슷한 여러 분석이 있는데, 대상으로 하는 분석 시기에 따라 수치는 변하지만 동일한 결론을 제시하고 있다. 즉 미혼율 증가가 합계출산율을 낮추는 데 절대적인 영향을 미쳤다는 것이다.

모두가 결혼했던 시대가 끝나가고 있다

그렇다면 이제 젊은이들 사이에서 나타나는 결혼 행동의 변화, 즉 미혼화가 어느 정도로 일어나고 있는지를 확인해 보기로 하자. [그림 4-5]에서는 1920년부터 5년 간격으로 행해진 국세조사 자료를 이용해 미혼율을 남녀별·연령별로 제시했다.

이 그림에서 우선 눈에 띄는 점은 1920년부터 2015년까지 일관되게 남녀 모두에서 미혼율이 상승했다는 것이다. 20~24세, 25~29세의 미혼율 증가는 이미 1920년대부터 시작되었는데, 남녀 간의 격차가 크다.

먼저 남자의 경우를 보자. 20~24세의 미혼율은 1920년에 70%였는데 그 비율이 계속 상승해 1960년에 90%에 도달한 이후 큰 변화가 없다. 25~29세의 미혼율은 1920년에 30%가 안 되었지만 계속 상승해 2000년에 70%에 도달한 이후 큰 변화가 없다. 이런 변화를 거치면서 2000년이 되면 20대에 결혼하는 남성은 소수가 되었다.

그렇지만 적어도 1970년까지는 30~34세의 미혼율은 10%에 불과하고, 35~39세의 미혼율도 5%에 불과해 대다수 남성은 30대

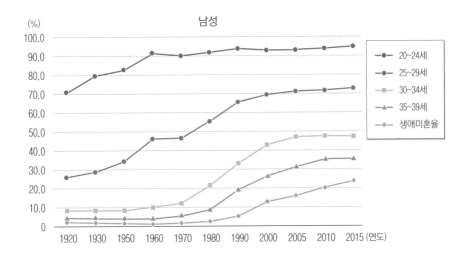

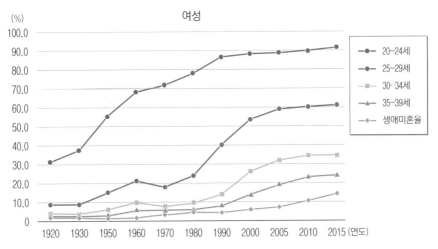

[그림 4-5] 미혼율의 장기적인 추이

주: 생애미혼율은 45~49세의 미혼율과 50~54세의 미혼율의 평균치.

출처: 원 자료는 총무성의 「국세조사」. 국립사회보장·인구문제연구소(2017), 「인구통계자료집」에서 재인용.

까지는 결혼하는 것이 일반적이었다. 따라서 1970년까지는 50세 시점에서 지금까지 한 번도 결혼한 적이 없는 사람의 비율을 의미하는 생애미혼율도 매우 낮다. 이러한 통계수치에 의거해 이 시기를 모두가 결혼하는 시대라는 의미에서 개혼시대皆婚時代라고 부른다. 결혼연령이 뒤로 늦춰지고는 있었지만 대다수 남성이 결혼을 했던 시대가 1970년까지의 상황이다. 3장에서도 언급한 바와 같이 근대 이후 신분제의 장벽이 사라지면서 모두가 결혼하는 개혼시대가 시작되었는데, 그것이 1970년대까지 이어진 것이다.

그런데 1970년 이후 30~34세의 미혼율이 빠르게 상승해 2005년에는 50%에 근접하고 있다. 1980년 이후 35~39세에서도 미혼율이 빠르게 상승해 2010년에는 35% 수준을 나타낸다. 이처럼 미혼율이 계속 증가하면서 생애미혼율도 2015년에 20%를 넘어섰다. 이것은 50세 남성의 다섯 명 중 한 명은 지금까지 한 번도 결혼한 적이 없다는 의미이다.

생애미혼율이라는 용어는 50세 시점에서 미혼인 사람은 향후에도 미혼인 채로 남아 있을 가능성이 높다는 가정을 하고 있어서 다소 차별적인 용어일 수 있다. [그림 4-5]는 만혼화가 진행되면서 결과적으로 생애비혼이 되는 사람도 꽤 있을 것이라는 점을 보여준다.

여성의 경우는 어떠한가? 여성도 큰 틀에서는 남성과 비슷한 추세를 나타낸다. 20~24세의 미혼율은 1920년만 해도 30% 정도였지만 계속 증가해 2000년에는 90%에 근접하고 있다. 또한

25~29세의 미혼율은 1920년에 10%에 불과했지만 1970년에는 20% 수준이 되었다. 이는 1970년까지만 해도 적어도 여성의 80%는 29세까지는 결혼을 하고 있었다는 의미이다.

그렇지만 1970년 이후 미혼율이 빠르게 상승한다. 25~29세의 미혼율은 크게 상승해 2005년에는 60%에 이르렀다. 30~34세의 미혼율은 1990년에 10%를 넘어섰고 2015년에는 30%를 넘어섰다. 35~39세의 미혼율도 1990년 이후 상승하기 시작해 2015년에 20%를 넘어섰다.

이처럼 30대 연령의 미혼율이 증가하면서 여성의 경우에도 50세 시점에서 생애미혼율이 증가하고 있다. 생애미혼율은 1970년까지만 해도 낮은 수준이었지만 2015년에는 10%를 넘어섰다. 남성보다는 그 비율이 낮지만 여성에서도 50세가 되기까지 결혼하지 않는 사람이 꾸준히 증가하고 있다.

이상으로 살펴본 바와 같이 20대와 30대 남녀의 결혼에 대한 행동에는 커다란 변화가 있다. 특히 1970년대 이후 1980년대, 1990년대를 거치면서 큰 변화가 일어나고 있다. 1970년대까지는 개혼시대가 이어지고 있었지만 이후에는 만혼을 거쳐 비혼으로 가는 사람이 빠르게 증가하고 있다.[2] 여기에는 적극적으로 비혼을

---

2 국세조사 결과에 따르면, 미혼율이 상승하면서 평균 초혼연령도 꾸준히 상승하고 있다. 남자는 1920년에 25.0세, 1950년에 25.9세, 1970년에 26.9세, 2000년에 28.8세, 2017년에 31.1세로 상승했다. 여자는 1920년에 21.2세, 1950년에 23.0세, 1970년에 24.2세, 2000년에 27.0세, 2017년에 29.4세로 상승했다. 97년 사이에 남자는 6.1세, 여자는 8.2세 상승했다.

선택하는 자발적 비혼도 있지만 결혼을 미루다가 결과적으로 비혼이 되는 비자발적 비혼도 상당수 있다. 국립사회보장·인구문제연구소는 향후 생애미혼율이 계속 증가해 2040년에 남성은 29.5%, 여성은 18.7%가 될 것이라는 예측치를 제시하고 있다(『저출산사회대책백서』, 2021년에서 재인용).

참고로 한국의 연령그룹별 미혼율을 일본과 비교해 보자. [표 4-1]에서는 한일 비교를 위해 한국과 일본의 미혼율을 남녀별로 제시했다. 일본의 경우는 [그림 4-5]에서 살펴본 바 있는 국세조사 결과를 그대로 다시 제시했다.

이를 보면 한국의 미혼율 증가 속도가 매우 빠르다는 점이 눈에 띤다. 1995년 시점에서 34세 이하의 연령대(20~24세, 25~29세,

[표 4-1] 한국과 일본의 미혼율 (단위: %)

	남성				여성			
	한국		일본		한국		일본	
	1995년	2015년	1995년	2015년	1995년	2015년	1995년	2015년
20~24세	96.3	98.8	93.3	95.1	83.3	96.8	86.8	91.5
25~29세	64.4	90.0	67.4	72.8	29.6	77.3	48.2	61.7
30~34세	19.4	55.8	37.5	47.3	6.7	37.5	19.7	34.9
35~39세	6.6	33.0	22.7	35.2	3.3	19.2	10.1	24.0
40~44세	2.7	22.5	16.5	30.0	1.9	11.3	6.8	19.4
45~49세	1.3	13.9	11.3	25.9	1.0	6.4	5.6	16.2

자료: 한국은 통계청의 「인구주택총조사」, 일본은 총무성의 「국세조사」.
　　　조성호(2018), 「청년층의 경제적 자립과 이성교제에 관한 한일 비교연구」 400쪽에서 재인용.

30~34세)에서 한국은 일본보다 미혼율이 낮은 수준이었지만 단기간에 빠르게 상승해 2015년 시점에서는 일본을 크게 앞서게 되었다. 이는 남성과 여성 모두에서 나타나는 현상이다.

한편 35세 이상의 연령대(35~39세, 40~44세, 45~49세)에서는 남녀 모두 한국이 일본보다 아직까지 낮은 수준이지만 단기간에 빠르게 증가하고 있다는 점에 주목할 필요가 있다. 한국은 34세 이하의 연령대에서 미혼율이 빠르게 상승하고 있기 때문에 그 영향으로 10년 뒤, 20년 뒤에는 35세 이상의 연령대에서도 미혼율이 빠르게 상승하는 현상이 일어난다. 미혼율 상승은 합계출산율 저하로 이어지는데, 미혼율이 빠르게 상승하면서 향후 합계출산율은 더욱 하락할 것으로 예상된다.

기혼부부도 자녀 수를 줄이고 있다

그렇다면 이번에는 결혼한 부부의 출산 행동에 어떤 변화가 있었는지를 살펴보기로 하자. 기혼부부의 출산 행동의 변화를 보기 위해 주로 사용하는 대표적인 지표가 바로 완결출생아 수이다. 완결출생아 수란 결혼 지속기간이 15~19년인 초혼 부부가 낳은 자녀 수를 말하는데, 대략 40~45세 정도의 기혼여성이 낳은 총 자녀 수라고 보면 된다. 완결출생아 수는 국립사회보장·인구문제연구소가 실시하는 「출생동향기본조사」를 통해 파악할 수 있다. 출생동향기본조사는 결혼과 출산, 육아의 현황과 과제를 파악하기 위해 5년 간격으로 실시하는 전국표본조사인데, 2021년까지 총

16회의 조사가 이루어졌다(16회 조사결과는 현재 집계 중임). 단 이 조사에서는 이혼이나 사별한 사람은 조사대상에서 제외된다는 한계가 있다.

[그림 4-6]을 보면 기혼부부의 완결출생아 수는 1940년 4.27명에서 1957년 3.60명, 1967년 2.65명으로 지속적으로 감소한 후 1972년 2.20명에서 2002년 2.23명에 이르기까지 안정적인 수준을 유지해 왔다. 이 조사 결과에 의거해 일본에서 결혼한 부부는 2명의 자녀를 낳는다는 것이 정설처럼 받아들여져 왔고, 부부와 2명의 자녀로 이루어진 4인 가족이 가족의 표준모델로 받아들여져 왔다.

그렇지만 완결출생아 수는 2005년에 2.09명, 2010년 1.96명, 2015년 1.94명으로 계속 하락하고 있다. 결혼해도 아이를 예전처럼 낳지 않는다는 사실이 숫자로 확인된 것이다. 그렇지만 완결출생아 수에 대한 조사는 이미 결혼생활을 15~19년간 지속한 기혼부부만을 대상으로 하기 때문에 젊은 부부의 동향을 제대로 반영하지 못하는 한계가 있다. 이와사와 미호는 앞에서도 언급한 바 있는 논문에서 1990년대에 들어와 기혼부부의 출산 자녀 수 저하가 출산율을 더욱 낮추고 있다고 분석했다(岩澤, 2002). 이런 점에서 [그림 4-6]에서는 잘 드러나지 않지만 이미 1990년대에 들어와 젊은 부부의 출생력이 저하하고 있었다고 볼 수 있다.

한편 출생아 수의 추이를 좀 더 구체적으로 이해하기 위해 [그림 4-7]에서는 기혼부부의 출산 자녀 수의 분포를 제시했다. 이를

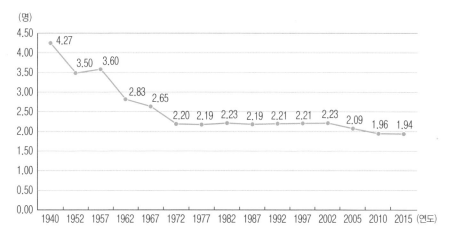

[그림 4-6] 기혼부부의 완결출생아 수의 추이

주: 조사대상은 조사 시점에서 두 사람 모두 초혼이며 결혼지속 기간이 15~19년인 부부.

출처: 국립사회보장·인구문제연구소(2015), 「현대 일본의 결혼과 출산: 제15회 출생동향
기본조사 보고서(現代日本の結婚と出産: 第15回出生動向基本調査報告書)」.

통해 최근 40여 년 동안 기혼부부의 자녀 수 분포에 어떤 변화가
일어나고 있는지를 알 수 있다.

우선 눈에 띄는 점은 자녀 2명을 출산하는 부부가 전체 기혼부
부의 60%가 안 되며 그 비율은 40년 동안 큰 변화 없이 일정 수준
을 유지하고 있다는 것이다.

또한 자녀 1명을 출산한 부부의 비율보다 자녀 3명을 출산한
부부의 비율이 더 크다는 사실도 주목할 만하다. 3명을 출산한 부
부의 비율은 1977년 23.8%에서 2002년에는 30.2%로 증가하기도
했지만 그 이후에는 감소해 2015년에는 17.9%가 되었다. 반면 1명
을 출산한 부부의 비율은 1977년에 11.0%였지만 2015년에는

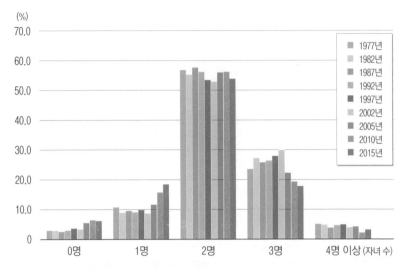

[그림 4-7] 기혼부부의 출산 자녀 수의 분포

주: 조사대상은 조사 시점에서 두 사람 모두 초혼이며 결혼지속기간이 15~19년인 부부.

출처: 국립사회보장·인구문제연구소(2015), 「현대 일본의 결혼과 출산: 제15회 출생동향 기본조사 보고서」.

18.6%로 증가했다. 그리고 매우 미미한 변화이기는 하지만 자녀가 없는 부부의 비율도 조금씩 늘고 있다. 이러한 여러 변화가 합해지면서 결혼한 부부의 완결출생아 수가 감소했다고 볼 수 있다.

4. 결혼하지 않는 젊은이가 증가하는 이유

그렇다면 이번에는 1970년대 이래로 젊은이들 사이에서 미혼율이 왜 이렇게 빠르게 증가했으며, 이러한 추세가 앞으로도 계속 이어질 것인지 분석해 보자.

젊은 남녀가 만나서 결혼에 이르기까지는 다양한 요인이 영향을 미친다. 결혼은 당사자에게 일생일대의 중요한 선택이기 때문에 쉽게 결정을 내리기 어렵다. 그리고 결혼할 의사가 있다고 해도 이를 받아줄 수 있는 결혼 상대자가 있어야 하며, 둘의 만남을 이어 주는 매칭시스템도 잘 기능해야 한다. 나아가 안정적인 결혼생활을 뒷받침할 수 있는 경제적 여건도 결혼을 결정하는 데 영향을 미친다.

이하에서는 결혼 결정에 영향을 미치는 여러 요인 중에서도 주목할 만한 핵심요인으로서 여성 측 요인과 남성 측 요인, 그리고 이 둘의 만남을 연결해 주는 매칭시스템, 결혼에 대한 젊은이의 의식 변화 등으로 나누어 살펴본다.

여성의 고학력화와 경제활동 증가

앞서 살펴본 바와 같이 20대에서 미혼율이 꾸준히 상승하는 것은 학력을 기준으로 노동시장의 입구가 정해지는 산업사회의 지위달성의 패턴과 밀접한 관련이 있다. 고학력화와 더불어 젊은이들이 노동시장으로 진입하는 시기가 늦어지고 있으며 초혼연령도 함께 높아지고 있다.

1970년대까지만 해도 일본적 고용관행하에서 남성은 정사원으로 고용되어 종신고용, 연공서열형 임금의 적용을 받으며, 기업의 성장을 위해 충성을 다하는 기업전사의 역할을 수행했다. 반면 여성은 노동시장에 진입할 수 있는 기회조차 갖지 못하거나 기업에 고용되었다고 하더라도 주변부적인 존재에 머물러 있어야 했다. 따라서 결혼을 계기로 퇴직하거나 결혼하지 않더라도 일정 연령이 되면 퇴직할 수밖에 없었는데, 일본에서는 이를 약년정년제若年定年制라고 불렀다. 이런 성별 분업체제하에서 여성에게 결혼 이외에는 사실상 달리 선택지가 없었다. 이것이 바로 개혼을 지탱한 사회경제구조였다.

이러한 구조에 큰 변화가 일어나는 것은 1990년대에 와서이다. 1986년에 남녀고용기회균등법이 시행되면서 여성이 직장에서 능력을 발휘할 여건이 조성되기 시작했고, 여성에게도 종합직 업무를 수행해 관리직으로 승진할 수 있는 기회가 마련되면서 자신의 커리어를 추구하는 여성들이 조금씩 등장했다.

이러한 변화는 여성의 경제활동참가율에도 나타난다. 특히 25~29세, 30~34세 여성의 경제활동참가율이 크게 상승했다. 25~29세에서 그 비율은 1975년에 42.6%에 불과했으나 1999년 69.7%, 2019년 85.1%로 크게 증가했다(『男女共同参画白書』 2020년에서 재인용). 30~34세에서는 그 비율이 1975년에 43.9%에 불과했으나 1999년 56.7%, 2019년 77.5%로 크게 증가했다. 이러한 수치가 말해 주듯이 이제 여성이 일하는 것이 당연한 시대가 되었다.

물론 이러한 비율의 증가가 모두 정규직 일자리의 증가를 의미하는 것은 아니다. 여성 취업자 중 상당수가 비정규직이기 때문에 향후 여성의 고용지위는 남성과 격차를 줄이는 방식으로 개선되어야 한다. 그렇지만 이러한 한계에도 불구하고 예전에 노동시장에서 주변부적인 존재에 머물렀던 여성에게 이제는 평생 일할 수 있고 본인의 노력 여하에 따라 상위 직위로 올라가는 길이 열렸다. 이러한 변화가 여성의 미혼율을 증가시켰다고 할 수 있다. 예전에는 스스로 일해서 경제적 자립을 꾀할 수 있는 선택지가 없었기 때문에 결혼이야말로 인생 최대의 취직이라고 생각했던 여성들이 이제는 결혼을 늦추거나 아예 결혼하지 않는 것을 선택하는 길이 열린 것이다. 이것은 여성 입장에서는 커다란 진보였다.

이를 잘 보여 주는 것이 [그림 4-8]이다. 이것은 아라카와 가즈히사荒川和久가 2015년 국세조사의 「취업상태 기본집계就業狀態等基本集計」 자료를 이용해 여성의 취업상태별 미혼율을 계산한 것이다. 여기서 파트타임 취업이란 주로 가사노동을 하면서 단시간 수입이 있는 일을 하는 경우를 말한다. 이를 보면 취업 여성의 미혼율은 비취업 여성과 파트타임 취업 여성의 미혼율과 차이가 크다. 그중에서도 20대 중후반과 30대, 40대 연령대에서 차이가 크다.

25~29세의 경우, 취업 여성의 미혼율은 80%에 조금 못 미치는 데 반해 비취업 여성과 파트타임 취업 여성의 미혼율은 20% 내지 20%를 조금 넘는 수준이다. 30~34세의 경우, 취업 여성의 미혼율은 52.3%로 크게 감소하지만 비취업 여성과 파트타임 취업 여성의 미혼율은 10% 정도로 훨씬 낮다.

결국 [그림 4-8]은 취업한 여성 중에서 상당수가 미혼으로 있다는 점, 그리고 연령이 높아지면서 미혼율은 감소하지만 45~49세

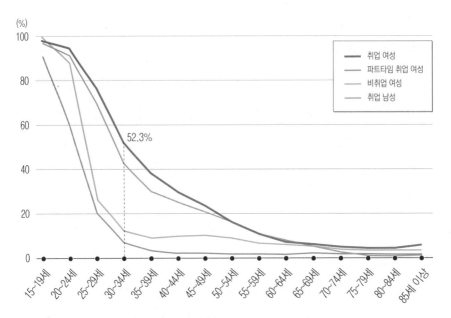

[그림 4-8] 여성의 취업상태별 미혼율

주: 국세조사의 「취업상태 기본집계」(2015)를 이용해서 아라카와 가즈히사가 작성.

출처: 아라카와 가즈히사(2017), 「여성이 직면하는 '일할수록 결혼할 수 없는 현실: 미혼화
　　는 저임금 남성만이 원인이 아니었다(女性が直面する'稼ぐほど結婚できない'現実: 未
　　婚化は低年収男性だけが原因じゃなかった)」.

시점에서도 그 비율이 20%가 넘는다는 점을 잘 보여 주고 있다.
그리고 20대 중후반과 30대, 40대 연령대에서 취업 여성의 미혼율
이 취업 남성의 미혼율보다 약간 높다는 점에서 여성 취업이 미혼
율을 높이는 요인이 되고 있음을 보여 준다.

　이런 점에서 과거에는 능력에 상관없이 노동시장에서 위치가
불안정했던 여성이 이제는 중도에 퇴직하지 않고 자신의 커리어를
쌓아가면서 결혼을 미루거나 결혼을 하지 않는 경우가 많아지고

있다. 취업 여성 중에는 적극적으로 비혼을 지향했다기보다는 결혼이 늦어지면서 자연스럽게 비혼이 되는 경우도 상당수 있을 것이다.

여성의 노동시장 진출은 고학력화와 더불어 진행되었다. 문부과학성에서 매년 조사하는 「학교기본통계」 자료를 이용해 진학률 추이를 보면 다음과 같다(『男女共同参画白書』 2020년에서 재인용). 여성의 4년제 대학진학률은 1955년 2.4%에서 1975년 12.7%, 1995년 20.0%로 서서히 증가하다가 이후 빠르게 상승해 2019년에 50.7%를 나타냈다. 같은 기간 남성의 대학 진학률은 1955년 13.1%에서 1975년 41.0%, 1995년 40.7%로 이때까지만 해도 여성과 격차가 컸지만, 2019년에는 56.6%로 큰 차이를 보이지 않는다.

1995년까지 남녀 간의 학력 격차는 여성이 4년제 대학 대신에 2년제 단기대학을 선택했기 때문에 생긴 것이기도 하다. 일본에서 단기대학은 결혼에 앞서 신부수업으로 교양을 쌓는다는 이미지가 강했다. 그렇지만 1990년대 초반 이후 단기대학 진학률은 감소하고 그 대신 4년제 대학으로 진학하는 여성들이 크게 증가했다. 남녀고용기회균등법의 영향으로 여성이 능력을 발휘할 수 있는 기회가 늘면서 여성의 고학력 지향도 커졌음을 알 수 있다.

특히 여성 고학력자가 노동시장으로 진출한 것은 미혼율을 더욱 빠르게 높이는 데 기여한다는 점에도 주목할 필요가 있다. 고임금 직종인 만큼 결혼이나 출산으로 인한 퇴직의 기회비용이 크기 때문이다. 앞에서 언급한 아라카와 가즈히사의 분석에 따르면,

업종별로 볼 때 신문, 출판, 영상 제작, 광고 제작업, 법률사무소, 회계사무소, 디자인, 저술 등의 분야에서 여성의 생애미혼율이 특히 높다고 한다. 이들 업종은 대체로 고학력의 전문성이 요구되며, 자유로운 발상과 창의력이 중시된다. 또한 정해진 근무시간을 넘어 일을 해야 하는 경우도 많아서 직장과 가정생활을 양립하기 어려운 환경에 있다고 할 수 있다.

이처럼 일하는 여성이 많아지고, 전문성을 바탕으로 커리어를 쌓아가는 직무에 종사하는 여성이 늘어난 점, 그렇지만 직장과 가정생활을 양립하기 어려운 고용환경 때문에 여성이 결혼을 미루거나 비자발적 비혼을 선택할 수밖에 없는 점 등의 이유로 인해 여성의 미혼율이 늘고 있다고 볼 수 있다.

고용 지위가 불안정한 남성 젊은이의 증가

한편 남성 젊은이 중에는 고용 지위가 불안정한 사람들이 증가하고 있다. 일본 경제가 잘 나가던 고도성장기까지만 해도 완전고용에 가까운 상태가 지속되는 가운데 남성은 연공서열형 임금구조와 승진 시스템 속에서 안정적인 지위를 누릴 수 있었다. 1970년대에 발생한 두 차례의 오일쇼크를 계기로 일본이 저성장기로 진입한 이후에도 비정규직은 주로 여성이나 남성 고령층을 대상으로 해서 증가했다.

그런데 1990년대 이후 장기간의 경기침체가 이어지는 가운데 비정규직 남성 젊은이가 크게 증가했다. 이는 경제적으로 불안정해서 장래를 전망할 수 없는 젊은이가 증가하는 것을 의미한다. 2010년대에 와서 일본 경제가 다소 침체에서 벗어난 이후에도 남성 노동자 중에서 비정규직의 비율은 꾸준히 증가하는 추세이다. 「노동력 조사労働力調査」에 따르면, 2019년에 남성의 각 연령그룹에서 차지하는 비정규직의 비율은 15~24세 21.6%(학생 제외), 25~34세 14.6%, 35~44세 9.3%이다(『男女共同参画白書』 2020년에서 재인용). 이를 인원 수로 나타내면 15~24세(학생 제외)가 40만 명, 25~34세가 83만 명, 35~44세가 63만 명으로 인구감소로 인력부족 상태가 이어지고 있는 최근에도 결코 적지 않은 청년과 중년 남성들이 비정규직 상태에 있다.

한편 정규직 노동자라고 해도 수입 전망이나 승진 전망이 밝은 것은 아니다. 비정규직이 늘면서 소수정예가 된 정규직 노동자의 노동강도는 더욱 세졌다. 다케노부 미에코竹信三惠子 교수는 2017년에 발표한 『정규직 소멸正社員消滅』이라는 책에서 이름만 정규직일 뿐 사실상 비정규직과 다름없는 노동자가 증가하는 현실을 고발한다. 정규직이라는 이유로 극단적인 장시간 노동을 감수하고, 가정생활에 장애가 되는 전근이나 배치 전환을 강요받고, 회사에 충성할 것을 요구받는다. 편이점이나 식당 등 여러 업종에서는 계약직과 다름없는 최저임금을 받으면서도 정규직이라는 이름으로 모든 업무를 관리하고 고강도 책임을 떠맡는 경우도 많다. 다케노부 교수는 정규직이라는 직위가 더 이상 생활의 안정을 보장하지 않게 되었다는 의미에서 일본에서 정규직이 소멸하고 있다고 지적한다.

나아가 장기간의 경기침체 속에서 30년 가까이 임금은 제자리 걸음이다. 일본 국세청의 「민간급여실태통계조사」에 따르면 민간 기업 근로자의 평균 연봉은 1997년의 467.3만 엔(1년 근속자, 이하 동일)을 정점으로 감소하기 시작해 2017년에 432.2만 엔을 나타낸다(岩崎, 2019). 이 수치가 보여 주듯이 20년 동안 임금이 증가한 것이 아니라 감소했다. 일본의 젊은이들이 미래에 대한 밝은 전망을 갖기 어려운 상황이라고 할 것이다.

이처럼 혼자의 수입으로는 가족을 부양할 수 없는 비정규직 남성 젊은이가 증가하면서 결혼하지 못하는 젊은이가 증가하고 있다. [표 4-2]에서 젊은이 사이의 격차가 만들어 내는 냉혹한 현실을 잘 보여 준다. 남성의 경우 정규직과 비정규직 간의 미혼율의 차이가 확연하다. 비정규직의 미혼율은 상당히 높으며, 그 차이는 20대뿐만 아니라 30대, 40대, 50대에도 그대로 이어지고 있다. 생애미혼율도 정규직이 16.6%인 데 반해 비정규직은 50.7%로 압도적으로 높다. 정규직과 비정규직은 고용신분제가 되어 결혼할 수 있는 사람과 그렇지 않은 사람을 두터운 벽으로 나누고 있다.

반면 여성의 경우는 남성과 정반대라는 점이 흥미롭다. 여성은 비정규직보다 정규직의 미혼율이 모든 연령대에서 높다. 그리고 그 비율 자체가 40대, 50대에서도 상당히 높다. 그리고 같은 연령대의 정규직 남성과 비교할 때 그 비율이 높다는 점도 주목할 만하다. 정규직 여성의 생애미혼율도 22.1%로 상당히 높다. 30대뿐

[표 4-2] 연령별 정규직·비정규직의 미혼율 (단위: %)

	남성		여성	
	정규직	비정규직	정규직	비정규직
20~24세	91.2	97.5	95.4	92.2
25~29세	66.6	89.3	75.1	60.7
30~34세	38.4	78.3	49.1	34.0
35~39세	26.8	71.6	36.9	20.3
40~44세	22.6	65.8	30.9	13.6
45~49세	18.8	56.9	25.7	9.8
50~54세	14.4	44.5	18.5	6.9
55~59세	10.5	29.8	12.8	5.1
생애미혼율	16.6	50.7	22.1	8.3

주: 비정규직에는 파견사원과 파트타임 노동자, 아르바이트를 포함.
　　국세조사의 「취업상태 기본집계」(2015)를 이용해서 아라카와 가즈히사가 작성.

출처: 아라카와 가즈히사(2017), 「여성이 직면하는 '일할수록 결혼할 수 없는 현실: 미혼화
　　는 저임금 남성만이 원인이 아니었다」.

만 아니라 40대, 50대에도 정규직으로 있는 여성 중에 미혼자가
꽤 많다.

[표 4-2]가 보여 주는 또 하나의 중요한 사항은 남녀 간의 상반
된 상황이 결혼의 확률을 더욱 낮출 가능성이 있다는 점이다. 결
혼하기 어려운 남성 비정규직이 상당수 있는 반면 또 한편에서는
결혼하지 않는 정규직 여성이 상당수 있다. 다시 말하면 비정규직
으로 고용이 보장되지 않는 불안정한 상황에 처해 있으며 임금도
적어 안정된 결혼생활을 하기 어려운 남성 그룹이 있다. 그리고

전문직으로 능력을 발휘하며 일하지만 일과 가정생활의 양립이 어려워 또는 결혼보다는 일에서 성취감을 찾기 때문에 결혼의 필요성을 느끼지 못하거나 결혼에 소극적인 또 하나의 여성 그룹이 있다.

그런데 여성 중에는 결혼 상대자로서 남성이 학력이나 수입 등으로 평가할 수 있는 사회적 지위가 자신보다 높거나 동등해야 한다고 생각하는 사람이 많다. 성별분업에 대한 비판이 높아지고 있음에도 불구하고 각종 의식조사 결과를 보면 일본 여성 중에는 여전히 전통적인 결혼관을 고집하는 경우가 많은 것으로 나타난다. 반면 남성 중에는 자기보다 잘 나가는 여성을 부담스러워 하는 경향도 여전히 존재한다. 아카가와 마나부赤川学 교수나 야마다 마사히로山田昌弘 교수와 같은 사회학자들은 결혼 상대자에 대한 남녀 간의 기대 수준의 차이가 미혼율 증가의 한 요인이라고 지적한다(赤川, 2018; 山田, 2007). 남성 젊은이 중에서 비정규직이 증가하는 반면 고학력 여성의 노동시장 진출이 확대되는 상황으로 인해 향후 그 격차가 더욱 벌어지면 남녀 간 결혼 가능성은 더욱 줄어들게 된다. 이런 점에서 젊은이 사이의 분단이 고정되고 확대되지 않도록 교육 달성이나 직업능력 개발의 측면에서 사회적으로 지원하고 그 격차를 해소하려는 노력이 반드시 필요하다.

남녀를 이어 주는 매칭시스템의 기능 저하

결혼은 서로 결혼하겠다는 의사를 가진 남녀가 있어야 비로소 성립한다. 따라서 결혼을 결정하기에 앞서 우선 남녀의 만남이 이루어져야 하는데, 이들의 만남을 중개해 주는 매칭시스템이 제대로 작동하지 않는 것도 미혼율 증가의 한 요인이다.

남녀가 만나는 방식은 시대에 따라 변해 왔다. 3절에서 살펴본 「출생동향기본조사」는 기혼부부뿐만 아니라 미혼자의 연애에서 결혼에 이르기까지 교제 행태, 결혼과 자녀에 대한 의식에 대해서도 폭넓게 조사하고 있다. 지금까지의 조사 결과를 이용해 일본에서 결혼 형태가 시대에 따라 어떻게 변화했는지를 「출생동향기본조사」 2015년 자료를 인용해 살펴보면 다음과 같다.

1930년대에 일본인들은 중매결혼이 약 70%를 차지할 정도로 대다수가 중매로 만나 결혼을 했다. 그렇지만 1950년대 중반에는 그 비율이 약 50% 수준으로 하락했고, 이후에도 지속적으로 하락해 현재에는 5% 수준에 머물러 있다. 반면 연애결혼은 1930년대에 10%에 불과했지만 계속 증가해 1960년대에는 중매결혼을 추월했다. 이후에도 연애결혼의 비율이 빠르게 증가해 현재 그 비율은 약 90%에 이른다.

그런데 연애 기회가 증가하면서 많은 젊은이들이 더 활발하게 연애를 할 것이라는 기대와는 달리 연애와 무관한 젊은이들이 늘고 있다. 이것이 현실이다. 「출생동향기본조사」 2015년 조사 결과를 보면, 18~34세 미혼자의 경우 교제하는 이성이 없다고 대답한 사람의 비율은 지속적으로 증가하고 있다. 그 비율은 남성의 경우 1987년의 48.6%에서 지속적으로 증가해 2015년에 69.8%를 나타냈다. 여성의 경우도 마찬가지로 1987년의 39.5%에서 2015년 59.1%로 크게 증가했다. 이와 더불어 이성과 교제하려는 의욕도 감퇴하고 있다. 같은 조사에서 교제하는 이성이 없으며 이성 교제를 희망하지 않는다는 응답이 18~34세 미혼자 중에서 남성은 30.2%, 여성은 25.9%나 된다.

그렇다면 왜 이렇게 연애와 멀어진 젊은이들이 증가하고 있는가? 가족사회학자 야마다 마사히로는 이를 가리켜서 '자유연애의 역설'이라고 부른다(山田, 2007). 과거에는 연애 없이 맞선으로 대다수 남녀가 결혼에 이르렀는데, 연애 기회가 많아지고 개인의 선택지가 늘면서 오히려 연애를 하지 못하는 사람이 늘고 있다는 것이다.

야마다 교수에 따르면 일본 연애결혼의 풍경은 지난 70년 동안 크게 바뀌었다(山田, 2007). 1950~1955년은 '연애결혼의 창설기'로 아직까지 맞선결혼이나 부모의 결정에 따라 결혼하는 사람이 많았다. 1955~1975년은 '연애결혼의 보급기'로 사귀면 결혼해야 한다는 의식이 강했다. 1975~1995년은 '연애의 자유화 시기'로 연애와 결혼을 분리해서 생각하게 된 시기이다. 1995년부터 현재까지는 '연애격차의 확대기'로 연애 기회가 더욱 많아지면서 연애할 수 있는 사람과 그렇지 않은 사람으로 양극화가 일어나고 있다. 개개인의 매력 격차가 커지면서 이성이 좋아할 매력을 가진 사람에게는 사람들이 몰려들지만 그렇지 못한 사람은 연애할 기회가 없다. 여기서 말하는 매력에는 학력, 직업, 외모, 커뮤니케이션 능력 등 여러 요소가 있다.

이러한 분석을 볼 때 젊은이들의 연애 행태를 둘러싸고 시대적으로 큰 변화가 있었음을 알 수 있다. 그리고 현재가 연애를 둘러싼 양극화 시대라는 야마다 교수의 지적에 깊이 공감하게 된다.

그런데 연애는 본질상 개인 격차가 큰 영역이다. 연애가 젊은이들의 특권인 것 같지만 모든 젊은이들이 자연스럽게 연애를 잘하는 것은 아니다. 생각해 보면 쉽게 알 수 있지만 연애 과정에서는 상대방에게 내 존재의 전체를 드러내며 나의 매력을 어필할 수 있어야 한다. 커뮤니케이션 능력도 필요하고, 상대방이 원하는 매력도 갖추어야 한다. 상대방의 마음을 얻는 일은 매우 번거로우며 때로는 큰 아픔을 동반하기도 한다.

요즘같이 어릴 적부터 부족함 없이 내가 원하는 모든 것을 바로바로 충족하는 경험을 하며 자란 젊은이들 중에는 연애나 결혼에 따른 번거로움을 피해 자기가 좋아하는 취미에 빠지거나 일에서 자기만족을 찾는 사람들이 늘고 있다. 또한 자신은 이성이 좋아할 만한 매력자원을 갖고 있지 못하다고 생각해서 처음부터 이런 만남을 회피하는 젊은이도 증가하고 있다.

예전에 널리 행해졌던 중매자를 통한 맞선은 양쪽 사정을 잘 아는 사람이 나서서 비슷한 사회계층 안에서 서로 균형이 맞는 남녀를 소개했다. 회사 상사나 주변 사람들이 학력, 성격, 직업, 취미 등을 고려해서 서로에게 맞는 상대를 소개해 주었다. 이러한 동류혼同類婚의 원리가 작동하는 매칭시스템 속에서 사람들은 안심하고 결혼을 결정할 수 있었다. 적극적으로 연애를 하지 않아도, 커뮤니케이션 능력이 다소 부족해도 결혼할 수 있었던 것이다.

지금은 맞선이 사라진 자리에 개인적인 네트워크를 통한 소개와 만남이 남녀를 이어 주는 역할을 하고 있다. 미혼자들이 어떤 통로를 통해 이성을 만나고 있는지를 살펴보면 개인적 관계를 통한 만남이 많다. 「출생동향기본조사」 2015년 조사 결과를 인용해 미혼자(교제하는 이성이 있는 18~34세 미혼자)가 지금의 이성을 만나게 된 계기를 살펴보면 다음과 같다.

남성은 '학교에서 만난 경우'가 27.7%, '친구나 형제자매를 통해서'가 20.6%, '직장이나 일 관계를 통해서'가 18.6%로 이 세 개를 합한 비율이 66.9%이다. 이외에 '서클이나 클럽활동, 강습활동'을 통한 만남은 6.2%, '결혼상담소'를 통한 만남은 1% 이하로 비중이 작다.

여성은 '학교에서 만난 경우'가 23.7%, '친구나 형제자매를 통해서'가 20.9%, '직장이나 일 관계를 통해서'가 21.5%로 이 세 개를 합한 비율이 66.1%이다. 이외에 '서클이나 클럽활동, 강습활동'을 통한 만남은 7.2%, '결혼상담소'를 통한 만남은 1% 이하로 비중이 작다.

이런 조사 결과를 볼 때 남녀의 만남이 주로 개인적 친분이나 자신이 소속한 조직의 범위 내에 한정되어 있음을 알 수 있다. 따라서 젊은이들이 다양한 만남의 기회를 가지도록 사회가 지원하는 일이 필요할 것으로 생각된다. 젊은이들이 관심사나 취미활동, 자기개발활동, 직업능력을 향상시키기 위한 활동, 시민활동, 여가활동 등에 참가하면서 자연스럽게 만남을 가질 수 있도록 젊은이만의 복합공간이 지역사회의 곳곳에 마련되면 좋을 것이다.

그러한 장에서 젊은이들 스스로가 주도해 다양한 활동을 조직하고 이벤트를 개최하며, 자신들의 문제를 함께 고민하며 해결책을 찾아가는 활동을 하면 좋을 것이다. 특히 지금까지 사회적 관심을 덜 받았던 고졸 청년, 지방 소도시의 젊은이, 불안정한 고용지위에 있는 젊은이, 취업 경험조차 가져보지 못한 젊은이 등 소위 잘 나가지 못하는 젊은이들이 참여해 자신들의 목소리를 내고 도전하도록 도와주는 일이 꼭 필요하다. 이러한 활동에 기성 세대가 나서서 경험과 지혜를 나누어 주고, 대기업뿐만 아니라 중소기업도 참여해서 젊은이들의 능력 개발을 도와줄 수 있다면 세대 간 교류의 장으로서도 큰 의미를 가질 것이다.

결혼에 대한 의식 변화

젊은이들의 결혼에 대한 의식이 바뀌고 있는 것도 미혼율 증가의 한 요인이다. 결혼에 대한 젊은이들의 의식 변화라고 한다면, 결혼을 필수가 아닌 선택으로 보는 젊은이가 많아졌다는 점이다. 이제 젊은이들은 결혼이 주는 장점과 단점이 무엇인지를 생각하며 결혼에 대한 자신의 태도를 정하고 있다.

앞에서 여러 차례 제시한 바 있는 「출생동향기본조사」 2015년 조사 결과를 통해 미혼자(조사대상은 18~34세 미혼자)들이 생각하는 결혼의 이점을 살펴보면 다음과 같다(복수 응답).

결혼의 이점에 대해 남녀 모두 높은 비율을 차지하는 것은 '자녀와 가족을 가질 수 있다'와 '정신적 위안의 장을 얻을 수 있다'라는 응답이다. 이는 그 기능이 축소되고 있는 현대가족에 남겨진 고유한 기능이라고 할 것이다. '자녀와 가족을 가질 수 있다'의 비율은 남성이 35.8%, 여성이 49.8%이다. '정신적 위안의 장을 얻을 수 있다'의 비율은 남성이 31.1%, 여성이 28.1%이다. 반면 남녀 간의 의식 차이가 큰 것으로는 '경제적 여유를 가질 수 있다'라는 응답인데, 남성이 5.9%인 데 반해 여성이 20.4%이다.

한편 같은 조사에서는 결혼 상대자의 조건으로 중시하는 것에 대해서도 조사하고 있다(복수 응답). 이에 대해 남녀 간의 차이가 큰 것으로는 결혼 상대자의 경제력과 직업, 학력이라는 조건이다. 그 비율을 보면 여성은 경제력 93.3%, 직업 85.5%, 학력 54.7%인 반면 남성은 경제력 41.9%, 직업 47.4%, 학력 30.5%로 남녀 간의 차이가 크다.

지금까지의 조사 결과를 정리하면, 남녀 모두 결혼에 대해 자신과 가장 친밀한 관계인 배우자와 자녀를 갖는다는 의미, 정신적 위안을 얻는다는 의미를 중시하고 있다.

다만 여성에게는 결혼을 통해 경제적 안정을 꾀할 수 있다는 의미가 여전히 중시된다. 남녀 간 수입 격차가 여전히 크기 때문에 여성이 어쩔 수 없이 경제적으로 남성에게 의존할 수밖에 없는 상황이 있다. 따라서 여성은 결혼 상대자로서 남성의 경제적 능력, 직업, 학력을 중시한다. 거꾸로 여성의 이러한 기대감이 남성에게는 결혼의 부담감으로 작용할 것이다.

한편 여성의 입장에서 혼자서 출산과 육아, 가사를 담당하기 때문에 중도에서 직장을 그만두어야 한다면 이는 결혼을 주저하게 만드는 요인이 될 수 있다. 가사와 육아에 대한 남성의 참여시간을 보면 일본 남성의 가사와 육아 시간은 미국이나 유럽 국가의 남성에 비해 현저히 적다. 현재도 결혼과 출산을 계기로 일본 여성의 다수가 퇴직을 하고 아이가 크면 재취업을 하는 경우가 많은 것은 여성을 결혼에 대해 소극적으로 만드는 요인이 된다.

결국 이러한 조사 결과를 종합적으로 고려할 때, 남녀 모두 과거의 성별 분업체계에 따른 부부관계에서 벗어나 맞벌이를 하면서 서로 경제적으로 지탱하고, 정서적으로도 서로를 지지해 주며, 가사와 육아의 부담도 함께 나누는 동등하면서도 협조적인 관계를 형성할 때 결혼의 장벽은 낮아질 것으로 생각된다.

5장

저출산 문제의
해법을 찾는다

일본에서 출산을 둘러싼 150년의 긴 역사적 변천 과정을 살펴본 3장과 4장의 분석을 통해 저출산 문제를 해결하는 일이 매우 어려운 과제임을 확인했다. 다산에서 소산으로 출생력 전환을 이룬 대다수 국가에서 합계출산율은 인구대체수준을 밑돌고 있다. 현대를 살아가는 사람들에게 결혼을 하고 아이를 갖는 일은 인생의 과정에서 생각할 수 있는 여러 선택지 중 하나가 되었다. 근대가족의 형성 과정에서 도달한 개혼시대는 끝나가고 있으며, 이제는 적지 않은 사람들이 결혼하지 않는 시대로 가고 있다.

이런 시대에 출산율은 항상 불안할 수밖에 없다. 개인의 선택에만 맡겨 두어서는 국가공동체의 존립이 위태로운 상황이 발생한다. 따라서 국가는 저출산 문제의 해결을 국가적 과제로 삼을 수밖에 없지만 그렇다고 국가가 나서서 결혼이나 출산을 강제할 수는 없다.

이 장에서는 지금까지의 논의를 토대로 저출산 문제의 해법을 생각해 본다. 일본 정부의 저출산 정책을 검토하고, 향후 출산율을 높이기 위한 방안을 거시적 차원에서 제시한다.

1. 저출산 문제의 해결이 어려운 이유

저출산 문제를 보는 상반된 시각

저출산 문제를 겪고 있는 세계 여러 나라에서는 출산율을 높이기 위한 정책을 직접 또는 간접으로 실시하고 있다. 그렇지만 큰 성과를 내고 있다고 보기 어렵다. 출산율을 높이는 데 성공한 국가로 널리 알려진 스웨덴이나 프랑스도 합계출산율은 여전히 인구대체수준 이하에 머물러 있다. 또한 프랑스의 출산율 회복에는 외국인이 기여하고 있는 측면도 있다. 2000년 이후 양친의 국적이 모두 프랑스인 출생아는 일관되게 감소하는 반면 양친의 어느 한쪽이 외국인이거나 모두 외국인인 출생아는 꾸준히 증가하고 있다 (藤波, 2020). 이런 점에서 스웨덴이나 프랑스가 출산율 하락에 대한 걱정에서 자유로운 것은 아니다. 일본은 1990년대 중반부터 저출산 정책을 추진하고, 저출산 문제를 전담하는 정부 조직까지 설치했지만 큰 성과를 거두지 못하고 있는 상황이다.

그런데 국가가 출산율을 높이기 위한 정책을 펼치는 것에 대해 모든 국민들이 전폭적인 지지를 보내는 것은 아니다. 저출산으로 국가가 쇠퇴하고 소멸할 것이라는 주장에 많은 사람들이 공감할 것으로 생각하기 쉽지만 이 문제가 자신과는 상관없다고 생각하는 사람들이 많다. 그리고 먼 미래에나 일어나는 일이라고 생각하는 경향이 있다.

한편 무관심을 넘어 저출산 정책에 강하게 반대하는 사람도 있다. 가장 큰 반대는 결혼이나 출산은 개인이 결정해야 하는 문제 인데, 사적인 영역의 문제에 국가가 왜 관여하느냐는 주장이다. 이러한 시각에서는 저출산 정책을 개인의 자유에 대한 침해이자 다양한 라이프스타일을 부정하는 나쁜 정책으로 비판한다. 더욱이 일본에서는 전시기에 국가가 나서서 국가를 위해 전장에서 싸우고 노동현장에서 일할 아이를 많이 낳으라고 강요했던 역사가 있어서 이런 주장은 다수의 사람들에게 지지를 얻고 있다.

사회학자 아카가와 마나부는 모든 저출산 대책이 결혼하지 않거나 아이를 낳지 않는 선택을 한 사람의 입장에서는 국가가 행하는 차별이고 무자식에 대한 세금 징수라고 볼 수 있다고 비판한다(赤川, 2017). 그렇기 때문에 국가는 저출산 대책이라는 이름으로 실시하는 다양한 복지지원이나 경제대책을 멈춰야 한다. 그는 아이를 낳은 사람이 그렇지 않은 사람보다 더 많은 복지 지원을 받는 것을 정당화할 윤리적이고 실증적인 근거를 찾기 어려우며, 개인이 선호하는 다양한 라이프스타일은 동등하게 존중받아야 한다고 주장한다. 과연 이러한 주장은 얼마나 많은 지지를 얻을 수 있을까?

또 하나의 반대론은 페미니즘 쪽에서 나온다. 여성운동을 하는 페미니스트들은 국가의 출산장려가 여성의 성과 생식에 대한 자기 결정권을 무시하고, 여성을 애 낳는 대상으로 도구화한다고 비판한다. 이러한 주장은 일본의 대표적인 페미니스트 여성학자인 에하라 유미코江原由実子가 1992년에 쓴 「여성문제와 인구문제女性問題

と人口問題」에 잘 나타나 있다. 이하에서는 이 논문을 인용해 일본 페미니스트들이 국가의 저출산 정책을 어떤 관점에서 보고 있는지를 고찰해 본다.

일본에서 여성의 재생산 권리에 대한 주장이 제기된 것은 1972년과 1982년에 우생보호법을 개정하려는 정부의 움직임을 계기로 해서이다. 3장에서도 살펴본 바와 같이 1949년에 개정된 우생보호법에서는 경제적 이유로 인한 인공임신중절을 허용했는데, 1970년대에 일본 정부는 생명존중을 내세워 경제적 이유로 인한 인공임신중절을 금지하는 쪽으로 법률을 개정하고자 했다. 당시 출산율 저하로 인한 노동력 부족을 우려하는 경제계의 목소리를 반영해 법률 개정을 추진하고자 한 것이다. 이러한 움직임에 대해 여성운동가들은 여성의 성에 대한 국가의 관리체제를 강화하려는 것으로 보고 강하게 저항했다. 이러한 반대운동은 일본에서 페미니즘이 시민권을 얻고 세력을 확장하는 중요한 계기가 되었고, 결국 1972년과 1982년의 개정 시도는 좌절되었다.

한편 합계출산률이 지속적으로 하락하는 가운데 1989년에는 1.57을 기록해 사회적으로 큰 문제가 되었다. 이렇게 되자 일본 정부는 출산장려 캠페인을 전개했는데, 이때도 여성운동가들은 이러한 캠페인이 여성의 자기결정권을 인정하지 않는 것이라면 반대한다는 입장을 표명했다. 페미니스트들은 인구문제를 민족 또는 국가의 번영이나 소멸이라는 차원에서 이야기하는 것을 '인구내셔널리즘'이라고 부른다. 그리고 인구내셔널리스트들은 낳는 성性으로서 여성의 입장을 전혀 고려하지 않는다고 강하게 비판한다.

일본 페미니스트들에 따르면, 여성은 자신의 의사대로 출산을 하고 양육을 해야 하며 국가는 여성의 재생산 권리를 보장해야 한다. 인구문제와 여성의 재생산 권리는 전혀 다른 문제이기 때문에 국가의 인구정책에 여성의 신체가 휘둘려서는 안 된다. 이것이 일본 페미니스트들의 핵심 주장이다.

이후 일본에서 저출산 문제가 계속해서 심각해지는 가운데 페미니스트들이 국가의 저출산 정책을 강하게 비판하거나 반대운동을 하고 있지는 않다. 그렇지만 기본적으로는 앞에서 제시한 입장을 견지하고 있다. 이런 점에서 페미니즘의 시각에서 저출산 문제를 인구문제로, 그리고 사회공동체의 문제로 보는 관점은 처음부터 없었다고 할 수 있다.

이와 같은 여러 입장의 반대론을 고려해서 일본 정부는 저출산 대책을 수립할 때 처음부터 매우 신중한 자세를 취했다. 저출산 대책에 대한 일본 정부의 입장을 잘 보여 주는 것이 1997년에 후생성 산하의 인구문제심의회가 발표한 「저출산에 관한 기본 생각에 대해少子化に関する基本的考え方について」라는 보고서이다.

이 보고서에서는 결혼이나 출산은 개인이 결정하는 사안이기 때문에 정부가 정책적 대응을 해서는 안 된다는 주장이 있다는 점을 언급하며, 다음과 같이 저출산 정책의 당위성을 주장한다. 즉 정부의 정책적 대응을 반대하는 주장이 "대부분의 사람이 결혼을 희망하고 있으며, 결혼하면 2.6명의 자녀를 갖기 원하지만 현실적으로 2.2명의 자녀밖에 낳지 못하는 상황을 개선하도록 정부가 도움을 주는 것을 부정하는 것은 아니다"라고 지적한다.

또한 이 보고서에서는 일본 정부의 저출산 대책의 기본 전제로서 정부 정책이 임신과 출산에 관한 개인의 자기결정권을 제약하는 것이어서는 안 되며, 남녀를 불문하고 개인 삶의 다양성을 훼손하는 대응을 해서는 안 된다는 점을 지적한다. 그리고 육아는 다음 세대를 이끌어 나갈 사회적 존재를 길러 내는 일이기 때문에 국민 모두의 사회적 책임이라는 생각을 확고히 해야 한다는 점도 지적한다.

이처럼 이 보고서는 국가가 저출산 정책을 수립해야 하는 명확한 논거와 원칙을 제시했다는 점에서 그 의의가 크다.

스웨덴의 뮈르달 부부가 제시한 해법

이처럼 국가가 저출산 정책을 전개할 때는 다양한 비판을 수용하면서도 어떻게 정책의 정당성이나 원칙을 국민들에게 제시할 것인지가 중요하다. 그래야만 국민들을 설득해 지지와 협력을 얻을 수 있기 때문이다. 국가가 일방적으로 국가공동체의 존속이라는 명분을 앞세워 아이를 많이 낳으라고 강요할 수는 없다. 그렇지만 인구재생산은 사회 존립의 근간이다. 국가라는 시스템을 유지하기 위해서는 새로운 성원의 탄생이 불가결하며, 개개인들이 누리고 싶어 하는 다양한 라이프스타일도 사회 시스템의 안정과 지속을 전제로 해서만 가능하다.

이처럼 저출산 문제의 본질이 개인의 이익과 집단의 이익이 부딪치는 갈등적 상황에 있음을 일찍이 간파한 사람이 바로 스웨덴의 뮈르달 부부이다. 뮈르달 부부는 경제학자이자 노벨경제학상 수상자인 군나르 뮈르달Gunnar Myrdal과 사회학자이자 노벨평화상 수상자인 알바 뮈르달Alva Myrdal이다. 이들은 1934년에 발표한 『인구문제의 위기』라는 책에서 스웨덴의 저출산 문제에 대한 체계적인 분석을 통해 사회적 양육이라는 보편주의적 복지정책을 수립해서 이 문제를 해결하고자 했다.[1]

영국보다 늦게 산업화를 시작한 스웨덴에서는 1880년대부터 출산율이 저하하기 시작했다. 이로 인해 스웨덴에서는 국가가 소멸할 것이라는 주장이 제기되었고, 1910년에 보수파인 자유국민당 정권은 피임 기구의 광고나 판매를 제한하는 법률을 제정했고, 이를 통해 피임을 억제하려고 했다. 1930년대에는 저출산 문제가 더욱 심각해졌는데, 이 시기에 스웨덴은 유럽에서 최저 수준의 조출생률을 기록했다. 특히 출산율 저하는 도시에서 현저했는데, 소득이 높은 계층에서 낮은 출산율을 보였던 반면 소득이 낮은 계층에서는 높은 출산율을 보이는 등 계층 간 격차가 뚜렷했다.

당시 스웨덴에는 인구문제를 보는 두 가지 상반된 입장이 있

---

1 뮈르달 부부의 인구문제에 관한 논의에 대해서는 신정완(2017), 「1930년대 스웨덴 인구문제 논쟁에서 제시된 뮈르달 부부의 가족정책 구상의 이론적, 철학적 기초」, 후지타 나나코(藤田菜々子)(2009), 「1930년대 스웨덴 인구문제에서의 뮈르달: 소비의 사회화론 전개(1930年代スウェーデン人口問題におけるミュルダール: '消費の社会化'論の展開)」를 참고했다.

었다. 출산장려주의자라고 할 수 있는 보수주의자들은 인구감소가 스웨덴의 소멸을 초래한다고 우려했고, 출산율 저하가 개인의 과도한 사치나 이기주의에서 비롯된 것이라고 비판했다. 이들은 전통적 가족상을 이상적인 것으로 보고 비혼이나 피임을 죄악시했고, 결혼한 여성이 피고용자가 되는 것을 반대했으며, 여성들은 오로지 가사와 육아를 담당해야 한다고 주장했다.

반면 진보주의자들은 신맬서스주의의 입장을 견지했다.[2] 이들은 사회의 부양능력을 넘어서는 과잉 인구는 빈곤을 초래한다는 점을 강조했고, 빈곤에서 벗어나기 위해서는 산아제한이 필요하다고 주장했다. 이러한 주장은 진보정당이었던 사회민주당의 지지를 받았다.

이처럼 상반되는 주장에 대해 뮈르달 부부는 양자를 모두 비판하면서 새로운 해법을 제시했다. 그 핵심 내용을 몇 가지로 정리하면 다음과 같다.

첫째, 뮈르달 부부는 출산율 저하의 원인이 사회구조의 문제에 있다고 보았다. 사람들의 출산 기피는 경제적 어려움이나 여성의 노동시장 진출로 인해 일어난다. 이는 사회구조로 인해 발생하는 어쩔 수 없는 선택이며, 보수주의자들의 주장처럼 개인의 도덕성

---

2 신맬서스주의란 한정된 식량 자원으로 인해 인구를 억제해야 한다는 맬서스의 인구 원리를 받아들이면서도 맬서스가 악덕으로 보았던 산아제한을 적극적으로 주장한다는 점에서 차이가 있다. 맬서스는 인구는 기하급수적으로 증가하는 데 반해 식량은 산술급수적으로 증가하기 때문에 불행을 피하기 위해서 금욕이나 만혼과 같은 도덕적 억제를 강조했다.

저하에 따른 것이 아니다. 따라서 이러한 선택을 비난해서는 안된다.

둘째, 저출산의 결과에 대해 뮈르달 부부는 신맬서스주의자들이 주장하듯이 저출산이나 인구감소를 환영해야 할 현상이라고 보지는 않았다. 출산율 저하는 소비 축소를 일으키고, 이는 다시 생산 축소로 이어져 사회 전반의 축소를 초래한다. 나아가 이러한 차원을 넘어 저출산은 사회의 존속을 위협한다. 모든 사람들이 개개인의 행복과 생활 수준의 안정을 위해 자녀를 적게 갖거나 갖지 않는 선택을 한다면 바로 그들 삶의 토대가 되는 사회 시스템 자체가 흔들린다. 이런 점에서 저출산 문제는 개인적 이익과 집단적 이익이 부딪치는 갈등 상황을 초래한다. 따라서 국가는 집단적 이익을 확보하기 위해 인구정책을 발동시켜야 한다.

셋째, 뮈르달 부부는 인구정책의 정당성을 인정하면서도 국가의 인구정책이 개인의 자유라는 민주주의 규범을 지켜야 한다고 보았다. 자녀를 가질 것인지 아닌지는 개인의 자발적 선택이다. 따라서 국가가 피임 억제를 강요해서는 안 된다. 또한 여성을 가사노동에 전념하도록 강제해서도 안 된다. 가족은 스스로의 행복을 위해 아이를 가져야 하는데, 뮈르달 부부는 이것을 '자발적 부모 되기voluntary parenthood'의 원칙이라고 불렀다. 이는 부모가 되는 것을 강제하지 않지만 또 한편으로는 부모가 되려는 자유를 방해하는 경제적·사회적 곤란을 배제하는 것을 포함한다.

넷째, 국가의 인구정책은 자녀양육에 대한 부담을 국가가 떠안는 것이다. 국가는 적극적으로 양육비용을 부담함으로써 출산하고 싶은 사람이 출산을 하도록 돕는다. 이를 위해 국가가 나서서 소비의 사회화를 통해 아이 양육에 필요한 현물을 지급할 필요가 있다. 이러한 정책적 개입을 통해 독신자와 무자녀 가족에서 유자녀 가족으로 소득이전이 발생한다. 뮈르달 부부의 주장은 진보정당이었던 사회민주당의 정책으로 수용되어 스웨덴의 보편적 복지국가 모델의 토대를 형성했다.

이상으로 살펴본 이들의 핵심적 주장에는 지금의 저출산 정책에도 그대로 지켜져야 할 원칙이 명확하게 제시되어 있다. 나라마다 다르기는 하지만 많은 선진국에서 시행하고 있는 육아지원 정책은 뮈르달 부부가 제시한 기본 원칙과 맥을 같이 하고 있다고 볼 수 있다. 자녀 출산에 관한 결정은 개인 행복추구의 관점에서 존중되어야 한다는 점, 동시에 국가공동체의 존속도 동등하게 중요하기 때문에 국가는 적극적으로 양육비용을 부담함으로써 아이를 낳아 기르고 싶은 사람이 그렇게 할 수 있도록 도와야 한다는 점, 아이를 낳는 당사자로서 여성의 입장에서 출산과 육아가 여성 삶의 선택을 제한하지 않도록 국가가 적극적으로 나서야 한다는 점 등은 저출산 문제를 해결하기 위한 기본 원칙으로서 지금도 여전히 통용된다고 할 수 있다.

2. 국제 비교의 관점에서 본 일본의 저출산 정책

저출산 정책을 실시하는 국가가 꾸준히 증가하고 있다

선진국을 중심으로 세계 각국의 합계출산율이 낮아지면서 오늘날 전 세계 인구의 절반은 합계출산율 2.1 이하의 국가에서 살고 있다. 유엔 조사에 따르면, 2017년 기준으로 전 세계 201개 국가 중에서 83개 국가에서 합계출산율이 인구대체수준 이하인 것으로 나타난다(United Nations, 2017). 또한 96개 국가에서는 합계출산율이 2.1에서 5 사이의 수준을 나타내고, 22개 국가에서는 합계출산율이 5 이상이다. 합계출산율 5 이상의 고출산율 국가 중에서 20개국은 아프리카에, 2개국은 아시아에 있다.

합계출산율이 인구대체수준을 밑도는 국가가 증가하면서 이들 국가에서는 정부가 직간접으로 저출산 문제를 해결하기 위해 대응하고 있다. 가족정책이나 아동복지정책의 차원에서 대책을 마련하는 국가가 있는가 하면, 좀 더 명확하게 저출산 대책이라는 이름 하에 출산율을 올리기 위한 정책을 추진하는 국가도 있다.

[그림 5-1]은 전 세계 국가 중에서 출산율을 높이는 정책을 실시하고 있는 국가가 어느 정도 되는지를 나타낸 것이다. 이는 유엔의 조사에 따른 것인데, 유엔에서는 각국 정부를 상대로 자국의 출산율 수준을 어떻게 생각하는지, 그리고 출산율을 올리거나 아니면 그대로 유지하거나 내리기 위한 정책을 펼치고 있는지를 조사하고 있다.

이를 보면 출산율을 높이기 위한 정책을 펼치는 국가가 지속적으로 증가하고 있다. 1976년에는 이러한 국가가 10개국을 조금 넘었지만 해를 거듭할수록 증가해 2015년에는 55개국이나 된다. 이는 전 세계 국가의 28%에 해당된다. 특히 인구대체수준 이하의 국가에서는 62%의 국가가 출산율을 높이기 위한 정책을 실시하고 있다. 대륙별로는 저출산 문제가 심각한 유럽과 아시아에서 가장 많다. 유럽 중에서도 서유럽 국가의 일부를 포함해 동유럽과 남유럽 국가가 다수 포함되어 있다. 이 그림을 통해 저출산 문제가 심각해지는 가운데 세계 여러 나라에서 출산율을 높이기 위한 정책을 추진하는 것이 보편적인 현상이 되고 있음을 확인할 수 있다.

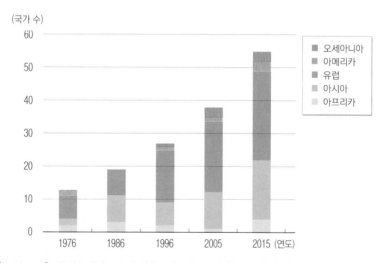

[그림 5-1] 출산율을 높이기 위한 정책을 실시하는 국가의 대륙별 추이

출처: Sobotka 외(2019), Policy responses to low fertility: How effective are they? 8쪽.

그렇다면 이번에는 좀 더 구체적으로 개별 국가의 출산정책에 대한 입장을 살펴보자. [표 5-1]에서는 주요국의 출산율과 관련된 정책적 입장을 제시했다. 이를 보면 프랑스는 출산율이 상대적으로 높은 국가이면서도 적극적으로 출산율을 높이겠다는 정책을 추진하고 있다.

반면 상대적으로 출산율이 높은 스웨덴은 개입하지 않는다거나 공식적인 정책이 없다는 입장을 취한다. 물론 스웨덴은 잘 알려진 것처럼 여성의 적극적인 노동시장 참여와 육아를 지원하는 다양한 복지정책을 실시하고 있지만 공식적으로는 출산율에 개입하지 않는다는 입장이다. 영국과 미국은 원래부터 자유시장주의적 전통이 강한 나라로 출산율에 개입하지 않는다는 입장이다.

반면 같은 유럽 국가 중에서도 독일과 이탈리아는 1996년에는 개입하지 않는다는 입장이었으나 그 후 출산율을 높이기 위한 정책을 추진한다는 입장으로 전환했다. 출산율이 지속적으로 낮은 수준에 머물러 있는 것에 문제점을 느끼고 이러한 정책적 전환을 했다고 할 수 있다.

한편 출산율이 낮은 일본은 1996년 시점에서는 개입하지 않는다는 입장을 취했으나 2005년에 출산율을 높이기 위한 정책을 추진한다는 입장으로 바뀌었다. 한국도 마찬가지로 1996년 시점에서는 개입하지 않는다는 입장이었으나 출산율이 지속적으로 하락하는 상황에 직면해서 2005년에 출산율을 높이기 위한 정책을 추진한다는 입장으로 전환했다.

[표 5-1] 주요국의 출산율 정책에 대한 입장

	1996년		2005년		2015년	
	정책 입장	합계출산율	정책 입장	합계출산율	정책 입장	합계출산율
프랑스	올린다	1.71	올린다	1.88	올린다	2.00
스웨덴	개입 안함	2.01	개입 안함	1.67	정책 없음	1.92
영국	개입 안함	1.78	개입 안함	1.66	개입 안함	1.92
미국	개입 안함	2.03	개입 안함	2.04	개입 안함	1.89
독일	개입 안함	1.30	개입 안함	1.35	올린다	1.39
이탈리아	개입 안함	1.27	올린다	1.30	올린다	1.43
일본	개입 안함	1.48	올린다	1.30	올린다	1.40
한국	개입 안함	1.70	올린다	1.22	올린다	1.26

출처: UN(2018), World Population Policies 2015, 국가별 데이터를 이용해 작성.

각국의 출산·육아 지원 정책

그렇다면 이번에는 세계 각국에서 출산·육아와 관련해서 어떤 정책을 실시하고 있는지를 살펴보자. [그림 5-2]는 현재 세계 여러 나라에서 시행되고 있는 출산·육아와 관련된 지원 정책이다.

이를 보면 2015년 기준으로 모친을 대상으로 한 출산휴가제도(유급 또는 무급)는 전 세계 99%의 국가에서 실시하고 있다. 반면 부친을 대상으로 한 출산휴가제도(유급 또는 무급)는 국가 간에 차이가 있다. 발전국가에서는 73%의 국가가 이 제도를 도입하고 있는 데 반해 저개발국가에서는 48%의 국가만이 이 제도를 도입하고 있다.

육아휴직제도(유급 또는 무급)는 발전국가에서는 84%가 도입하고 있는 데 반해 저개발국가에서는 19%의 국가만이 도입하고 있다.

출산수당은 발전국가에서는 67%의 국가가, 저개발국가에서는 32%의 국가가 도입하고 있다. 아동수당(또는 가족수당)은 발전국가에서는 96%의 국가가 도입하고 있을 정도로 보편화되어 있다. 반면 저개발국가에서는 그 비율이 57%에 그친다. 보육지원은 발전국가에서는 96%로 높은 비율을 나타내는 반면 저개발국가에서

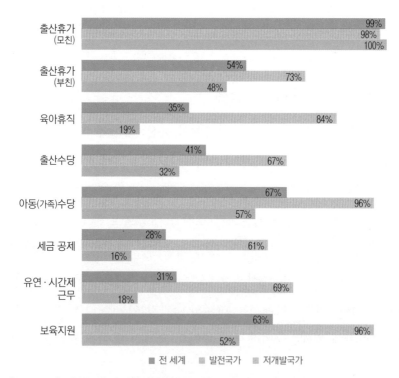

[그림 5-2] 출산·육아지원 정책을 실시하는 국가의 비율(2015년)

출처: UN(2018), World Population Policies 2015, 75쪽.

는 52%를 나타난다.

이외에 세금 공제와 유연근무 및 시간제 근무 등의 지원책도 발전국가에서 그 비율이 60%를 넘는데, 저개발국가에서는 20% 이하로 낮다.

이처럼 출산과 육아를 지원하는 다양한 정책이 여러 나라에서 실시되고 있다. 그렇지만 아직까지 발전국가와 저개발국가의 격차가 크다. 선진국에서는 이미 보편화되어 있는 정책들이 향후 저개발국가로도 점차 확산될 것으로 보인다.

일본은 가족 관련 사회지출 비중이 작은 나라

앞에서 살펴본 바와 같이 세계 각국은 출산과 육아를 지원하기 위한 여러 제도를 운영하고 있다. 그렇지만 동일한 제도를 운영한다고 해도 지원 대상, 지원 규모, 구체적인 지원 내용 등은 나라마다 차이가 있다. 따라서 출산과 육아에 대한 지원 정책이 어느 정도로 충실한가를 파악하기 위해서는 각국 정부가 어느 정도로 예산을 투입하고 있는지를 살펴볼 필요가 있다.

이를 가장 쉽게 확인할 수 있는 방법이 OECD의 공적 사회지출 중에서 가족 관련 지출이 어느 정도 규모가 되는지를 보는 것이다. 가족 관련 공적 사회지출은 가족과 아동에 대해서만 제공되는 재정지원을 포함한 공적 지출을 말한다. 여기에는 건강과 주택에 관련된 지출은 포함되지 않는다.

OECD에서는 가족 관련 공적지출을 다음과 같은 세 가지 영역으로 구분한다. 첫째, 현금지원으로 아동수당(가족수당)과 육아휴직 급여가 있다. 둘째, 서비스 지원으로 보육 제공자와 조기교육 시설에 대한 지급 또는 보조금 제공, 청소년과 주거 시설에 대한 공공지출, 가족 서비스에 대한 공공지출이 있다. 셋째, 세제지원(세금면제 또는 세금우대)을 통한 재정적 보조가 있다.

[그림 5-3]은 주요 8개국의 가족 관련 사회지출이 GDP에서 차지하는 비율을 세 가지 영역으로 구분해 나타낸 것이다. 시기에 따른 변화를 보기 위해 2001년과 2015년의 데이터를 제시했다.

우선 2015년을 보면, 가족 관련 사회지출의 비중이 높은 국가로 프랑스와 스웨덴, 영국이 있다. 이들 국가의 가족 관련 사회지출은 GDP의 3.5%가 넘는다. 반면 일본, 한국, 미국의 비율은 낮다. 미국이 1.0%로 가장 낮으며, 그 다음으로 한국이 1.3%, 일본이 1.6%이다. 독일과 이탈리아는 이 두 그룹 사이에 있다. 앞의 [표 5-1]에서와 같이 출산에 개입하지 않는다는 입장을 취하고 있는 영국은 미국과는 대조적으로 가족 관련 사회지출의 비중이 상당히 크다.

또한 2001년과 2015년을 비교할 때 몇 가지 주목할 만한 점이 있다. 가족 관련 사회지출의 비율이 높은 프랑스는 2001년에도 가족 관련 사회지출의 비율이 높다. 한편 스웨덴은 그 비율이 0.5% 정도 증가했고, 영국은 약 1% 증가했다. 중간 그룹에 있는 이탈리아는 그 비율이 크게 증가했다. 낮은 그룹에 속해 있는 일본은 그 비율이 조금 증가했고, 한국은 크게 증가했다.

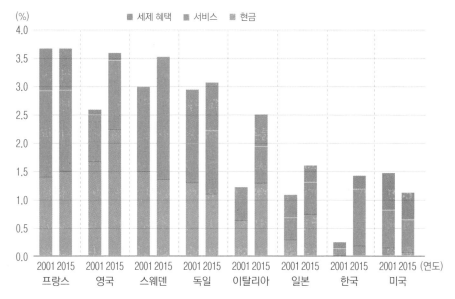

(%)
■ 세제 혜택　■ 서비스　■ 현금

[그림 5-3] 주요 8개국의 가족 관련 사회지출의 GDP 대비 비율

출처: OECD 홈페이지 Family Database: By country – Public policies for families and children을 이용해 작성.

[그림 5-3]을 통해 일본이 1990년대 중반부터 출산과 육아 지원을 내세우며 저출산 정책을 추진했지만 국제적으로 비교할 때 지원 규모는 아직까지 낮다는 점을 확인할 수 있다. 프랑스, 스웨덴, 영국 등의 국가와 비교할 때 그 규모가 절반에 못 미친다. 한국도 마찬가지로 아직까지 선진국에 비해 많이 뒤처진다. 저출산 정책이 성과를 거두기 위해서는 한국과 일본 모두 가족 관련 사회지출의 규모를 지금보다 훨씬 늘릴 필요가 있다.

다음 3절에서 살펴보겠지만 일본 정부는 보육시설이나 보육서비스를 늘리고 육아 가정에 경제적 지원을 하는 데 소극적이었다.

입소할 보육시설이 없어 대기자 명단에 이름을 올린 대기아동이 많지만 아직까지 대기아동문제는 완전히 해소되지 못했다. 가족사회학자 야마다 마사히로는 2020년에 발표한『일본의 저출산 대책은 왜 실패했는가?日本の少子化対策はなぜ失敗したのか?』에서 일본 정부가 돈이 드는 정책에 소극적이었다고 지적한다. 야마다 교수는 일본 정부가 아무 효과가 없는 의식개혁을 위한 국민운동을 추진한다든지 소리만 요란한 캠페인에 치중했다는 점도 지적하고 있다. 이처럼 과감한 재원을 투입해 꼼꼼하게 지원하지 못한 것이 일본 정부의 저출산 정책이 성공하지 못한 요인 중 하나라고 볼 수 있다.

3. 일본 정부의 저출산 정책이 성공하지 못한 이유

그렇다면 이제 일본 정부의 저출산 정책에 초점을 두어 지금까지 어떤 정책을 펼쳐왔으며, 그 성과는 어떠했는지를 살펴보기로 하자. 일본의 연구자들은 일본 정부의 저출산 정책을 실패한 정책으로 평가하는 경우가 많다. 정부 정책에도 불구하고 합계출산율이 상승하지 못했기 때문이다. 물론 저출산 정책이 아예 없었더라면 이러한 합계출산율조차도 유지하기 어려웠을 것이라는 지적도 있지만 저출산의 흐름을 바꾸어 놓지는 못했다는 점에서 그 성과를 인정하기는 어려울 것이다.

고이즈미 정권에서 저출산과 남녀평등참획의 실현을 담당하는 장관少子化·男女共同参画担当相을 지냈던 국제정치학자 이노구치 구니코 猪口邦子는 유럽과 동아시아의 저출산 정책을 비교한 논문에서 일본의 낮은 합계출산율은 사회정책 실패의 결과라는 엄중한 평가를 내렸다(猪口, 2009). 거품경기의 절정과 붕괴를 맞았던 1990년대에 일본 정부는 사회정책을 확충하기 위해 국부와 민간 여력을 쏟았어야 했는데, 행정적 타성에 젖어 야심적인 사회정책을 기획·입안하지 못했고 예전 스타일로 돈을 뿌리는 임시방편에 급급했다. 같은 시기에 유럽의 주요 국가들이 여성과 어린이를 위한 사회정책, 일과 가정을 양립시키기 위한 정책, 남녀평등정책을 추진하는 쪽으로 방향 전환을 했지만 일본은 이러한 흐름에 뒤처졌다. 이노구치는 결국 일본 정부가 유럽 선진국의 흐름에 따라가지 못하고 소극적인 대응에 그친 것이 이후의 저출산 문제를 악화시키는 결정적인 요인이었다고 지적한다.

고령화 정책 때문에 뒤로 밀려난 저출산 정책

일본 사회보장제도의 중요한 특징은 고령자 관련 비중이 크고 가족 관련 비중이 작다는 것이다. 사회보장비용의 2/3가 고령자 관련 비용이고 나머지가 현역 세대를 대상으로 한 사회보장비용이다. 이는 가족 관련 사회지출의 비중을 국제 비교한 [그림 5-3]에서도 확인한 바가 있다. 유럽의 선진국에 비해 일본은 가족 관련 사회지출의 비중이 작은 대신 고령자 관련 사회보장비용의 비중이 매우 크다.

그리고 더욱 중요한 사실은 지난 수십 년 동안 사회보장비용 중에서도 고령자 관련 사회보장비용만이 빠르게 증가해 왔다는 것이다. [그림 5-4]는 일본 사회보장비용의 추이를 정책 분야별로 나타낸 것이다.[3] 이를 보면 고령 분야는 그 규모가 매우 크고 빠르게 증가하고 있다. 보건 분야도 마찬가지로 그 규모가 크고 계속해서 빠르게 증가하는 것을 볼 수 있는데, 국민의료비의 60%가 넘는 비용을 65세 이상 고령자가 사용하고 있다.

반면 가족 관련 사회보장비용은 금액이 매우 적으며 거의 정체 상태에 있다. 2009년 이후 증가하고 있지만 그래도 여전히 작은 규모이다. 또한 실업이나 적극적 노동시장 정책 등 현역 세대와 관련된 사회보장비용도 규모가 작으며 거의 정체 상태에 있다.

결국 이 그림이 보여 주는 것은 일본의 사회보장지출이 고령자 위주로 이루어지고 있으며, 급속한 고령화와 더불어 고령자 관련 사회보장비용만이 빠르게 증가하고 있다는 것이다. 일본 정부는 저성장기로 들어선 1970년대에 경제성장의 성과를 사회보장의 충

---

3 [그림 5-4]에서 제시한 사회보장비용의 정책 분야별 내역을 설명하면 다음과 같다. '고령'은 퇴직으로 노동시장에서 은퇴한 사람에게 제공하는 현금급여로 연금, 개호보험, 노인복지 등이 포함된다. '유족'은 피부양자인 배우자와 독립 전 자녀에 대한 급여를 말한다. '장애·업무재해·상병'은 업무보상제도에 의해 지급되는 모든 급여와 장애자 복지서비스 급여, 장애연금, 상병(傷病)수당 등이 포함된다. '보건'은 의료의 현물급여를 말한다. '가족'은 가족을 지원하기 위해 지출되는 현금급여와 현물급여이다. '적극적 노동시장 정책'은 노동자에게 일할 기회를 제공하거나 직업능력을 높이기 위한 지출이다. '실업'은 실업 중의 소득을 보장하는 현금급여이다. '주택'은 공적 주택이나 개인의 주택비용을 줄이는 데 도움을 주는 급여이다. '기타 정책분야'는 공적 부조급여와 기타 현물급여를 말한다.

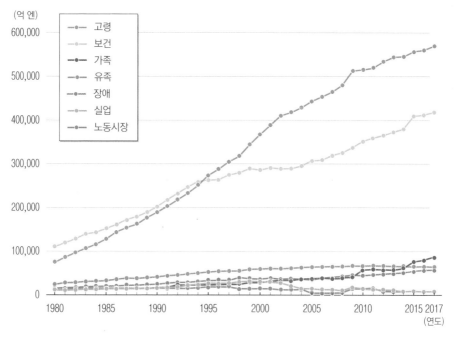

(억 엔)

범례
고령
보건
가족
유족
장애
실업
노동시장

[그림 5-4] 사회보장비용의 정책 분야별 지출 추이

주: 비중이 매우 작은 주택 부문과 기타 부문은 생략했다.

출처: 국립사회보장·인구문제연구소의 「2017년도 사회보장비용통계(平成29年度社会保障費用統計)」의 정책 분야별 사회지출 추이 통계를 이용해 작성.

실화를 통해 국민에게 환원한다는 취지에서 연금과 의료보험의 급여를 충실히 하는 데 주력했다. 1973년에는 고령자 의료비 무료화 조치를 실시하면서 의료비가 빠르게 증가했다. 그리고 1997년에는 고령자의 간병문제를 사회적으로 해결하기 위해 개호보험제도(한국의 노인장기요양보험제도에 해당)를 제정했고 2000년부터 시행했다. 개호보험제도의 설계에서는 처음부터 국가와 지자체의 부담을 절반으로 설정했다.

반면 가족 관련 사회보장비용, 나아가 현역 세대를 위한 사회보장비용은 거의 제자리에 멈춰 있다. 고령자 대책에 눌려 가족을 포함한 현역 세대를 위한 사회보장지출은 정책의 우선순위에서 밀린 것이다.

1990년대에 와서 거품경기가 붕괴하고 장기간의 경기침체가 이어지는 가운데 노동시장의 악화와 고용의 유연화로 고용 지위가 불안정한 현역 세대가 크게 증가했다. 이로 인해 국가가 나서서 적극적 노동시장정책과 실업정책을 전개하고, 출산과 육아에 대한 지원정책을 펼쳐야 할 필요성이 더욱 커졌다. 그렇지만 일본 정부는 이런 문제에 제대로 대응하지 못했고, 기존의 고령자에 편중된 사회보장제도를 유지하는 데 급급했다. 이로 인해 고용 지위가 불안정한 비정규직 젊은이의 문제는 더욱 심각해졌고, 결혼하지 못하는 젊은이가 증가하는 문제로 이어졌다.

맞벌이 부부의 양육지원에 치우친 저출산 정책

일본 정부가 저출산 문제에 처음으로 대응한 것은 1990년대에 와서이다. 1989년에 합계출산율이 1.57까지 하락한 것이 1.57쇼크라고 불릴 만큼 사회적으로 큰 반향을 일으키자 일본 정부는 저출산 문제에 대응하기 위한 정책을 마련했다. 그렇지만 이미 1970년대 중반부터 일본의 합계출산율은 인구대체수준을 밑돌았고 이는 일시적인 현상이 아니라 하나의 추세로 굳어져 갔다. 그렇기 때문에 좀 더 이른 시기에 저출산 문제에 대한 일본 정부의 대응이 필요했다고 할 수 있다.

그런데 1970년대 중반에 일본에서는 인구증가를 막아야 한다는 목소리가 힘을 얻고 있었다. 1969년에 일본 인구는 1억 명을 돌파했고, 매년 100만 명 이상 증가하고 있었기 때문이다. 1973년에는 전년에 비해 인구가 무려 233만 명이나 증가했다. 이런 상황이었기 때문에 1974년에 인구문제심의회가 발간한 인구백서 『일본 인구동향日本人口の動向』에서는 정지인구라는 개념을 제시해 인구가 늘지도 줄지도 않는 상태를 실현할 필요가 있으며, 일본 정부는 출생억제를 한층 강화해야 한다고 제언했다. 이러한 제언을 토대로 같은 해에 열린 일본인구회의에서는 '자녀는 두 명까지'라는 대회 선언을 채택했고, 이러한 주장은 매스컴을 통해 대대적으로 보도되었다.

역사인구학자 기토 히로시鬼頭宏는 이러한 움직임이 출산을 억제해야 한다는 여론을 형성해 개인들의 행동에도 영향을 주었다고 지적한다(鬼頭, 2011). 이런 점에서 기토 교수는 저출산 문제는 일본 정부가 주도한 정책의 결과이기도 하다고 주장한다. 일본 정부가 이 시기에 좀 더 거시적이고 장기적인 관점에서 인구문제에 접근했다면 그 이후의 결과는 달라질 수도 있었을 것이다.[4]

---

4 기토 히로시에 따르면, 당시 일본 정부가 '정지인구'를 목표로 한 배경에는 1973년 제1차 오일쇼크와 세계 인구의 폭발적인 증가가 있었다고 한다. 당시 세계 인구의 증가율이 연률 2%를 넘어서자 유엔은 이 문제에 대응하기 위해 1974년에 세계인구회의를 개최했다. 이러한 국제적 분위기 속에서 일본은 경제성장을 이룩한 선진국으로서 발전도상국에 대해 인구문제에서 모범을 보여야 하는 입장에 있었다고 한다.

이하에서는 1990년대부터 시작된 일본 정부의 저출산 정책에 대해 살펴본다. 일본 정부의 저출산 정책은 맞벌이 기혼부부의 보육지원에 중점을 둔 정책이라고 할 수 있는데, 주요 정책을 시기순으로 살펴본다.[5]

저출산 정책의 출발점이 된 것은 1994년에 발표한「금후 육아지원을 위한 시책의 기본 방향에 대해」인데, 이것을 흔히 엔젤플랜이라고 부른다. 여기에서는 향후 10년간의 육아지원을 위한 기본 방향과 시책을 제시했고, '긴급보육대책 5개년 사업'으로 보육의 양적 확대와 0~2세아 보육과 연장보육 실시, 지역육아지원센터 정비 등을 추진하기로 했다.

1999년에는 엔젤플랜을 확충하여 5개년 사업으로 보육서비스 충실, 일과 육아의 양립을 위한 고용환경정비, 모자보건 의료체제 정비, 지역의 교육환경 정비 등을 추진하기로 했다.

2003년 7월에는 차세대육성지원대책추진법次世代育成支援対策推進法을 제정했다. 이 법에서는 다음 세대를 이끌어 나갈 어린이가 있는 가정을 사회 전체가 지원한다는 관점에서 국가와 지자체, 기업이 차세대를 육성하고 지원하기 위한 행동계획 책정을 의무화했다.

---

5 이하 일본 정부의 저출산 대책에 대해서는 내각부 홈페이지의「지금까지의 저출산 대책의 대응(これまでの少子化対策の取組)」을 참고했다. 일본에서는 저출산을 아이가 적어진다는 의미에서 소자화(少子化)라고 부른다. 소자화라는 말이 처음 등장한 것은 1992년에 발간된『국민생활백서(国民生活白書)』에서였는데, 여기에서는 '소자사회의 도래, 그 영향과 대응'이라는 부제를 달았다.

또한 같은 해 9월에는 저출산 대책을 종합적으로 추진하기 위해 저출산사회대책기본법少子化社会対策基本法을 제정했다. 이 법에 의거해 내각부에 수상을 비롯해 전 각료가 참가하는 저출산사회대책회의가 설치되었다. 그리고 이 법에 의거해 2004년 6월에는 저출산대책을 추진할 장관으로 저출산 담당대신이 임명되었다.

2006년 6월에는 예상외로 빠른 저출산 문제에 대응하기 위해 지금까지의 대책을 발본적으로 확충하고 전환한다는 정부 방침을 담은 「새로운 저출산 대책에 대해」를 발표했다. 이를 위해 가족의 날, 가족주간週間을 제정해 사회 전체의 의식개혁을 꾀하기 위한 국민운동을 추진하고, 자녀가 출생해서 대학생이 될 때까지 맞춤형 육아지원책을 제시했다.

2010년에는 민주당으로 정권이 교체된 것을 계기로 기존의 아동수당제도를 대신해 어린이수당제도가 실시되었다. 어린이수당제도는 대상을 15세로 확대하고 소득 제한 없이 어린이가 있는 가정에 어린이 1명당 13,000엔을 지급하는 것이었는데, 재정난으로 2012년에 소득 제한을 다시 적용하고 수당액을 변경한 새로운 아동수당제도로 바뀌었다.

2012년에는 어린이·육아지원 관련 3개 법률이 성립되었다. 이들 법률은 소비세 증세를 통해 늘어난 재원을 고령자를 위한 사회보장비용 이외에 보육서비스를 충실하게 하는 데 사용하기 위해 제정되었다.

2013년 4월에는 도시부에서 심각한 문제가 되고 있는 대기아동 해소를 위한 계획을 책정하고, 40만 명의 정원 확보를 목표로 보육정원을 늘려나갔다.

같은 해 7월에는 방과후 어린이 종합계획이 책정되었다. 여기에서는 맞벌이 부부의 초등학생 자녀의 방과후 돌봄문제를 해결하기 위해, 그리고 다음 세대를 담당할 인재육성이라는 관점에서 모든 아동을 대상으로 한 종합적인 방과후 대책을 마련했다.

2017년 3월에는 근로방식 개혁 실행계획을 책정했다. 이는 시간외 노동의 상한규제를 통한 장시간노동 시정, 동일노동 동일임금 실현을 통한 비정규고용의 처우 개선을 추진하고자 한 것이다. 2018년 6월에는 근로방식 개혁을 추진하는 법이 제정되었다.

또한 2017년 6월에는 육아안심계획을 공표했다. 이는 향후 25~44세 여성의 취업률이 상승해 보육소 이용 희망자가 늘어나는 것에 대비하기 위한 정책으로, 2018~2022년 말까지 여성 취업률 80% 수준에 대응할 수 있도록 보육소 정원 확대를 목표로 내걸었다.

2017년 12월에는 인적자원 혁명과 생산성 혁명을 두 축으로 하는 새로운 경제정책 패키지를 책정하고, 저출산·고령화를 극복하기 위한 인적자원 혁명을 위해 유아교육 무상화, 대기아동 해소, 고등교육 무상화 등 2조 엔 규모의 정책을 제시했다. 이러한 정책은 지금까지 고령자에 편중된 사회보장제도를 수정해 어린이, 청년, 육아 세대에 대한 지원을 확대하고자 한 것인데, 고령 세대뿐만 아니라 모든 세대에게 골고루 혜택이 돌아간다는 의미에서 일본 정부는 전 세대형全世代型 사회보장이라고 칭했다.

일본 정부의 저출산 정책에 대한 평가

지금까지 30년 동안 진행된 일본 정부의 저출산 정책을 살펴보았다. 일본 정부는 보육소와 보육서비스의 확충에서 시작해 방과 후 초등생 돌봄문제, 일과 육아를 양립하기 위한 근로방식 개혁, 육아휴직과 육아세대에 대한 경제적 지원 등에 이르기까지 계속해서 새로운 정책을 만들어 그 영역을 넓혀 갔다. 또한 이를 뒷받침하기 위한 법률도 다수 제정하고, 저출산 대책 담당 장관도 임명했다. 그리고 중앙정부와 지자체, 기업이 나서서 차세대를 육성하고 지원하기 위한 행동계획을 책정하도록 하는 등의 노력도 했다.

그렇지만 이름만 바뀌었을 뿐 사실상 큰 변화 없는 정책이 그대로 반복되고 있으며, 그 성과에 대해서도 제대로 검증되지 않았다. 또한 저출산 문제를 극복하기 위해 여러 법률을 제정했지만 추상적인 방향성이나 지원의 당위성을 강조하는 것에 그쳐 현실을 바꾸는 데 큰 역할을 하지 못했다는 한계가 있다. 저출산 대책을 담당하는 장관은 1년이 채 안 되어 교체되는 경우가 많았고, 정책은 일관성 없이 구호로 끝나는 경우가 많았다.

더 큰 문제는 앞서 제시한 여러 정책들이 성과를 거두기 위해서는 국가의 과감한 재원이 뒷받침되었어야 했는데 그러지 못했다는 점이다. [그림 5-4]에서 확인한 바와 같이 가족 관련 예산에 일본 정부의 과감한 재원투입은 없었다. 야마다 마사히로 교수가 지적했듯이 일본 정부는 돈이 드는 정책에는 소극적이었다. 1990년대 후반에서 2000년대 초반은 제2차 베이비붐 세대가 결혼해서 출산에 돌입할 시기였기 때문에 제3차 베이비붐을 기대하는 사람이 많았다. 그렇지만 기대했던 베이비붐은 일어나지 않았다. 이때는 거품경기 붕괴로 인한 취직 빙하기였기 때문에 많은 젊은이들은 어쩔 수 없이 고용 지위가 불안정한 비정규직이 될 수밖에 없었다. 일본 정부가 결혼을 앞둔 젊은이 또는 신혼부부를 대상으로 출산과 육아의 부담을 줄여 주는 정책을 과감하게 펼쳤더라면 상황은 달라질 수도 있었을 것이다.

인구학자 아토 마코토는 일본 정부의 대응책을 가리켜 "예산액이 너무 적었고, 시기도 너무 늦었다Too little, Too late"라며 안타까움을 표시했는데(NHKスペシャル '私たちのこれから' 取材班, 2016), 이 말에 일본 정부의 저출산 정책의 한계가 너무도 명백하게 드러난다고 하겠다.

최근에 와서야 주목하기 시작한 젊은이의 결혼문제

지금까지 살펴본 것처럼 일본 정부의 저출산 정책은 주로 맞벌이 세대의 육아지원에만 집중되어 있었다. 일본 정부가 저출산 대책으로 젊은이의 결혼문제에 주목한 것은 2010년대에 와서이다. 저출산의 원인을 제대로 파악하는 데 너무 오랜 시간이 걸린 셈인데, 서구 국가에서는 나타나지 않았던 연애하지 않는 젊은이, 결혼하지 않는 젊은이의 실상을 제대로 파악하지 못했던 것이다.

일본의 사회학자가 출산율 감소를 가져온 주요 요인이 미혼자 증가에 있음을 지적하기 시작한 것은 1990년대 중반에 와서이다. 20대와 30대에서 미혼율이 지속적으로 증가하는 것은 모두 알고 있었지만 많은 연구자들은 이것을 초혼연령이 늦어지는 만혼화 현상으로 해석했다. 그렇지만 30대 후반이 되어서도 미혼인 채로 있는 사람들이 무시할 수 없는 정도로 증가하면서 젊은이들의 결혼을 둘러싼 행동 변화를 만혼이 아닌 비혼의 문제로 인식하게 되었다.

대표적인 논자로 야마다 마사히로 교수는 결혼할 수 없는 젊은이가 증가한 것이 출산율 저하를 초래한 주요 원인의 하나이기 때문에 일본 정부는 보육지원에 치우친 정책을 바꾸어야 한다고 주장했다. 야마다 교수는 앞에서도 소개한 『일본의 저출산 대책은 왜 실패했는가?』라는 책에서 자신이 정부관계 연구회에 참석해 오래전부터 젊은이의 결혼을 둘러싼 상황 변화를 주장했지만 정부 관료가 이런 주장을 받아들이는 데는 오랜 시간이 걸렸다고 회고한다. 특히 1990년대 중반에 책이나 논문을 통해 수입이 낮은 남성은 결혼 상대자로서 여성에게 선택되기 어렵다는 점을 지적했는데, 당시 정부 관료나 매스미디어는 이런 지적이 차별적 발언에 해당된다며 공개적으로 논하는 것을 외면했다고 한다.

오래전부터 이런 문제의식을 가지고 있었던 야마다 교수는 2008년에 발표한 『혼활시대婚活時代』라는 책에서 결혼을 하고 싶어도 하지 못하는 젊은이가 증가하고 있는 사회현상을 지적하며, 이러한 젊은이가 증가한 사회적 요인으로 남성 간에 수입 격차가 커지고 있는 점, 자기실현의식이 강해져 서로의 가치관을 맞추기 어려워하는 젊은이가 많아지고 있는 점, 연애의 자유화가 이성의 매력을 둘러싼 격차를 확대시키고 있는 점, 결혼 상대자 남성에 대한 여성의 요구 수준이 여전히 높은 점 등의 요인에 주목했다.

나아가 야마다 교수는 이처럼 결혼하기 어려운 시대이기 때문에 적극적으로 결혼 상대자를 찾아나서는 결혼활동이 필요함을 강조했는데, 이러한 주장이 사회적으로 주목을 받으면서 결혼활동의 줄임말로서 혼활곤카츠라는 말이 유행어가 되었다. 또한 본인 스스로가 시민단체인 NPO법인 전국지역결혼지원센터의 이사로서 결혼활동을 지원하는 역할을 맡기도 했다. 그는 2014년에 발표한 『가족난민: 생애미혼율 25% 사회의 충격家族難民: 生涯未婚率25％社会の衝撃』에서 자신을 필요로 하고 소중히 여겨 주는 존재가 없는 사람, 가족에게 지지와 지원을 받을 수 없는 사람을 '가족난민'이라고 부르며, 가족난민이 증가하는 일본의 현실을 직시해 가족난민을 만들지 않기 위한 국가적·사회적 지원이 필요함을 강조했다(山田, 2014).

이러한 일련의 주장이 주목을 받으면서 일본 정부도 저출산의 원인으로서 젊은이의 결혼문제에 주목하기 시작했다. 2013년 6월에 일본 정부는 저출산 위기를 돌파하기 위한 긴급대책으로 결혼과 임신, 출산 지원을 새로운 대책의 핵심으로 제시했다. 그리고 지역 실정에 맞는 결혼과 임신, 출산, 육아 지원사업을 하는 지자체를 지원하기 위해 지역저출산대책강화교부금을 창설했다. 이후 매년 이 교부금으로 각 지자체별로 결혼지원활동을 위한 사업을 시행하고 있다.

2014년 9월에는 인구감소와 초고령화를 극복하기 위한 지방창생정책을 제시했다. 여기에서는 젊은이가 빠져나가 쇠퇴와 소멸의 위기에 처한 지방을 살리기 위해 도쿄의 일극 집중화를 시정할 것, 지방에서 젊은 세대가 취업과 결혼, 육아의 희망을 실현할 수 있도록 할 것, 지역 특성에 맞는 지역 과제를 해결할 것이라는 3개의 핵심 과제를 설정했다. 이를 위해 지방창생담당 장관을 신설하고 지방창생본부를 발족시켰다. 또한 같은 해 11월에는 지방창생법을 제정했다.

2015년 3월에는 새로운 저출산사회대책대강을 책정했다. 여기에서는 기존의 육아지원책에 더해 젊은 세대의 결혼과 출산에 대한 희망을 실현하는 것을 중점 과제로 설정했다.

2016년 5월에는 수상을 의장으로 하는 일억 총활약국민회의에서 저출산, 고령화를 극복하기 위한 향후 10년간의 로드맵을 제시했다. 여기에서는 희망출산율 1.8의 실현을 위해 젊은이의 고용 안정과 처우 개선, 다양한 보육서비스의 충실화, 근로방식 개혁 추진, 희망하는 교육을 받을 수 있도록 하는 지원책 등을 제시했다.

2016년 10월에는 내각부 저출산 대책 특명담당대신이 주도해 결혼 희망 실현을 위한 기업·단체의 대응에 관한 검토회를 개최해 지자체와 연계해 기업, 단체, 대학이 할 수 있는 대응책에 대해 논의했다.

2019년 12월에는 제2기 지방창생종합전략을 각의 결정했다. 여기에서는 결혼, 출산, 육아의 희망 실현을 기본목표의 하나로 내걸고 ①결혼, 출산, 육아 지원, ②일과 육아의 양립, ③지역실정에 맞는 대응을 추진하기 위한 구체적인 시책을 제시했다.

지자체가 주도하는 결혼지원사업의 성과

이처럼 젊은이의 결혼지원에 대한 정책이 최근에 와서 활발하게 전개되고 있는데, 결혼지원정책은 각 지자체마다 설립된 결혼지원센터를 중심으로 진행되고 있다. 지역마다 특색 있는 지원정책으로 성과를 거두고 있는 경우도 꽤 있다.

그중에서도 이바라키현은 매우 주목을 받는 사례이다.[6] 이바라키현은 일본 정부의 결혼지원사업이 시작되기 한참 전인 2006년부터 이 사업을 독자적으로 실시해 왔다. 2005년에 처음으로 합계출산율이 전국 평균을 밑돈 것에 위기감을 느끼고 이 사업을 시작한 것인데, 이바라키현과 사단법인 이바라키현 노동자복지협의회가 공동으로 이바라키 만남지원센터를 설립했다. 가입자가 입회비

---

6 이바라키현의 결혼지원활동에 대해서는 이바라키 만남지원센터 홈페이지와 NHK 스페셜 취재팀이 2016년에 발표한 『초저출산: 이차원의 처방전(超少子化: 異次元の処方箋)』, 동양경제온라인 2017년 11월 26일 기사(「확산되는 관제 결혼활동, 성과를 내고 있는가(広がる'官製婚活' 成果は出ているのか?)」) 등을 참고했다.

1만 5,000엔을 내면 3년간 회원 자격을 얻으며, 가입비 이외에 다른 비용은 없다. 지자체의 부담금과 법인 찬조회원에게 받은 회비를 운영비로 충당한다.

이바라키현의 특징은 만남을 지원해 주는 지역주민 자원봉사자인 매리지 서포터를 적극적으로 육성하고 있다는 점이다. 매리지 서포터는 이바라키현 지사의 위촉을 받아 결혼 상담, 만남 중개, 맞선 지원 등의 활동을 하며, 지역별로 정기적으로 만나 결혼 희망자의 정보를 교환한다. 현재 약 250명이 매리지 서포터로 활동하고 있다. 또한 지역의 여러 기업과 단체를 찬조회원으로 등록시켜 협조를 얻고, 함께 결혼지원활동을 개최한다.

이런 적극적인 활동으로 이바라키현 만남지원센터에서는 지금까지 2,000쌍 이상이 결혼하는 큰 성과를 거두었다. 그 성과를 인정받아 내각부로부터 표창을 받았고 전국에서 노하우를 배우고자 방문하는 시찰이 끊이지 않고 있다고 한다.

또 하나의 성공 사례로 널리 주목을 받는 것은 에히메현의 결혼지원센터이다.[7] 에히메현의 위탁을 받은 에히메현 법인회연합회(회원수 약 1만 5,000개 사업소)가 결혼지원활동을 하고 있는데, 현내 상공회의소, 중소기업단체, 농업협동조합 등을 협찬 기업

---

7 에히메현의 결혼지원활동에 대해서는 에히메 결혼지원센터 홈페이지와 아사히신문 2021년 2월 3일 기사(「단순한 매칭이 아닌가? AI를 이용한 결혼지원활동에 대한 보조, 국가도 본격적으로 나섰다(単なるマッチングじゃない？ AI婚活へ補助, 国も本腰)」 등을 참고했다.

으로 하고 있어 그 활동 기반이 튼튼하다. 지역활성화 공헌의 차원에서 과소지역의 젊은이에 대한 결혼지원활동에도 힘을 쏟고 있다.

특히 에히메현은 빅데이터를 활용해 성과를 내는 것으로 유명하다. 처음부터 아주 세밀하게 조건을 설정해 남녀를 소개해 주고 있는데, 비슷한 선호도를 가진 그룹 안에서 여러 차례 상대를 바꾸어 소개를 해 줌으로써 성공 확률을 크게 높였다고 한다. 이러한 방식을 통해 2011년부터 현재까지 성립한 커플 수는 1만 6,381쌍, 그중에서 결혼에 성공한 커플은 1,300쌍에 이른다.

그런데 이러한 성과에도 불구하고 지자체가 주도하는 결혼지원활동에 대해서는 비판의 목소리도 있다. 지자체가 왜 이런 개인적인 영역의 민감한 문제에까지 나서야 하는 것이냐 하는 문제 제기이다. 또한 이런 활동이 세금만 낭비하게 될 것이라는 우려도 있다. 나아가 단기적 성과를 내는 데만 급급해 무리하게 성혼 건수만 올리려고 한다는 비판도 있다.

그렇지만 긍정적인 측면도 있다.[8] 지자체가 주도하기 때문에 일단 안심하고 참여할 수 있고 가격이 싸다는 것도 큰 장점이다. 민간 기업이 회원제로 운영하는 서비스를 이용하기 위해서는 가입비만으로도 10~20만 엔의 큰 비용을 부담해야 하고, 월 회비와 성공 보수를 지불해야 하는 등 금전적 부담이 크다. 또한 민간기

---

8 이하 지자체가 운영하는 결혼지원서비스의 장점에 대해서는 동양경제온라인 2017년 11월 26일 기사 「확산되는 관제 결혼활동, 성과를 내고 있는가」를 참고했다.

업의 회원으로 등록하는 데는 학력, 직업, 수입 등의 기준이 높은 반면, 지자체에서 운영하는 결혼지원활동에는 참여할 수 있는 조건의 문턱이 낮다는 장점이 있다. 나아가 소규모 지자체에는 젊은이 수가 많지 않아서 민간 기업의 서비스를 이용할 수 있는 기회조차 없는 경우가 많다. 이런 점에서 지자체가 주도하는 결혼지원활동은 공공적 성격이 크다고 할 수 있다.

최근에는 남녀가 만나는 형식도 다양해져서 부담 없이 자연스럽게 만나는 방식으로 진화하고 있다. 남녀가 여럿이 모여서 좋아하는 취미활동이나 체험활동을 하는 경우가 많은데 산책, 등산, 스포츠, 요가, 래프팅, 요리, 독서활동, 도자기 만들기, 애완동물을 동반한 모임 등 그야말로 다양한 행사가 열리고 있다.

이러한 활동이 젊은이들에게 자연스러운 만남의 기회를 제공해 결혼으로 이끄는 새로운 매칭시스템으로 자리 잡을 것인지에 대해서는 좀 더 지켜보아야 할 것이다. 특히 만남의 기회를 갖기 어려운 젊은이, 소위 잘 나가는 젊은이가 아닌 사람들에게 실질적인 도움이 될 것인지에 대해서도 주목할 필요가 있다. 나아가 젊은이들에게 이성 간 다양한 만남의 기회를 제공하는 데 사회가 어떤 도움을 줄 수 있을 것인지에 대해서도 진지한 검토가 필요하다.

4. 저출산 문제 해결의 기본 원칙

지금까지의 저출산 문제에 대한 논의를 마무리하면서 저출산 문제의 해법에 대해 생각해 보자. 일본 정부가 20년이 넘는 오랜 기간 저출산 정책을 펼쳐 왔지만 성과를 거두지 못한 이유는 무엇인가? 인구대체수준을 한참 밑도는 합계출산율이 지속되는 이 상황은 어떻게 해야 바뀔 수 있는가? 과연 해법이 있는 것이기는 할까? 일본의 전문가조차도 저출산 문제는 해결하기 어려운 난제라며 체념하는 분위기가 강하다.

이하에서는 일본 정부가 저출산 문제를 해결하기 위해서 어떤 원칙을 가지고 이 문제를 풀어가야 하는지를 큰 틀에서 생각해 본다. 구체적인 대책 하나하나를 열거하기보다는 저출산 정책의 큰 방향을 제시하는 데 역점을 둔다.

국가의 인구정책에 대한 기본 이념을 국민에게 제시하라

지금까지의 분석을 통해 확인했듯이 출생력 전환을 끝낸 국가에서 인구대체수준 이하로 합계출산율이 하락하는 것은 막을 도리가 없다. 이것은 모든 발전국가의 고민이다. 개별 국가가 처한 사정에 따라 다소 달라질 수는 있겠지만 일반적으로 그 사회 성원들이 결혼이나 출산을 하기 어려운 사회경제적 상황에 처해 있거나, 일과 가정을 양립하기 어려운 상황에 있거나, 아니면 인생의 선택지에서 결혼이나 자녀를 후순위에 두는 사람이 많다면 저출산 문제는 필연적으로 발생한다.

한 사회의 합계출산율이 인구대체수준 이하를 나타내고 이것이 장기적으로 지속된다면, 그 사회의 인구는 감소하고 감소를 넘어 마침내 소멸에 이른다. 2장에서 확인한 바와 같이 합계출산율이 1.5인 상태를 지속한다면 두 세대만에 출생아 수는 절반으로 감소한다. 만약 합계출산율이 1.0으로 더욱 낮은 수준을 지속한다면 두 세대만에 출생아 수는 1/4 미만으로 감소한다. 이처럼 낮은 출산율이 지속된다면 새로 태어나는 아이가 한 명도 없는 극단적인 사태도 생겨날 것이다.

그렇다면 저출산 문제에 대해 국가는 어떻게 대처해야 하는가? 개인의 행복 추구나 자기결정권이 결부된 이 문제에 대해 국가의 개입은 어디까지 허용되며, 국가가 동원할 수 있는 정책 수단은 어디까지 용인되는가? 이 문제를 바라보는 국민들의 다양한 시각과 의견이 있음을 고려할 때, 어떤 식으로 국민적 합의를 이끌어 내고 적극적인 협력을 얻어 낼 수 있을지에 대한 고민이 필요하다.

국가가 저출산 정책을 시행하면서 가장 우선시해야 할 점은 저출산 정책의 당위성에 대해 국민을 설득하는 일이다. 결혼을 할 것인지 말 것인지, 아이를 낳을 것인지 말 것인지는 개인의 자유로운 선택의 문제이지만 동시에 국가공동체의 존속을 위협하는 중대한 과제이기도 하다. 국가는 결혼과 출산에 대한 개인의 선택을 존중해야 하지만 동시에 국가공동체의 존속을 위해 저출산 문제의 해결에 적극적으로 나서야 한다. 새로운 사회 성원이 태어나지 않는다면 현재의 사회 시스템은 유지될 수 없으며, 현재 개인이 누리고 있는 사회인프라의 혜택이나 사회보장서비스도 누리기 어렵다. 또한 생산의 축소가 일어나고 소비의 축소가 일어나는 등 사회 모든 영역의 축소가 일어나는 일도 피할 수 없다. 따라서 모든 사람이 자신의 라이프스타일에 상관없이 차세대 육성에 참여할 의무가 있다. 국가는 이런 사회과학적 인식을 국민들이 공유할 수 있도록 해야 한다.

이러한 국민적 인식의 토대 위에서 국가는 '육아의 사회화'를 추진해야 한다. 육아의 사회화란 자녀양육에 엄청난 비용이 들어가기 때문에 사회가 이것을 부담함으로써 출산하고 싶은 사람이 안심하고 출산을 할 수 있도록 도움을 주는 것이다. 육아의 질적 수준이 높아지면서 육아에 따른 경제적 부담은 더욱 커지고 있으며, 여성의 사회 진출이 확대되면서 출산과 육아에 따른 기회비용은 더욱 커지고 있다. 따라서 국가는 육아의 사회화를 천명함으로써 가족을 형성하고 싶은 사람, 자녀를 낳아 행복한 삶을 누리고 싶은 사람이 안심하고 결혼해서 아이를 낳을 수 있도록 지원해야 한다. 부모 간병의 책임을 요양보험제도를 통해 사회화했듯이 육아의 사회화를 통해 저출산 문제도 해결할 수 있다.

이상으로 제시한 해법은 1930년대에 스웨덴의 뮈르달 부부가 제시한 것과 기본적으로 동일하다. 결혼, 출산, 육아에 대한 개인의 자유로운 선택을 해치지 않으면서도 가족을 형성해 아이를 낳고 싶은 사람을 국가가 지원함으로써 저출산 문제도 해결할 수 있다. 이는 향후 100년 뒤에도 여전히 유효한 해법이 될 것이다. 이 문제에 국가가 적극적으로 나서야 하고 국민들이 이 해법을 받아들여야 하는 이유는 결혼이나 자녀 출산의 유무에 상관없이 사회성원으로서 모든 사람은 다음 세대가 제공하는 노동과 서비스, 세금이나 사회보장비용 등의 금전적 부담, 공동체를 위한 헌신과 희생에 자신의 생활을 의지할 수밖에 없기 때문이다. 이것은 사회공동체가 이루어 놓은 사회 시스템 위에서 우리의 삶이 이루어지고 있기 때문에 누구도 피할 수 없다.

육아의 사회화를 위한 국민 부담을 설득하라

육아의 사회화가 국민들에게 저출산 문제를 해결하는 방안으로 받아들여지면 국가는 국민들에게 이를 실천하기 위한 부담을 받아들일 것을 설득해야 한다. 국민들이 저출산 문제 해결의 당위성에 공감했다면 상대적으로 국민 부담을 요구하는 일은 쉬울 수 있다. 그렇지만 현실적인 문제로 들어가면 누가 얼마를 부담할 것인지, 어떤 부담의 룰이 공평한지를 둘러싸고 이해가 충돌한다. 정치적으로 매우 부담이 되는 이러한 문제를 선거에서 표를 얻어야 하는 정부와 여당이 얼마나 책임감 있게 추진할 수 있을지가 의문이다.

앞에서 확인한 바와 같이 현재 많은 국가들은 출산율을 높이기 위한 정책을 추진하고 있다. 지원의 내용도 광범위하다. 임신에서 출산, 육아, 학교교육에 이르기까지 단계별로 다양한 지원책들이 하나의 패키지가 되어 시행되고 있다. 현금지원에서 서비스 제공,

보조금 지급, 세제 혜택에 이르기까지 여러 형태로 지원이 이루어지고 있다. 여성뿐만 아니라 남성도 동등하게 육아의 부담을 지는 방향으로 정책이 확대되고 있다.

프랑스와 스웨덴과 같은 육아지원 선진국에서는 광범위하면서도 촘촘하게 지원하고 있기 때문에 가족 관련 지출 규모가 상당히 크다. 앞의 [그림 5-3]에서 확인한 바와 같이 2015년을 기준으로 가족 관련 사회지출의 GDP 대비 비율을 보면, 프랑스와 스웨덴, 영국에 비해 일본과 한국은 이들 국가의 절반 이하의 수준을 나타낸다. 이런 점에서 일본이나 한국은 가족 관련 사회지출의 규모를 높일 여지가 있다. 유럽 선진국 수준으로 가족 관련 사회지출을 늘려 효율적인 정책을 펼친다면 출산율이 올라갈 수 있을 것이다.

그렇다면 문제는 그 엄청난 재원을 어디서 마련할 것인가 하는 점이다. 현재에도 이미 엄청난 재정적자를 안고 있는 일본 정부가 증세를 통해 새로운 재원을 마련하는 일은 매우 어려울 것이다. 과연 국민을 어떻게 설득할 것인가?

일본의 가족 관련 사회지출의 비중이 작아서 더 올려야 한다는 주장은 이미 오래전부터 많은 전문가들이 지적해 왔다. 그 재원에 대해서는 고령자의 사회보장비용을 줄여서 마련해야 한다든지 소비세 인상으로 문제를 해결해야 한다는 주장이 있다. 부동산이나 금융자산에 대한 과세를 강화하거나 상속세를 높여야 한다는 주장도 있다. 어린이기금과 같은 목적세를 마련해 비용을 충당해야 한다는 주장도 있다. 이처럼 다양한 방안 중에서 가장 합리적이고 효율적인 방안을 마련하면 될 것이다.

그런데 문제는 이러한 주장이 이미 20여 년 전부터 많은 전문가들로부터 제기되었지만 구체적인 정책 의제로는 제대로 검토조차 되지 못했다는 점이다. 이런 점에서 가족 관련 사회지출을 늘려야 한다는 논의는 전문가들 사이의 논의에서 멈춰 있었던 셈이다. 이제는 이 논의를 사회적으로 확장시킬 필요가 있다.

결혼과 출산, 육아의 문제를 경제학의 관점에서 연구하는 야마구치 신타로山口慎太郎 교수는 이제 일본의 저출산 정책은 더 이상 개별 정책으로는 효과를 낼 수 없는 상황이기 때문에 패키지로 묶어서 육아 세대의 경제적 부담을 없애야 한다고 지적한다.[9] 모든 아이가 경제적 지원을 받는다면 출신 가정의 경제적 형편에 따른 영향을 덜 받고 건강하게 자랄 수 있다. 이 아이들이 건강하게 자라 생산활동을 담당하고 세수를 부담하며 사회 발전을 이끌어 갈 것이다. 이렇게 본다면 육아지원에 돈을 쓰는 것이 결코 낭비가 아니라 국가 발전을 위한 현명한 투자임을 알 수 있다. 다만 어떻게 해서 국민들의 시선을 지금 당장이 아닌 50년 뒤, 100년 뒤로 이동시켜 중장기적인 관점에서 미래 세대를 위한 비용부담을 받아들이게 할 수 있을지가 어려운 정치적 과제라고 할 것이다.

---

9 도쿄신문 2020년 11월 30일의 인터뷰 기사로 「세계적으로 봐도 빈약한 저출산 대책, 일본은 육아지원정책에 대한 증액을 해야 한다(世界的に見ても貧弱な少子化対策 日本は子育て支援増額を)」를 참고했다.

젊은이가 문제 해결의 주체로 나서도록 하자

저출산 문제의 해결에서 또 하나의 중요한 원칙은 젊은이가 문제 해결의 주체로 나서서 문제를 풀어나가도록 해야 한다는 것이다. 결혼과 출산의 당사자인 젊은이가 자신들이 처한 상황과 어려움에 대해 직접 발언하고 의사결정과정에 참여함으로써 당당한 사회 구성원으로서 책임감을 가지고 자신들의 문제를 풀어나갈 수 있다.

현재 젊은이들이 자립하는 시기가 늦어지고 있는 것은 선진국 공통의 현상이다. 여기에는 여러 요인이 있지만 무엇보다도 노동시장 상황이 악화되어 젊은이가 부모로부터 독립해서 생계를 유지하기 어려운 점이 있다. 과거 고도성장기에는 젊은이들이 자신의 노력만으로 독립해서 가정을 이루고 안정적인 중산층의 가정을 형성할 수 있었다. 신규 졸업자를 대상으로 한 일자리는 많았고, 매년 임금은 상승했고 승진의 기회도 있었다. 그런데 고도성장이 멈춘 선진국에서 젊은이의 노동시장이 축소되고 정규직 고용은 감소하고 있다. 특히 일본에서는 1990년대 말부터 불안정한 고용 지위에 있는 젊은이, 은둔형 외톨이, 취업할 의사가 없는 무업無業 상태의 젊은이가 증가하면서 젊은이에 대한 사회적 지원이 중요한 이슈가 되었다.

유럽에서는 일찍이 1990년대부터 젊은이의 자립에 초점을 둔 젊은이 정책을 만드는 데 노력을 기울여 왔다. 그리고 이런 정책을 통해 젊은이가 부모로부터 독립해서 자신의 생활기반을 구축할 수 있도록 고용에서 교육·훈련, 가족형성, 주택, 사회보장 등 포괄적인 대책을 마련해 성인기로 순조롭게 이행하는 것을 돕고자 했다(宮本, 2012).

또한 유럽의 젊은이 정책에서는 적극적인 사회참여활동을 통해 사회를 이끌어 나가는 젊은이의 역할을 강조하고 있다. 유럽위원회에서 2001년에 발표한 「유럽 젊은이 백서European Commission White Paper: A New Impetus for European Youth」에는 이와 같은 젊은이 정책에 대한 이념이 잘 나타나 있는데, 젊은이가 공적 영역에 참여해 의견을 표명할 수 있는 기회를 제공하고, 젊은이 관련 이슈에 대한 사회적 인식을 높이며, 여러 부문별 정책에도 젊은이 관점을 포함시킬 것 등을 핵심 내용으로 담고 있다.

일본도 이러한 유럽 젊은이 정책의 영향을 받아 2000년대에 와서 젊은이에 대한 지원 정책을 마련했다. 2009년에 제정한 어린이·젊은이 육성지원 추진법子ども·若者育成支援推進法에서는 젊은이가 자립한 개인으로서 건강하게 성장해 다음 시대를 이끌어 나갈 수 있도록 국가와 지자체, 지역사회가 전폭적으로 지원할 것을 강조했다.

2010년에 제정한 어린이·젊은이 비전子ども·若者ビジョン에서는 젊은이를 육성의 대상이 아닌 사회를 구성하는 주체로서 존중하며, 젊은이가 적극적인 사회참여를 통해 사회의 능동적 형성자가 될 것을 강조했다. 또한 젊은이의 의견표명 기회를 확보하기 위해 정부관계 심의회와 간담회에 위원 공모제를 활용하고, 젊은이의 의견이 적극적으로 반영될 수 있도록 위원 구성을 배려하며, 인터넷

을 활용한 의견 공모를 추진하겠다는 내용도 제시했다.

그렇지만 일본 정부의 이러한 정책이 방향성을 제시한 것에 그칠 뿐 아직까지 큰 변화를 가져온 것은 아니다. 간사이関西 지역 경제인들의 모임인 간사이경제동우회에서는 일본이 저출산, 고령화를 극복하고 활력 있는 사회로 나아가기 위해서는 젊은이 정책을 국가 전략의 기둥으로 삼고 차세대 육성을 위한 펀드를 조성해야 한다고 제언하고 있다(関西経済同友会, 2017). 그만큼 젊은이 정책이 국가의 앞날을 좌우하는 중대한 문제라고 본 것이다.

그렇다면 어떤 식으로 젊은이를 지원해야 하는가? 젊은이의 자유와 자율성을 존중하면서 사회에 대한 책임과 의무를 감당할 수 있도록 하는 자립촉진정책이 필요하다. 이를 위해 원하는 고등교육의 기회를 얻고, 직업을 얻으며, 가정을 이루어 안정적인 생활 기반을 마련할 수 있도록 교육에서 직업 훈련, 취업, 주거, 가족 형성 등에 이르기까지 일련의 과정을 시야에 넣어 지원할 필요가 있다. 특히 부모의 경제력에 기댈 수 없기 때문에 자력으로 생계를 유지할 수 없는 젊은이가 안정적인 삶의 기반을 마련할 수 있도록 국가가 적극적으로 나서서 지원해야 한다.

이를 위해 젊은이에 대한 공적 사회지출의 규모를 지금보다 크게 늘릴 필요가 있다. 지원의 형태로 어떤 방식이 좋은지, 재원은 어떻게 마련할 것인지에 대해서는 사회적 논의를 통해 합의를 형성해 나갈 필요가 있다.

젊은이 사이의 격차가 커져서 계층의 고정화가 진행되는 것은 결혼에도 악영향을 미친다. 만남의 기회가 분단된 계층 안에 갇히기 때문이다. 앞에서도 확인한 바와 같이 비정규직과 같이 안정된 일자리를 갖지 못한 남성의 미혼율은 상당히 높다. 고학력의 전문직에 종사하는 여성의 미혼율도 높다. 이러한 젊은이 사이의 벽이 만남의 기회를 좁히고 고립을 확대시켜 결혼의 기회를 낮춘다. 따라서 이러한 벽을 없애고 누구나가 부모의 사회경제적 지위에 상관없이 스스로의 노력으로 꿈을 펼칠 수 있고, 가정을 형성할 수 있는 사회를 만들어야 한다. 부모의 사회경제적 지위가 자식에게 대물림되지 않도록 국가와 사회가 나서서 젊은이에 대해 과감한 지원을 할 필요가 있다.

여성의 관점에서 생각하라

또 하나의 중요한 원칙은 여성의 관점에서 생각한다는 것이다. 저출산 문제를 여성의 관점에서 생각한다는 것은 결혼과 출산, 육아가 여성에게 갖는 의미를 깊게 들여다본다는 뜻이다. 여성에게 결혼과 출산, 육아는 인생에 큰 변화를 초래하는 중요한 사건이다. 출산과 육아는 새로운 생명을 탄생시켜 사랑과 정성으로 소중히 길러 낸다는 의미도 있지만 동시에 인생 설계에 큰 변화를 초래하기도 하고 삶의 기회를 제약하기도 한다.

전통적 가족제도하에서 여성에게 결혼이란 대를 이을 자식을 낳아 기르는 것을 의미했다. 낳는 성으로서 여성에게 부과된 이 의무로부터 자유로운 여성은 없었다. 그렇지만 이제 여성이 성과 생식에 대해 스스로 결정할 수 있는 재생산권은 확고한 권리로 자리 잡았다. 아이를 낳을 것인지 말 것인지, 몇 명의 아이를 낳을 것인지, 원하지 않는 임신을 중단할 것인지를 결정하는 재생산의 자기결정권은 여성의 기본권으로 인정되고 있다. 재생산권은 1994년 카이로에서 열린 유엔세계인구개발회의에서 처음으로 명확히 제시되었고, 1995년 베이징에서 열린 유엔세계여성회의에서는 재생산권이 여성의 기본적 인권임을 확인했다. 이는 여성해방운동이 거둔 소중한 성과라고 할 것이다.

나아가 이제 여성은 자신의 직업적 능력으로 인정받는 세상에서 살고 있다. 고학력 여성의 노동시장 진출이 활발하게 일어나면서 그 능력을 인정받은 여성이 책임 있는 자리에서 중요한 업무를 수행하고 있다. 이제 많은 여성들은 자신의 인생을 아내로서, 엄마로서 보내는 것에만 만족하지 않고 전문적 능력을 갖춘 직업인으로 인정받고 싶어 한다. 만약 결혼, 출산, 육아가 삶의 기회를 제약한다면, 다시 말하면 결혼이나 출산, 육아로 인한 기회비용이 너무나 커진다면 여성들은 결혼을 하지 않거나 자녀 수를 줄이거나 아예 출산을 하지 않는 등의 다양한 선택을 할 것이다. 여성적 관점에서 저출산 문제를 본다는 것은 바로 결혼과 출산, 육아, 직업을 둘러싼 여성의 상황 변화를 종합적으로 고려한다는 것을 의미한다.

이러한 관점에서 볼 때 저출산 문제를 해결하기 위해서는 여성이 일과 가정을 양립할 수 있도록 지원하는 시스템을 마련하는 일이 무엇보다도 중요하다는 것을 알 수 있다. 임신에서부터 출산, 육아에 이르기까지 전 과정을 여성의 관점에서 지원하며, 근무시간, 근무형태, 임금체계, 휴직, 승진 등에 이르기까지 여성이 일과 가정을 양립할 수 있도록 유연하게 제도를 운영하는 것이 필요하다. 일본에서 여성의 경제활동참가율이 지속적으로 증가하고 있음에도 불구하고 합계출산율이 오르지 않고 있는 것은 바로 일과 가정을 양립할 수 있도록 지원하는 시스템이 제대로 작동하지 않고 있기 때문이다.

6장

중복지 국가의 문턱에서 멈춘
일본형 사회보장시스템

    인구위기를 겪고 있는 일본이 직면하고 있는 가장 시급한 과제는 매년 빠르게 증가하는 사회보장비용을 어떻게 감당할 것인가 하는 문제이다. 일본의 사회보장제도는 연금제도와 의료보험제도, 개호보험제도를 중심으로 운영되는데, 고령화가 빠르게 진행되면서 사회보장비용도 빠르게 증가하고 있다. 일본 정부는 세수만으로 사회보장비용을 감당하지 못해 30년 전부터 국채를 발행해 그 부족분을 메워 왔다. 고령화가 정점에 이르는 2040년까지 사회보장비용은 계속 증가할 것으로 예상된다.

    그렇다면 현재와 같이 재정적자에 의존하는 사회보장시스템은 언제까지 유지될 수 있을 것인가? 재정파탄까지 초래할 수 있는 이 문제를 일본 정부는 어떻게 해결할 수 있을 것인가? 이 장에서는 일본의 사회보장시스템이 안고 있는 근본적인 문제를 거시적인 차원에서 분석한다.

1. '저부담·중복지' 국가 일본

국제비교로 본 일본의 사회보장 규모와 국민부담 수준

전 세계 국가들의 사회보장 수준은 국가마다 다르다. 일찍부터 복지국가를 지향해 높은 수준의 사회보장제도를 갖추고 있는 국가가 있는가 하면 아직까지 제대로 된 사회보장제도를 갖추지 못한 국가도 많다. 일반적으로 국가 간 사회보장 수준을 비교하기 위해 많이 인용되는 것이 OECD의 사회지출Social Expenditure 데이터이다. 사회지출은 정부와 사회보장기금이 자금을 관리하는 소득재분배 기능을 갖는 공적 지출을 말한다. 사회지출에 대해서는 이미 5장에서 살펴본 바가 있는데, 저출산 정책과 관련해 사회지출의 한 정책영역으로서 가족 관련 공적 지출에 대해 살펴보았다.

[그림 6-1]은 2017년 OECD 국가의 사회지출 규모를 GDP 대비 비율로 나타낸 것이다. 여기에서는 그 비율이 높은 국가에서 낮은 국가의 순으로 배열했는데, OECD 회원국 내에서도 그 차이가 매우 크다는 것을 한눈에 알 수 있다. 사회지출 규모가 가장 큰 나라는 프랑스이고, 그 뒤를 핀란드, 덴마크, 벨기에, 이탈리아, 오스트리아, 스웨덴 등의 유럽 국가들이 잇고 있다. 반면 사회지출 규모의 비율이 낮은 나라로는 멕시코, 한국, 칠레, 터키 등이 있다. 한국이 멕시코에 이어 두 번째로 사회지출 규모가 작은 국가라는 점도 눈에 띄는데, 이는 아직까지 복지국가를 향해 갈 길이 멀다는 사실을 확인시켜 준다고 하겠다.

일본의 사회지출 규모는 GDP 대비 22.3%로 OECD 평균인 19.9%보다 약간 높다. 35개 국가 중 일본의 순위는 13위로 중간보다 앞에 있다. 2003년에만 해도 일본은 OECD 30개 국가 중 23위로 순위가 낮았지만 매년 순위가 상승해 중간보다 앞서 있다.

다만 사회지출 규모를 비교할 때는 고령화의 정도도 함께 고려할 필요가 있다. 일반적으로 사회지출에서 높은 비중을 차지하는 것이 연금과 의료보험 등 고령자와 관련된 지출이기 때문에 고령화가 진행될수록 사회지출 규모도 커지는 경향이 있다. 특히 일본은 전체 사회보장비용 중에서 고령자 관련 사회보장비용의 비중이 크기 때문에 일본의 순위 상승에는 고령화에 따른 사회지출 규모의 확대가 중요한 요인이 되고 있다.

참고로 2015년 기준으로 각국의 고령자 비율은 일본 26.6%, 이탈리아 22.4%, 독일 21.2%, 스웨덴 19.9%, 프랑스 19.1%, 스페인 18.8%, 영국 17.8%, 미국 14.8%, 한국 13.1%이다.

그렇다면 이번에는 각 국가의 국민들이 세금이나 사회보험료를 어느 정도로 부담하고 있는지를 살펴보자. 국민소득에서 차지하는 조세 부담액과 사회보장 부담액을 합한 금액의 비율을 국민부담률이라고 한다. 국민부담률은 공적인 부담의 정도를 국제 비교할 때 널리 쓰이는 지표이다.

[그림 6-2]는 2017년 OECD 34개 국가의 국민부담률을 사회보장 부담률과 조세 부담률로 나누어 제시했다. 아이슬란드는 데이터 부족으로 국민소득을 산출하기 어려워 제외되었다. 이를 보면

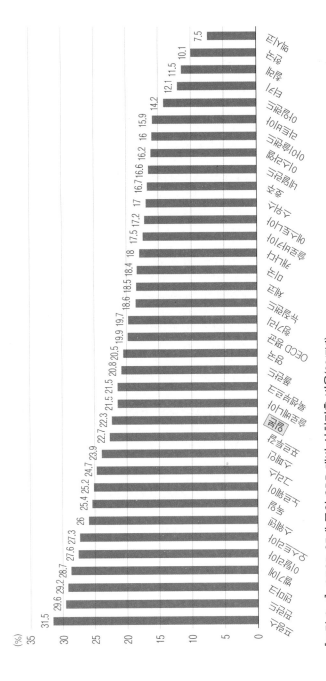

[그림 6-1] OECD 35개 국의 GDP 대비 사회지출 비율(2017년)

자료: OECD 홈페이지(OECD Stat)의 Social Expenditure-Aggregated data를 이용해 작성.

유럽 선진국의 국민부담률이 상당히 높다. 1위인 룩셈부르크는 93.7%로 극단적으로 높고, 2위인 프랑스도 68.2%로 매우 높다. 반면 일본의 국민부담률은 43.3%로 국가 순위로는 27위이다. 한국은 일본보다 더 낮은 29위이며, 미국은 한국보다 더 낮다.

[그림 6-1]과 [그림 6-2]를 같이 놓고 보면 나라마다 조금씩 차이가 있지만 많은 국가에서 사회지출 규모와 국민부담 수준이 균형을 이루고 있다. 프랑스, 핀란드, 덴마크, 벨기에 등에서는 사회지출 규모가 큰 만큼 국민부담률도 크다. 반면 터키, 칠레, 한국, 멕시코 등은 사회지출 규모가 작은 만큼 국민부담률도 작다.

그런데 이 둘의 관계에서 일본은 매우 특이하다. 사회지출 규모와 국민부담률 사이의 불균형이 매우 크기 때문이다. 일본의 사회지출 규모는 중간보다 앞선 수준인 반면 국민부담률은 낮은 편에 속한다. 특히 사회지출 규모가 커지면서 OECD 국가 내에서 순위가 올라가는 반면 국민부담률은 여전히 낮은 순위에 머물러 있다는 점이 매우 특기할 만하다.

30년 동안 제자리에 있는 일본의 국민부담률

그렇다면 왜 이렇게 일본은 사회지출 규모와 국민부담률 사이의 괴리가 큰 것일까? [그림 6-3]은 앞에서 살펴보았던 사회지출 규모와 국민부담률의 연관성을 살펴본 것이다. 이를 보면 나라마다 정도의 차이는 있지만 대체로 사회지출 규모와 국민부담 수준이 균형을 이루고 있음을 알 수 있다. 사회지출 규모가 커지면 그

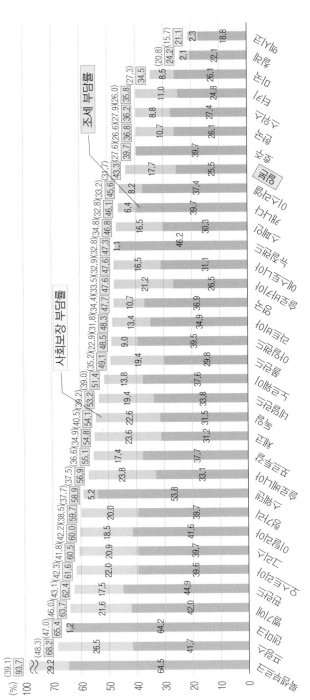

[그림 6-2] OECD 34개국의 국민부담률(2017년)

주: 일본은 내각부의 「국민경제계산(国民経済計算)」, 다른 나라는 OECD의 National Accounts와 Revenue Statistics.
( ) 안의 숫자는 GDP 대비 국민부담률.
뉴질랜드, 호주, 스위스, 터키는 2016년, 칠레는 2015년.
출처: 재무성(2020), 『일본의 재정관계자료(日本の財政関係資料)』 10쪽.

만큼 국민부담률도 높아지는 것이다.

가장 오른쪽 위에 있는 프랑스, 덴마크, 핀란드를 비롯해 오스트리아, 이탈리아, 벨기에 등은 고부담·고복지 국가라고 부를 수 있다. 반면 왼쪽 아래에 있는 한국은 저부담·저복지 국가이다. 일본도 1990년까지만 해도 한국과 비슷한 수준의 저부담·저복지 국가였다. 그림에서는 제시하지 않았지만 멕시코, 칠레, 터키 등도 사회지출 규모가 적은 만큼 국민부담률도 낮은 저부담·저복지 국가에 속한다.

일본에 대해서는 4개 연도의 자료를 제시해 사회지출 규모와 국민부담률이 어떻게 변해 왔는지도 알 수 있다. 이를 보면 1955년에만 해도 일본은 저부담·저복지 국가였는데 점차 그 수준이 높아져 1990년까지는 사회지출 규모도 커지고 국민부담률도 증가해 왔다. 그렇지만 2015년에는 국민부담률이 거의 변하지 않았는데 사회지출 규모는 크게 증가했다. 이 시기는 고령자 비율이 크게 증가해 초고령사회로 접어든 시기였는데, 고령화로 인해 연금 수급자가 증가하고 고령자의 의료비용이나 요양·간병비용 등이 증가하면서 사회지출 규모가 커졌다.

그런데 이 기간에 일본 정부는 증세 등의 조치를 통해 국민부담률을 과감하게 높이는 정책을 실시하지 않았다. 만약 이 시기에 과감하게 증세 조치를 취했다면 재정적자는 현재와 같이 심각한 상태로 진행되지 않았을 것이다. 일본 정부가 증세 대신 국채발행이라는 손쉬운 수단을 선택하면서 7장의 [그림 7-1]에서 보듯이

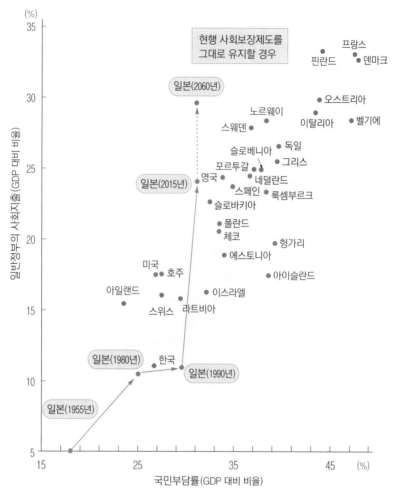

(%)

35

현행 사회보장제도를
그대로 유지할 경우

프랑스
핀란드 ● 덴마크

30

일본(2060년)

오스트리아

노르웨이
스웨덴

이탈리아 ● 벨기에

25

슬로베니아 독일
포르투갈 ● 그리스
일본(2015년)
영국 네덜란드
스페인 룩셈부르크
슬로바키아

20

폴란드
체코
헝가리
에스토니아

미국
호주
아이슬란드

아일랜드
이스라엘

15

스위스 라트비아

일본(1980년) 한국
10
일본(1990년)

일본(1955년)

5
15   25   35   45   (%)

국민부담률(GDP 대비 비율)

[그림 6-3] OECD 국가의 사회지출과 국민부담률의 관계

주: 국민부담률과 사회지출 자료는 일본은 내각부의 「국민경제계산」, 다른 나라는 OECD
   의 National Accounts와 Revenue Statistics.
   아이슬란드, 호주는 2014년 실적이고 나머지 국가는 2015년 실적임. 일본은 연도 표
   시함.
   일본의 2060년은 재정제도심의회(財政制度等審議会)의 「일본 재정에 관한 장기추계(我
   が国の財政に関する長期推計」에 의거.

출처: 재무성(2020), 『일본의 재정관계자료(日本の財政関係資料)』 9쪽.

1990년대 중반부터 국채발행액이 빠르게 증가해 나갔다. 이는 현 세대가 마땅히 부담해야 할 비용을 부담하지 않고 다음 세대로 떠넘기는 무책임한 행위라고 할 수 있는데, 이러한 선택을 무려 30년간이나 지속해 왔다는 점에서 앞으로도 문제 해결이 쉽지 않다고 하겠다.

한편 [그림 6-3]에서는 현행 사회보장제도의 틀이 그대로 유지된다는 가정하에서 2060년의 예측치도 제시했다. 재무성에서 이 예측치를 제시한 의도는 사회보장제도에 대한 과감한 개혁 조치 없이 현행 상태가 그대로 유지된다면 사회지출 규모가 빠르게 증가해 국가재정이 파탄에 처할 수 있음을 경고하기 위한 것이었다.

2060년에 일본의 사회지출 규모는 GDP 대비 30% 정도가 되기 때문에 국민부담률도 오스트리아나 이탈리아 수준으로 높아질 필요가 있다. GDP 대비 비율로는 45% 정도로 현재 수준과 비교할 때 엄청난 부담 증가이다. 30년 가까이 국민부담률을 높이지 못한 일본에서 이처럼 파격적으로 그 비율을 올리는 것은 사실상 불가능에 가깝다고 하겠다.

재무성에서는 이 그림에 대한 설명에서 급여와 부담의 균형을 회복하기 위한 개혁 방안으로 세 가지를 제시한다. 첫째, GDP의 성장률을 높이는 것이다. 둘째, 사회지출의 증가를 억제하는 것이다. 셋째, 국민부담률을 높이는 것이다. 이 세 가지 해법 모두 지금 일본 상황에서는 실현하기 힘든 것이다. 과연 어떤 개혁 방안이 가능한지 지켜볼 필요가 있다.

2. 고령자에 편중된 일본의 사회보장제도

매년 2조 엔 이상 규모로 증가해 온 사회보장비용

그렇다면 이번에는 일본의 사회보장제도에 초점을 두어 그 특징을 좀 더 구체적으로 파악해 보자.

고령화가 빠르게 진행되면서 사회보장비용은 매년 큰 폭으로 증가해 왔다. 일본의 사회보장비용이 어느 정도로 증가해 왔는지 사회보장급여비의 추이를 통해 알 수 있는데, 사회보장급여비란 공적인 사회보장제도를 통해 1년간 국민에게 지급되는 금전 또는 서비스의 합계액이다. 이는 ILO^{국제노동기구}의 기준에 따른 것으로 국가 전체의 사회보장 규모를 나타내는 지표로 사용된다. 앞에서 살펴본 OECD의 사회지출과 비슷하지만 OECD의 사회지출에서는 포함하고 있는 시설 정비비 등 개인에게 직접 이전되지 않는 비용이 제외되기 때문에 그 범위가 좀 더 좁다고 보면 된다.

국립사회보장·인구문제연구소에서 매년 발표하는「사회보장비용통계_{社会保障費用統計}」를 보면 사회보장급여비 총액이 매우 빠르게 증가하는 것을 볼 수 있다. 1970년까지만 해도 급여 총액은 3.5조 엔으로 국민소득의 5.8%에 불과했지만 이후 가파르게 상승해서 1990년에는 47.4조 엔으로 국민소득의 13.7%를 차지하게 되었다. 그리고 2021년(예산 기준)에는 129.6조 엔으로 국민소득의 32.9%를 차지하고 있다. 1970년부터 2020년까지 10년 간격으로 증가액의 평균치를 계산하면 매년 2조 엔 이상 규모로 사회보장급여비가 증가해 왔음을 알 수 있다.

이를 내역별로 살펴보면, 연금과 의료비를 합한 사회보장급여비의 비율이 전체의 4분의 3을 차지할 정도로 이 두 개 사회보장비용의 비중이 크다. 그리고 고령자를 대상으로 한 개호보험의 비중도 크다.

그렇다면 향후 일본의 사회보장비용은 어떻게 될 것인가? 일본 정부가 2018년에 발표한 「2040년 사회보장 장래전망2040年を見据えた 社会保障の将来見通し」에 따르면, 2040년 사회보장급여비는 최대 190조 엔이 될 전망인데, 이는 2018년 121.3조 엔의 1.6배가 된다. 2018년을 기준으로 2040년의 전망 금액을 보면, 연금은 약 1.3배인 73.2조 엔, 의료비는 약 1.7배인 66.7조 엔, 개호비는 약 2.4배인 25.8조 엔, 기타 사회복지 비용은 약 1.5배인 22.5조 엔이 될 것으로 예상된다. 이처럼 지속적으로 증가하는 사회보장비용을 어떻게 감당할 것인가가 일본이 직면한 매우 시급하고도 중요한 과제이다.

사회보장비용의 2/3가 고령자 관련 비용

이처럼 사회보장급여비 중에서도 고령자와 관련된 급여가 빠르게 증가하는 것을 알 수 있다. 이를 좀 더 명확하게 '고령자 관련 급여비'라는 명목으로 한정해서 파악할 수도 있다. 고령자 관련 급여비란 연금보험 급여비, 고령자 의료 급여비, 노인복지서비스 급여비, 고령자의 고용 계속을 위한 급여비를 말한다. 일본 정부에서는 1973년부터 고령자 관련 급여비를 집계해 발표하고 있다.

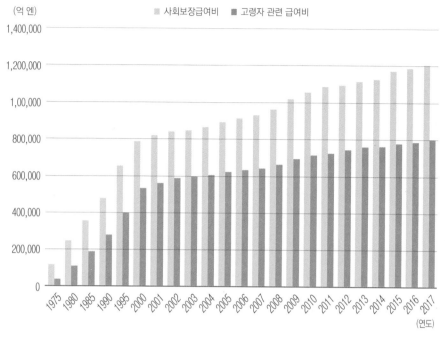

(억 엔)   ■ 사회보장급여비   ■ 고령자 관련 급여비

[그림 6-4] **사회보장급여비에서 차지하는 고령자 관련 급여비의 추이**

주: 원 자료는 국립사회보장·인구문제연구소의 「2017년도 사회보장비용통계(2017年度社会保障費用統計)」.

출처: 내각부(2020), 『고령사회백서』 14쪽.

[그림 6-4]를 보면 사회보장급여비가 꾸준히 증가하는 가운데 고령자 관련 급여비의 비중이 매우 크고 지속적으로 상승하는 것을 확인할 수 있다. 고령자 관련 급여비는 1975년에만 해도 3조 8754억 엔이었으나 1990년에 27조 9262억 엔으로 증가했고, 2017년에는 79조 7396억 엔으로 증가했다. 연도에 따라 다소 차이는 있지만 1975년부터 2017년까지 전년도 대비 증가액을 보면 일반적으로 매년 1조 5000억 엔 이상 규모로 증가해 왔다.

이와 더불어 전체 사회보장급여비에서 차지하는 고령자 관련 급여비의 비중도 지속적으로 상승하고 있다. 그 비율은 1975년에만 해도 32.8%에 지나지 않았으나 이후 빠르게 증가해 1990년에 58.9%를 차지했고, 2000년에는 67.9%를 나타냈다. 2017년에는 그 비율이 약간 감소해서 66.3%가 되었다.

이처럼 사회보장비용 중에서 고령자 관련 급여비의 비중이 높은 것은 일본 사회보장제도의 특징이다. 이에 대해서는 저출산 문제의 해결책을 다룬 5장에서도 언급한 바가 있는데, 일본의 가족 관련 사회지출 규모가 유럽 선진국의 절반 수준에 못 미치며, 이 점이 바로 일본이 저출산 문제를 개선하지 못하는 하나의 요인임을 지적했다.

그렇다면 사회보장비용 중에서 고령자의 비중이 큰 것이 일본만의 특징인지 아닌지를 좀 더 구체적으로 살펴보기로 하자. [그림 6-5]는 OECD 사회지출 2015년 자료를 이용해 일본을 포함한 7개국의 사회지출 내역을 정책 분야별로 제시한 것이다. 정책 분야의 구체적인 내용은 5장 각주 3에서 제시한 것과 같다.

먼저 사회지출의 GDP 대비 비율을 보면, 그 비율이 가장 큰 나라는 프랑스이고, 그다음이 스웨덴, 독일, 일본, 영국, 미국, 한국 순으로 이어진다. GDP 대비 사회지출 규모 면에서 일본은 프랑스, 스웨덴, 독일보다는 작지만 영국과 비슷한 수준이다. 또한 미국보다는 크며, 한국보다는 두 배 정도 크다. 이는 이미 [그림 6-1]에서도 확인한 바 있다.

(%) ■ 고령 ■ 유족 ■ 장애·산재 ■ 보건 ■ 가족 ■ 노동시장정책 ■ 실업 ■ 주거 ■ 기타

[그림 6-5] 정책 분야별 사회지출의 국제 비교(2015년)

주: 비율이 1% 이하인 경우는 수치를 생략.

출처: OECD 홈페이지(OECD.Stat)의 Social Expenditure-Aggregated data를 이용해 작성.

여기서 확인하고 싶은 것은 나라마다 정책 분야별로 사회지출 규모가 다르다는 점이다. 그림에서는 각 정책 분야별 GDP 대비 비율도 숫자로 제시했다. 7개국 모두에서 가장 비중이 큰 분야는 고령과 보건 두 분야이다.

고령 분야를 보면 프랑스가 12.6%로 가장 높고, 그다음으로 일본이 10.0%이며, 이후 스웨덴 9.0%, 독일 8.3%의 순으로 이어진다. 이처럼 고령 분야에서는 일본의 비율이 높다. 또한 보건 분야의 경우 프랑스가 8.8%로 가장 높고, 그다음이 미국 8.4%, 독일 8.1%, 영국 7.8%, 일본 7.7%의 순으로 이어진다.

이처럼 고령과 보건 두 분야만을 고려할 때 일본은 유럽의 선진국에 비해 크게 뒤처지지 않는 수준이라고 할 수 있다. 대다수 국가에서 고령화와 더불어 전체 국민의료비에서 차지하는 고령자 의료비는 커지고 있는 상황이다. 이런 점을 고려할 때 고령자와 관련된 사회지출에서 일본이 유럽의 선진국과 비슷한 수준에 도달해 있다고 볼 수 있다.

이와는 대조적으로 유럽의 선진국과 일본의 차이가 큰 분야는 바로 현역 세대를 대상으로 한 분야이다. 여기에서는 현역 세대를 대상으로 한 사회지출로 장애·산재, 가족, 적극적 노동시장 정책, 실업, 주거 분야를 합해 그 비율을 산출했다. 이런 기준으로 현역 세대를 위한 사회지출의 GDP 대비 비율을 보면 스웨덴이 9.5%, 프랑스 7.9%, 영국 7.1%, 독일 6.4%, 일본 2.9%, 미국 2.3%, 한국 2.3%이다. 이 수치가 나타내듯이 일본과 유럽 여러 나라의 차이가 매우 크다. 스웨덴, 프랑스, 영국, 독일 등에서는 고령자에 편중되지 않고 현역 세대를 위한 사회지출도 중시하고 있다. 이런 점에서 일본과 한국이 복지국가의 수준을 높이고자 한다면 유럽 수준으로 현역 세대에 대한 복지지출을 늘릴 필요가 있다.

'고령자 복지'에서 멈춘 사회보장시스템

이처럼 일본이 고령자 중심의 사회보장제도를 갖게 된 것을 이해하기 위해서는 일본에서 사회보장제도의 큰 틀이 만들어지고 운영되어 온 역사적 과정을 이해할 필요가 있다. 일본 정부는 1950년대에 연금제도와 의료보험제도를 중심으로 하는 사회보장제도를 설계해 1961년에 모든 국민이 연금과 의료보험에 가입하는 국민개연금·국민개보험国民皆年金·国民皆保険 시대를 열었다. 이후 고도성장기를 거치면서 경제성장의 성과를 사회보장의 충실화로 국민에게 환원하는 정책을 추진하면서 연금과 의료보험의 급여 수준을 높이는 데 중점을 두었다.

또한 1973년에는 고령자 의료비 무료화 조치를 실시해 고령자의 자기부담금 전액을 공비로 지급했다. 고령자 의료비 무료화 조치는 고령자의 과잉 진료와 과잉 입원, 건강보험의 재정 악화라는 문제를 낳았고, 1982년에 노인보건법이 제정되면서 고령자도 의료비의 일부를 부담하도록 바뀌었다. 그렇지만 지금도 여전히 고령자는 현역 세대에 비해 의료비 부담에서 큰 혜택을 받고 있다.

일본 정부는 1989년에는 고령화에 대응해 고령자 보건복지 추진 10개년 전략(골드플랜)을 책정해 고령자의 요양서비스 기반을 정비해 나갔다. 1997년에는 고령자의 요양·간병문제를 사회적 차원에서 감당하기 위해 개호보험법을 제정했고 2000년부터 시행했다.

이처럼 일본 정부가 고령자 중심으로 사회보장제도를 설계하고 운영할 수 있었던 것은 당시 고도경제성장이 이어졌던 사회경제적 상황도 그 배경에 있다. 고도성장기에 남성은 학교 졸업과 더불어 정규직으로 취직해 정년까지 근무할 수 있었다. 경제성장으로 임금은 매년 상승하고 승진의 기회도 많았다. 기업은 복리후생을 충실히 해서 노동자의 기업에 대한 소속감을 높이고 충성심을 이끌어 내고자 했다. 고도성장이 절정에 달한 1970년대 말에는 자신의 생활 정도가 '중'이라고 생각하는 사람의 비율이 약 90%에 이른다는 여론조사 결과가 여기저기서 발표되면서 '일억 총중류사회'라는 말도 유행했다. 이런 상황에서 일본 정부는 기업의 울타리 바깥에 있었던 고령자의 사회보장에 역점을 둘 수 있었던 것이다.

그렇지만 1990년대 말 일본 경제가 장기간의 침체에 빠지면서 상황은 크게 바뀌었고, 여기에 더해 세계화가 급속히 진행되면서 고용시장의 불안정성은 더욱 커졌다. 수익성이 악화된 기업에서는 구조 조정을 단행하고, 신규 채용 규모를 크게 줄였으며, 비정규직 노동자를 늘려 나갔다. 이에 따라 젊은이들은 비정규직으로 내몰릴 수밖에 없었고, 열악한 고용 상황에 처한 노동자가 증가했다.

비정규직 노동자의 임금 수준은 정규직의 절반 정도로 이들 대다수는 열심히 일해도 안정적인 생활을 유지할 수 없는 저임금 노동자이다. 이들은 경기변동에 따라 가장 먼저 정리해고되는 위험에 노출되어 있다. 또한 사회보장제도로부터 배제되어 있어 해고되면 곧바로 생계에 위협을 받는 빈곤층으로 전락하기도 한다. 2000년대에는 고용시장이 더욱 악화되면서 일을 해도 안정적인 생활을 유지할 수 없는 워킹푸어나 갈 곳이 없어 PC방을 전전하는 넷트카페 난민의 문제가 부각되었다.

이런 상황에서 일본 정부는 사회보장제도의 큰 틀을 바꾸고 현역 세대를 위한 사회보장에 나서야 했다. 젊은이들에게 충실한 직업훈련의 기회를 제공해 안정적인 일자리를 얻을 수 있도록 지원하고, 저임금 노동자의 생활을 뒷받침할 수 있는 지원 조치를 통해 격차문제를 완화했어야 했다. 또한 보육서비스 지원 등을 통해 일하고자 하는 여성을 지원하고, 빈곤층을 위한 구제 조치에 적극적으로 나섰어야 했다.

그렇지만 이러한 개혁 조치는 이루어지지 않았고 기존의 사회보장제도가 그대로 유지되었다. 7장에서 살펴보듯이 일본 정부가 증세를 통해 국민부담률을 높이지 못하면서 현역 세대를 위한 사회보장의 충실화는 실현되지 못했다. 이런 점에서 복지 수준을 높여 모든 국민이 안심하고 행복하게 살 수 있는 사회를 실현하고자 했던 일본의 국가 목표는 중복지 국가의 문턱에서 좌절했다고 할 수 있다. 현재 일본은 엄청난 재정적자로 고도성장기에 확립된 고령자 중심의 사회보장제도를 유지하는 것도 힘든 상황이다. 현행 제도를 유지하는 것만으로도 엄청난 재정적자를 발생시킬 수밖에 없기 때문에 향후 현역 세대를 위한 사회보장지출을 늘리는 것은 사실상 불가능하다고 하겠다.

참고로 [그림 6-5]에서 확인했듯이 한국은 아직까지 사회지출의 전체적인 규모가 작지만 의료 분야의 비중이 가장 크고 그다음으로 고령 분야의 비중이 크다. 이 두 분야만으로 전체의 2/3를 차지한다. 향후 급속한 고령화와 더불어 이 두 분야는 더욱 커질 것으로 예상된다. 그렇지만 복지국가로 한 단계 앞으로 나아가기 위해서는 고령자와 관련된 분야 이외에 현역 세대를 위한 지출을 적극적으로 늘려 나가는 것이 필요하다. 이는 고령자 사회보장에만 중점을 두다가 부담문제를 해결하지 못하고 좌절한 일본의 사례가 한국에 주는 시사점이라고 할 것이다.

3. 공비부담 비중이 높은 일본의 사회보장제도

매년 빠르게 증가하는 공비부담 의존도

사회보장제도의 주요 재원은 사회보험료와 세금이다. [그림 6-2]에서 보는 바와 같이 OECD 회원국들은 사회보험료와 세금을 적절하게 배분하여 사회보장제도를 운영하고 있는데, 대다수 국가에서 사회보험 부담보다 조세 부담의 비중이 크다. 그중에서도 조세 부담의 비중이 압도적으로 큰 나라는 덴마크, 스웨덴, 뉴질랜드, 호주 등이 있다. 반면 일본은 조세 부담의 비중이 상대적으로 작은 나라이다.

사회보험은 보험료 부담을 통해 수급권이 보장되는 매우 권리성이 강한 제도이다. 따라서 보험료를 내지 않은 사람에게는 수급 자격이 주어지지 않는 배제의 원리가 작동한다. 반면 세금은 보편주의적 성격을 가지고 있어서 세금을 납부했거나 납부하지 않았거나에 상관없이 그 혜택이 제공된다.

그런데 일본의 주요 사회보장제도는 사회보험방식을 취하면서도 정부와 지자체의 공비부담 비중이 매우 높다는 특징이 있다. 공비부담은 국가나 지자체가 세금으로 징수한 돈에서 부담하는 것이다. 2020년 사회보장급여비를 부담의 측면에서 보면 보험료가 59.4%이고 공비가 40.6%를 나타낸다. 1990년에만 해도 전체 사회보장급여비에서 공비부담금이 차지하는 비율은 24.8%였지만 이후 증가하기 시작해 2010년에는 37.2%, 2018년에는 38.0%로 계속해서 증가했다.

이처럼 공비부담 비중이 큰 것은 일본 사회보장제도의 설계상 특징에 기인한다. 연금은 여러 차례의 제도 개정을 거쳐 현재 기초연금의 1/2을 국가가 부담하고 있다. 일본 정부는 1986년에 기초연금제도를 도입해 기초연금의 1/3을 국고부담으로 했고, 2009년에는 국고부담의 비율을 1/2로 올렸다. 의료보험은 국민의료비의 약 40% 가까이를 공비부담으로 충당한다. 개호보험은 2000년에 제도가 시행될 당시부터 공비부담 비율을 50%로 설정했다. 따라서 고령화가 진행될수록 공비부담 비율과 그 금액은 빠르게 늘어날 수밖에 없는 구조이다.

그렇다면 국가와 지자체의 부담은 어느 정도로 늘어나고 있는가? [그림 6-6]은 모든 분야의 급여를 포함한 사회보장급여비의 추이를 보험료와 공비로 나누어 살펴본 것이다. 보험료는 개인 부담과 사업주 부담으로 구분하여 제시했다.

이를 보면 1985년까지는 피보험자의 보험료 부담액과 사업주의 보험료 부담액, 공비부담액이 거의 비슷한 수준을 유지해 오다가 1990년대에 와서 사업주 부담액이 가장 많이 상승하고 그다음으로 피보험자 부담액이 상승한 반면 공비부담액은 상대적으로 덜

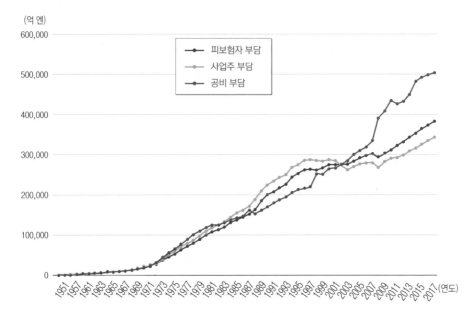

(억 엔)

[그림 6-6] 사회보장급여비의 보험료 부담과 공비부담의 추이

출처: 국립사회보장·인구문제연구소 홈페이지의 「제14표 사회보장재원의 항목별 추이」를
이용해 작성.

오른 것을 알 수 있다. 그렇지만 2005년을 기점으로 공비부담액이
매우 가파르게 상승하고 있다. 이는 2005년부터 기초연금의 국고
부담 비율을 단계적으로 인상하기로 했기 때문이다. 이처럼 공비
부담액이 빠르게 증가하면서 공비부담의 비중도 커지고 있다.

과도한 공비부담이 초래하는 문제점

이처럼 사회보험제도를 근간으로 하면서도 보험료 이외에 공비
부담의 비중이 높은 일본의 사회보장시스템은 다음과 같은 문제점
을 안고 있다.

첫째, 제도의 지속성이라는 측면에서 문제가 있다. 세금으로 지급되는 공비는 세수의 영향을 그대로 받는다. 경제가 성장해서 세수가 증가하는 동안에는 문제가 없지만 저성장으로 세수가 감소하면 공비부담은 국가의 재정을 압박하게 된다. 여기에 더해 고령화로 인해 사회보장비용이 빠르게 증가하면 공비부담액도 함께 증가해 안정적인 재원을 마련하는 일이 더욱 시급해진다.

둘째, 제도의 공평성이라는 측면에서도 문제를 제기할 수 있다. 부담의 유무에 관계없이 국민 모두에게 급여가 보장되는 세금방식과는 달리 사회보험방식에서는 보험료 부담 없이는 급여를 받을 수 없다는 배제의 원리가 작동한다. 따라서 보험료를 납부하지 않은 사람은 처음부터 수급대상에서 배제된다. 기초연금의 2분의 1은 국가가 세금을 사용해 부담하지만 연금을 납부하지 않은 사람은 기초연금을 한 푼도 받지 못한다.

그런데 보험료를 납부하지 못한 사람 중에는 납부 능력이 없어 미납한 사람이 많다. 2년 동안 보험료를 납부하지 않은 국민연금 미납자는 2019년에 125만 명에 달한다. 여기에 더해 실업이나 수입 감소로 인한 경제적 어려움으로 납부 유예나 면제를 신청한 사람은 403만 명이나 된다. 또한 국민건강보험 미납 세대는 2019년에 245만 세대로 전체 가입 가구의 14%에 달한다.

이처럼 정작 국가의 도움이 필요한 사회적 약자들은 사회보험제도의 사각지대에 있다. 국가가 재정적자를 감수하면서까지 막대한 재정을 투입하고 있지만 정말로 도움이 필요한 사람은 국가의 도움을 받지 못하는 모순적인 상황이 벌어지고 있다.

셋째, 제도의 효율성이라는 측면에서도 문제가 있다. 사회보장제도에 투입되는 공비는 가입자의 소득 수준을 고려하지 않고 일률적으로 지급되기 때문에 소득재분배 기능을 제대로 수행하지 못하고 있다. 공비부담은 기초연금에서 여유 있는 층을 지원하는 데도 사용되며, 의료비나 개호비용에서도 역시 마찬가지로 여유 있는 층을 지원하는 데도 사용된다. 이는 비효율적인 소득재분배 정책의 전형적인 예라고 할 수 있다. 이런 점에서 국가가 부담하는 공비는 꼭 지원이 필요한 저소득층에게 혜택이 돌아가도록 제도의 효율성을 높일 필요가 있다.

4. 국민부담 대신 국고부담을 늘려 온 연금제도

앞에서 살펴본 것처럼 일본의 사회보장제도가 사회보험방식을 취하면서도 공비부담 비중이 큰 특징을 갖게 된 것은 사회보장제도의 역사적 경로에 의존하는 측면이 크다. 다시 말하면 일본에서 사회보장제도가 도입되고 전 국민이 가입하는 공적인 제도로 출발하기까지의 역사적 상황이 이후의 사회보장제도의 방향을 결정했다고 할 수 있다.

이하 4절과 5절에서는 일본 사회보장제도의 중요한 축을 형성하고 있는 연금제도와 의료보험제도의 고찰을 통해 사회보장제도의 일본적 특징이 어떻게 형성되었는지를 살펴보기로 하자. 제도 도입에서부터 여러 차례의 개정을 거쳐 현재에 이르기까지 역사적 변천 과정을 사회보장 재원의 측면에 주목해서 살펴본다.

연금제도의 체계

일본에서 연금제도는 전시체제하에서 노동력을 확보하고 생산력을 증강하기 위한 목적에서 탄생했다.[1] 1939년에 일본 정부는 물자의 해상수송을 담당하는 선원을 확보하기 위해 연금보험과 의료보험을 겸한 종합보험제도로서 선원보험제도를 만들었다. 본격적인 전쟁수행체제로 들어가면서 국방상의 관점에서 선원의 확보가 긴급한 과제였기 때문이다.

1941년에는 10인 이상 규모의 공업, 광업, 운수업 사업소에서 일하는 남자 노동자를 대상으로 하는 노동자연금보험법을 제정했다. 이때 갱내부坑內夫에 대해서는 전시가산제도戰時加算制度를 두어 우대했다. 1944년에는 그 명칭을 후생연금보험으로 바꾸고, 가입 대상을 여자와 사무직 노동자로 확대하고, 적용 사업소도 5인 이상 규모의 사업소로 확대했다. 후생연금은 보험료 납부를 통해 전시자금 확보에 도움을 주는 강제 저축의 의미도 있었다.

이러한 제도를 토대로 전후에 와서 전 국민이 가입하는 연금제

1　연금제도의 역사적 변천 과정에 대해서는 2011년과 2012년, 2021년에 발행된 『후생노동백서(厚生労働白書)』와 후생노동성 홈페이지의 [연금(年金)] 관련 자료를 참고했으며, 다다 히데노리(田多英範)의 『일본 사회보장제도 성립사론(日本社会保障制度成立史論)』(2009) 등을 참고했다.

도가 탄생했다. 1950년대 당시 연금제도에 가입한 사람은 전체 취업 인구의 1/3 정도였고, 피고용자 인구의 70%에 지나지 않았다. 따라서 일본 정부는 1959년에 국민연금법을 제정해 후생연금에 가입하지 못하는 농어민, 자영업자, 영세기업의 피고용자를 대상으로 한 국민연금제도를 성립시켰고, 1961년부터 시행되면서 전 국민이 연금에 가입하는 국민개연금 시대가 시작되었다.

이러한 역사적 경위로 인해 피고용자와 자영업자 간에는 연금제도에 큰 차이가 있다. 자영업자로 대표되는 제1호 피보험자는 국민연금 가입자인데, 2019년 기준으로 1453만 명이 있다. 이들은 소득 포착이 어렵다는 이유로 정액定額 보험료로 월 약 1.7만 엔을 납부하고, 납부기간에 비례해 급여비를 받는다(만액의 경우 월 약 6.5만 엔). 국민연금제도가 발족했을 당시에 국민연금 가입자는 농민과 자영업자가 다수였는데, 시대 변화와 더불어 현재는 퇴직자와 파트타임 노동자가 다수를 차지하고 있다.

제2호 피보험자라고 불리는 피고용자(민간기업 회사원과 공무원)는 같은 해 기준으로 4488만 명이 있으며 이들은 후생연금에 가입한다. 이들은 소득을 기준으로 보험료를 납부(표준보수액의 18.3%를 노사가 절반씩 부담)하는데, 크게 정액과 보수비례 부분으로 나누어 납부 기간과 납부 금액에 따라 연금을 지급받는다. 이 중에서 정액 부분이 전 국민이 공통으로 납부하는 기초연금에 해당된다. 따라서 피고용자에게는 기초연금과 후생연금이 있는 반면, 제1호 피보험자인 자영업자 등에게는 기초연금만이 있다.

제3호 피보험자는 같은 해 기준으로 820만 명이 있는데, 제2호 피보험자의 피부양 배우자가 해당된다. 이들은 기초연금을 따로 납부하지 않으면서 본인의 기초연금(만액의 경우 월 약 6.5만 엔)을 받는다. 이들의 보험료는 제2호 피보험자 전체가 같이 부담하고 있는 셈인데, 이에 대해 전업주부 우대이자 무임승차라는 비판이 오래전부터 제기되어 왔다. 이러한 전업주부 우대는 부담과 혜택의 공평성이라는 측면에서 문제가 있을 뿐만 아니라 여성의 노동을 왜곡시킨다는 점에서도 문제가 있다. 연소득 130만 엔 미만은 제3호 피보험자의 자격을 유지할 수 있는 하한 기준이기 때문에 많은 여성들이 이 기준을 지키려고 제한적인 형태의 파트타임 노동을 선택하고 있다.

이처럼 연금제도는 피고용자가 가입하는 후생연금과 자영업자 등이 가입하는 국민연금으로 분리되어 있다. 또한 최근까지 피고용자 내에서도 후생연금과 공제연금으로 나뉘어져 있었다. 일본 정부는 1954년에 연금제도를 전면 개정하면서 후생연금의 적용 업종을 확대하려고 했지만 특정 직역을 단위로 하는 그룹이 후생연금으로부터 분리해서 공제조합을 결성했다. 1950년대 중반부터 사립학교교직원공제조합, 공공기업단체직원공제조합, 농림어업단체직원공제조합이 후생연금으로부터 독립했다. 또한 공무원들이 시정촌공제조합, 국가공무원공제조합, 지방공무원공제조합 등을 결성했다. 이처럼 일본의 연금제도는 출발 당시부터 분립주의分立 主義 성격을 가지고 있었다.

따라서 각각 독자적으로 운영되는 연금제도의 통합이 오랜 과제였는데, 1986년에 기초연금제도가 생기면서 부담과 급여 면에서 동일한 조건이 마련되어 제도 간 공평성을 확보하게 되었다. 이를 계기로 1986년에 선원보험이 후생연금으로 통합된 것을 시작으로 이후 여러 공제조합이 후생연금에 통합되었고, 2015년에 국가공무원공제조합, 지방공무원등공제조합, 사립학교교직원공제 등의 공제연금이 후생연금으로 통합되면서 통합문제는 일단락되었다.

국고부담의 역사적 경과

그렇다면 연금에 국고부담이 어떤 식으로 이루어졌는지 살펴보기로 하자. [표 6-1]은 연금에 대한 국고부담의 경과를 제시한 것이다. 이 자료는 사회보장심의회가 기초연금의 국고부담을 1/2로 올리기 위한 검토 회의를 하면서 작성한 것인데, 이 자료를 통해 지금까지 일본 정부가 제도를 개정하면서 어떤 근거로 국고부담을 결정했는지, 사회보장제도에 대한 기본 입장이 무엇이었는지를 파악할 수 있다.

1942년 노동자 연금보험제도를 시행하면서 일본 정부는 일반 노동자에 대해서는 급여비의 10%를, 갱내부에 대해서는 전시가산 규정을 두어 급여비의 20%를 국고에서 부담하기로 했다. 이것은 연금제도가 전시체제를 지탱하기 위한 목적에서 시작되었기 때문에 국가가 적극적으로 나설 수밖에 없었던 사정과 관련이 있다.

[표 6-1] 공적 연금의 국고부담 경과

	후생연금	국민연금
1942년	노동자 연금보험제도 시행 급여비의 10%(갱내부는 20%)	-
1954년	파탄에 이른 연금제도를 개정해 신 후생연금보험법 제정 급여비의 15%(갱내부는 20%)	-
1961년	-	국민연금제도 시행 보험료 납부시 보험료 총액의 1/3
1965년	국고부담 비율 인상 급여비의 20%(갱내부는 25%)	-
1976년	-	연금 지급 시에 부담하는 것으로 변경 급여비의 1/3 부담
1986년	기초연금제도 도입, 기초연금의 1/3 부담	
2004년	연금법에서 기초연금 급여비의 1/2을 규정. 2009년까지 국고부담 1/2 을 실현하기 위해 세제를 발본개혁하기로 함.	

출처: 사회보장심의회 회의 자료(2008), 「기초연금의 국고부담 비율 1/2 실현의 의의에 대해(基礎年金の国庫負担割合２分の１実現の意義について)」(후생노동성 홈페이지).

특히 사업주와 피보험자의 낮은 부담 능력을 배려한 측면이 큰데, 노동자들의 낮은 임금으로는 연금제도를 지탱하기 어렵다고 보고 국가가 적극적으로 지원자의 역할을 떠안았다.

1954년은 파탄의 위기에 처한 후생연금을 살리기 위해 대대적으로 제도개혁을 했던 해인데, 이때 보험료가 크게 증가하는 것을 피하기 위해 평준 보험료율보다 낮은 보험료율을 설정했다. 그리고 국고부담 비율을 급여비의 15%로 인상했다. 그 이유는 급여 개선에 따른 사업주와 피보험자의 부담 증가에 대해 국가도 재정이 허용하는 범위에서 함께 그 부담을 나눌 필요가 있다고 보았기 때문이다.

자영업자 등이 가입하는 국민연금제도가 시행된 1961년에는 일본 정부가 보험료 납부 시에 보험료 총액의 1/3을 국고부담하기로 결정했다. 국민연금 가입자 중에 저소득자가 많고, 피고용자와는 달리 사업주의 보험료 부담이 없는 점을 고려해 후생연금보다 국고부담 비율이 높은 1/3을 설정했다.

그렇지만 이런 공식적인 이유 외에 당시 국민연금에 대한 반대가 거셌기 때문에 이를 무마하기 위해 국고부담 비율을 높게 설정할 수밖에 없었던 사정도 있다. 1960년경부터 국민연금에 대한 반대여론이 높아지고 국민연금제도의 시행 연기를 요청하는 운동이 벌어졌는데, 특히 대도시 지역 주민의 반대가 격렬했다. 그 이유는 납부 기간이 길고 보험료 부담이 큰 데 비해 급여액이 적다는 것이었다. 이 때문에 일본 정부는 국민들의 지지를 얻기 위해 국고부담을 높게 설정하고 낮은 보험료로 시작해 급여를 개선해 나가는 쪽으로 방향을 잡았다.

1965년에는 국고부담 비율이 급여비의 20%(갱내부는 25%)로 인상되었다. 이는 급여 개선에 따른 보험료율의 상승폭을 억제하기 위한 조치였다. 당시 고도성장의 성과를 사회보장에 반영하기 위해 급여 개선이 큰 폭으로 이루어졌는데, 후생연금에서는 1965년에 월 1만 엔 연금, 1969년에 월 2만 엔 연금, 1973년에 월 5만 엔 연금이 실현되었다. 후생연금의 뒤를 이어 국민연금에서도 1966년에 부부 월 1만 엔 연금, 1969년에 부부 월 2만 엔 연금, 1973년에 부부 월 5만 엔 연금이 실현되었다.

1986년에는 기초연금이 도입되었다. 일본 정부는 기초연금을 도입하면서 기초연금의 1/3을 국고부담으로 결정했는데, 그 이유는 기초연금은 노후보장의 기본적인 부분에 해당하기 때문에 국가가 일반 재원으로 부담할 필요가 있다는 것이었다.

2004년에는 기초연금의 국고부담 비율을 1/2로 인상하기로 했다. 그렇지만 재원이 마련되지 않은 상태에서 이러한 조치가 이루어져 재정을 악화시키는 요인으로 작용하게 되었다. 이후 2012년에 소비세 증세에 따른 세수를 기초연금의 국고부담 비율 1/2을 유지하는 데 충당하기로 했다.

이상으로 살펴본 국고부담의 경과를 통해 국가가 나서서 연금제도를 도입하고 확대하는 데 중요한 역할을 했음을 알 수 있다. 사회보험제도이지만 국가의 국고부담이 재원의 중요한 한 축을 형성하고 있다. 더욱이 정치적인 요구로 급여 개선이 계속해서 이루어진 반면, 부담은 함께 올라가지 않아 국고 투입이 빠르게 증가했다는 점이 중요하다. 이러한 국고부담의 증가는 경제가 성장하고 있는 동안에는 문제가 되지 않았지만 저성장 국면에 들어서고 고령자가 빠르게 증가하면서 재정적자를 누적시키는 요인이 되었다.

연금의 재정문제를 해결하기 위한 일본 정부의 개혁 조치

일본의 연금제도는 출발 시에는 적립 방식으로 출발했다. 적립 방식은 자기가 낸 보험료 원금에 이자 수익을 지급받는 방식이다. 1959년도 『후생백서』에서는 일본의 연금제도가 부과 방식이 갖는 문제점 때문에 적립 방식을 택했다고 설명하고 있다. 부과 방식이 국가의 재정 상황에 따른 영향을 받기 쉬운 점, 그리고 일본처럼 고령인구의 비율이 빠르게 증가하는 국가에서는 장래 생산연령인구의 부담이 커지는 점을 문제점으로 들고 있다(『후생노동백서』 2011년에서 재인용).

그렇지만 이후 연금의 급여 개선이 여러 차례 이루어지면서 일본의 연금제도는 부과 방식으로 바뀌게 되었다. 적립 방식으로는 물가나 임금의 변동에 대한 대응이 곤란해 연금의 실질적 가치를 유지하기 어렵기 때문이다. 일본 정부는 1973년에 연금법을 개정해 물가 슬라이드제와 임금 슬라이드제를 도입했다. 물가 슬라이드제는 물가 변동에 맞추어 연금액을 개정하는 것이다. 임금 슬라이드제는 과거의 표준소득을 현재 가격으로 다시 평가해 계산하는 것이다. 이러한 물가 슬라이드제와 임금 슬라이드제를 통해 연금 급여액이 크게 상승했고, 연금제도는 인플레에 대응하고 실질적 가치를 갖는 노후 소득보장의 중핵을 담당할 수 있게 되었다.

이러한 급여 개선 조치가 가능했던 것은 당시 일본의 고령화 수준이 낮고 연금 수급자가 적었기 때문이다. 그렇지만 이후 급속한 고령화로 연금 수급자가 빠르게 증가하면서 연금의 재정문제가 심각해졌다. 현역 세대가 지불한 보험료가 고령자의 연금급여를 지탱하는 부과방식으로 바뀌면서 현역 세대의 부담은 더욱 커지고 있다.

일본 정부는 연금의 재정악화 문제를 해결하기 위해 후생연금의 수급개시 연령을 60세에서 65세로 올리는 개혁조치를 단행했다. 1980년부터 이 문제를 검토했지만 노사의 반대에 부딪혀 1994년에 와서야 연금법을 개정할 수 있었다. 이 개정에서는 후생연금의 정액 부분에 대해 남자의 경우 지급개시연령을 2001년부터 3년 간격으로 1세씩 올려서 2013년에 65세가 되도록 상향 조정했다. 여자는 남자보다 5년 늦게 실시해 2018년에 65세가 되도록 상향 조정했다. 2000년에는 후생연금의 보수비례 부분에 대해 같은 방식으로 남자의 경우 지급개시연령을 2013년부터 3년 간격으로 1세씩 올려서 2025년에 65세가 되도록 상향 조정했다. 여자는 남자보다 5년 늦게 실시해 2030년에 65세가 되도록 상향 조정했다.

이러한 조치와 더불어 2004년에는 고연령자고용안정법高年齡者雇用安定法을 개정했다. 개정된 법에서는 2006년부터 60~65세 고연령자의 고용확보를 위해 사업주가 정년 연장, 계속고용제도 도입, 정년 폐지 등의 3개 선택지 중에서 어느 하나의 조치를 취하도록 의무화했다.

그런데 이러한 조치에 대해 경제학자 야시로 나오히로八代尚宏는 그 효과가 매우 제한적이었다고 평가한다. 세계에서 가장 평균수명이 높은 일본에서 연금 지급개시연령을 65세로 설정한 것은 영국 68세, 프랑스·독일·미국·호주 67세인 것에 비해 낮으며, 그 속도도 30년간에 걸쳐 너무도 더디게 이루어졌다는 것이다(八代, 2013).

현재 일본 정부는 다시 연금 지급개시연령을 높이려는 검토를 하고 있다. 재무성은 2018년 4월에 노령후생연금의 지급개시연령을 65세에서 68세로 올리는 안을 재무대신의 자문기관인 재정제도심의회에 제출했다. 이대로는 더 이상 버티기 어렵다고 본 것이다. 이때 「사회보장에 대해社会保障について」라는 회의자료를 만들었는데, 여기에서는 제도의 지속 가능성이라는 관점에서 현재 일본이 처한 위기 상황이 매우 심각하다고 진단하고 있다.

연금의 재정문제를 해결하기 위해 일본 정부가 취한 또 하나의 조치로는 2004년에 연금법을 개정해 도입한 거시경제 슬라이드라는 제도이다. 이것은 급속한 고령화와 저출산으로 현역 세대의 부담이 과중하게 되지 않도록 보험료의 상한을 정하고, 연금 수급자가 받는 급여 수준의 상승을 제한한 것이다. 이에 따라 보험료율은 2017년까지만 인상되고 그 이후에는 18.3%로 고정된다. 그리고 연금 수급자 수의 증가분과 현역 인구의 감소분을 고려하여 급여는 자동적으로 삭감된다.

· 그러나 이 조치를 발동하기 위해서는 '전년도 연금 급여액을 하회하지 않는 범위 내'(명목연금액의 하한조치)라는 제한 조건이 붙어 있다. 이는 연금수급자의 반발을 의식해 눈에 보이는 형태로 연금 액수가 줄어드는 것을 막기 위한 조치였다. 그런데 거시경제 슬라

이드가 도입된 이후 계속해서 물가가 하락하는 디플레이션이 이어졌기 때문에 이 조치는 발동되지 않다가 2015년에 와서야 처음으로 적용되었다.

2016년에는 연금법을 개정하여 임금과 물가가 충분히 상승한 해에 과거에 조정하지 못했던 미조정분을 반영해서 한꺼번에 감액하는 방식(캐리오버)을 2018년부터 시행하기로 했다. 또한 2021년부터는 임금하락률이 물가하락률보다 클 경우에 감소폭이 큰 임금하락률에 맞추어서 연금을 감액하도록 했다. 이에 따라 지금까지 물가변동률에 맞추어 연금을 감액했던 것에 비해 연금의 감액 정도가 커지게 되었다.

거시경제 슬라이드 조치에 따라 연금은 앞으로도 계속 감액된다. 당분간 고령인구가 계속 증가하고 생산연령인구는 빠르게 감소하는 인구구조하에서 이는 피할 수 없는 문제이다. 전문가들은 향후 중기적으로 연금의 20~30%가 삭감될 것으로 전망하고 있다. 이렇게 되면 사실상 소득보장으로서 연금 기능은 크게 약화될 수밖에 없다. 그리고 이에 따른 고령자의 빈곤문제도 한층 더 심각해질 것이다.

5. 공비부담과 보험제도 간 재정 조정에 의존해 온 의료보험제도

의료보험제도의 분립주의

일본의 의료보험제도는 전국 통일적인 단일보험제도에 따라 운영되는 것이 아니라 직역과 지역, 연령을 기준으로 분립된 보험제도에 따라 운영되고 있다. 그리고 분립된 보험제도 안에 여러 보험자가 있어 독자적으로 보험을 운영하고 있다. 이것은 국가가 나서서 공적인 의료보험제도를 마련하기 이전에 개별 기업이나 단체가 독자적으로 의료보험을 운영해 온 역사가 있어서 이를 토대로 공적인 의료보험제도가 확립되었기 때문이다. 일본 정부가 나서서 전국 통일적인 의료보험제도로 통합하는 안을 검토하기도 했지만 그때마다 정부 산하 사회보장심의회, 재계, 노동단체 등의 이해당사자가 나서서 통합에 반대했기 때문에 지금까지도 복잡하게 나누어진 보험제도에 따라 독립적으로 운영되고 있다. 이를 분립주의分立主義 또는 조합주의組合主義라고 부를 수 있다.

각각의 보험제도는 가입자의 특성에 따라 재정 능력이 다르다. 가입자의 평균 연령이 젊으면 1인당 의료비는 낮아진다. 또한 가입자의 평균 소득이 높으면 보험료 수입은 안정된다. 반면 가입자의 평균 연령이 높으면 질병 리스크가 높아져 1인당 의료비는 올라간다. 그리고 가입자의 평균 소득이 낮으면 보험료 수입은 불안정해진다. 이러한 보험제도 간 재정 능력의 불균형을 시정하는 방법은 국가가 나서서 국고부담을 통해 재정 능력이 열악한 보험제도를 지원하거나 각 보험제도에 속한 보험자가 부담금을 갹출하는 방식의 재정 조정을 하는 것이다. 일본의 의료보험제도에서는 이두 가지 조정 방식을 통해 공적 의료보험제도의 안정성과 공평성을 꾀해 왔다.

이처럼 복잡한 의료보험제도의 체계를 한눈에 알아보기 쉽게 정리한 것이 [표 6-2]이다. 일본의 의료보험제도를 큰 틀에서 구분하면, 직역을 기반으로 하는 피고용자보험과 거주지를 기반으로 하는 국민건강보험이 있고, 여기에 더해 75세 이상 고령자가 가입하는 후기고령자의료제도가 있다.

피고용자보험은 다시 대기업 노동자를 대상으로 하는 조합관장 건강보험(조합건보), 중소기업 노동자를 대상으로 하는 협회관장건강보험(협회건보), 공무원을 대상으로 하는 공제조합으로 구분된다. 건강보험조합이 관장하는 조합건보는 2019년 시점에서 보험자가 1,391개나 되는데, 대기업의 경우는 개별 기업별로 건강보험조합을 설립하는 경우가 많다. 반면 협회건보는 단일보험자에 의해 운영된다. 전전戰前에는 정부가 관장해 운영했기 때문에 정부관장보험이라고 불렀는데, 2008년부터 전국건강보험협회가 관장하고 있다.[2] 공제조합은 공무원이 가입하는데 85개의 보험자가 있다.

---

2 이 책에서 말하는 전전은 1945년 패전 이전까지 시기이며, 전후는 1945년 패전 이후의 시기를 말한다. 일반적으로 1945년 패전 이전까지를 근대, 그 이후를 현대로 구분한다.

[표 6-2] 의료보험제도의 체계

	조합건보 (조합관장건강보험)	협회건보 (협회관장건강보험)	공제조합	국민건강보험 (시정촌)	후기고령자 의료제도
보험자 수(2019)	1,391개	1개	85개	1,716개	47개
가입자 수(2019)	2954만 명	3940만 명	858만 명	2752만 명	1772만 명
평균 연령(2018)	35.1세	37.8세	32.9세	53.3세	82.5세
65~74세 비율(2018)	3.3%	7.5%	1.4%	43.0%	1.8%
1인당 의료비(2018)	16.0만 엔	18.1만 엔	15.9만 엔	36.8만 엔	94.2만 엔
1인당 평균 소득(2018)	222만 엔	156만 엔	245만 엔	88만 엔	86만 엔
1인당 평균 보험료 (본인 부담)(2018)	12.9만 엔	11.7만 엔	14.3만 엔	8.8만 엔	7.1만 엔
1인당 평균 보험료 (사업주 부담 포함)(2018)	28.4만 엔	23.3만 엔	28.6만 엔		
보험료 부담률	5.8%	7.5%	5.8%	10.0%	8.3%
공비부담	후기 고령자 지원금 부담이 많은 보험자에 대해 보조	급여비의 16.4%	없음	급여비의 50%+보험료 경감 등	급여비의 약 50%+보험료 경감 등
공비부담액 (2021년 예산안 기준)	720억 엔	1조 2357억 엔	없음	4조 3734억엔	8조 3656억엔

출처: 후생노동성 홈페이지의 자료 「일본 의료보험에 대해(我が国の医療保険について)」.

반면 국민건강보험은 도도부현이나 시정촌을 보험자로 하는 지역보험으로 자영업자, 퇴직자, 비정규직 노동자가 가입하고 있다. 국민건강보험은 창설 당시에는 자영업자나 농어민이 다수였으나 지금은 은퇴자, 무직자, 비정규직 등이 많다. 국민건강보험은 1,716개의 시정촌이 운영 주체이다.

75세 이상 고령자가 가입하는 후기고령자의료제도는 2008년에 발족했으며, 광역자치체인 도도부현에서 운영하기 때문에 47개의 보험자가 있다. 후기고령자의료제도는 고령화로 인해 빠르게 증가하는 의료비에 대응하는 차원에서 급여와 부담의 관계를 명확하게 하기 위한 목적으로 도입되었다.

이 표에서 주목하고 싶은 것은 각 보험제도의 상황이 매우 다르다는 점이다. 우선 가입자의 평균 연령을 보면, 피고용자 보험은 가입자의 평균 연령이 30대로 젊다. 반면 시정촌 국민건강보험은 53.3세로 높다. 평균 소득의 차이도 큰데, 공제조합과 조합건보는 소득이 높은 반면 중소기업 종사자가 가입하는 협회건보는 소득이 낮다. 국민건강보험은 평균 소득이 88만 엔으로 매우 낮은데, 이는 75세 이상 고령자가 가입하는 후기고령자의료제도와 크게 다르지 않다.

1인당 의료비의 차이도 매우 크다. 후기 고령자의 의료비가 94.2만 엔으로 가장 높고, 그다음으로 국민건강보험의 의료비가 높다. 반면 피고용자 보험의 의료비는 상대적으로 낮다.

그렇지만 보험료에서는 피고용자의 보험료가 높다. 후기 고령자는 7.1만 엔, 국민건강보험은 8.8만 엔인 데 반해 조합건보는 12.9만 엔, 협회건보는 11.7만 엔, 공제조합은 14.3만 엔이다. 피고용자의 경우 사업주 부담까지 합하면 그 차이는 더욱 커져서 3배 내지 그 이상의 차이가 있다. 더욱이 이 표에는 나타나 있지 않지만 같은 보험제도 안에서도 보험자에 따라 각 보험료의 차이가 크다. 특히 같은 국민건강보험 안에서 시정촌의 보험료도 지자체의 재정 여력에 따라 차이가 크다.

이처럼 가입자에 따라 각 보험제도의 상황이 다르기 때문에 재정력에서도 차이가 크다. 따라서 이러한 격차를 해소하기 위한 조치로 공비부담과 보험제도 간 재정 조정이 이루어진다.

[표 6-2]에서 공비부담 내역(2021년 예산안 기준)을 살펴보면, 공제조합에는 공비가 지원되지 않고, 조합건보에는 후기 고령자 지원금이 많은 보험자에 대해 각각 배분되어 합계 720억 엔이 지원된다. 반면 협회건보에 대해서는 급여비의 16.4%인 1조 2357억 엔이 지원되며, 국민건강보험에 대해서는 50%의 공비부담과 보험료 경감 보조금으로 4조 3734억 엔이 지원된다. 후기고령자의료제도에 대해서는 급여비의 50%와 보험료 경감 보조금으로 8조 3656억 엔이 지원된다.

이러한 공비부담에 더해 보험제도 간 재정조정도 이루어진다. [그림 6-7]에서는 공비부담과 보험제도 간 재정 조정의 구체적인 내역을 제시했다. 이 그림에서 공제조합에 대한 내역이 빠져 있어 전기조정액과 후기지원금의 부담하는 쪽의 금액과 지원받는 쪽의 금액이 일치하지 않는 점에 유의할 필요가 있다.

먼저 재정 조정은 가입자 중 65~74세의 비중에 따른 부담의 불균형을 조정하기 위해 이루어지는데, 이를 전기 고령자 재정 조정이라고 한다. 피고용자들은 65세에 퇴직한 이후 국민건강보험으로 옮겨가기 때문에 국민건강보험의 재정 상황은 악화될 수밖에 없다. 이 문제를 해결하기 위해 재정 기반이 튼튼한 피고용자 보

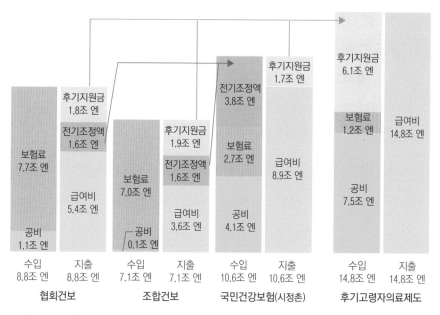

[그림 6-7] 의료보험제도 간 재정 조정 방식(2017년)

출처: 사회보장심의회 의료보험부회(社会保障審議会医療保険部会)(2021), 「의료비에 대한 보험급여율과 환자부담율의 균형에 대해(医療費について保険給付率と患者負担率のバランス等の定期的に見える化について)」 5쪽.

험에서 국민건강보험으로 전기 고령자 납부금이라는 부담금이 이전된다.

또한 75세 이상 고령자의 의료비를 국민 전체가 공평하게 부담하기 위해 현역 세대로부터의 지원금이 후기고령자의료제도로 이전된다. 후기고령자의료제도의 재원을 보면, 국가와 지자체의 공비부담금이 50%, 현역 세대가 가입한 보험제도로부터의 지원금이 40%, 75세 이상 가입자가 내는 보험료가 10%로 구성되어 있다.

공비부담과 재정 조정의 역사적 경과

지금까지 살펴본 바와 같이 일본의 의료보험제도는 매우 복잡하게 운영되고 있어 전문가가 아니면 그 실태를 제대로 파악하기가 어렵다. 이는 과거에 만들어진 제도의 틀을 근본적으로 고치지 않고 문제가 있을 때마다 부분적으로 개정하는 것에 그쳤기 때문이다. 여기에서는 역사적으로 공비부담과 각 보험제도 간 재정 조정이 어떤 경위를 거쳐 현재와 같은 형태로 자리잡게 되었는지, 이러한 방식이 안고 있는 문제점은 무엇인지를 살펴보기로 하자.[3]

의료보험제도 도입 초기 단계에서 문제가 되었던 것은 농민이나 자영업자 등이 주로 가입해 있어 재정 기반이 취약한 국민건강보험을 어떻게 지원할 것인가의 문제였다. 마찬가지로 소득 수준이 낮은 중소기업 노동자들이 가입해 있어 재정 기반이 취약한 정부관장건강보험정관건보: 협회건보의 전신을 어떻게 지원할 것인가의 문제도 중요했다. 한편 1980년대 이후에는 고령화와 더불어 빠르게 증가하는 고령자 의료비를 어떻게 분담할 것인지가 중요한 문제가 되었다.

이에 대해 1980년대 이전까지는 주로 일본 정부가 국고 투입을 통해 문제를 해결하는 방식을 채택해 왔다. 한편 1980년대 이후에

---

3 의료보험제도에서 공비부담과 보험제도 간 재정 조정이 이루어진 역사적 과정에 대해서는 건강보험조합연합회(健康保険組合連合会)의 「의료보험제도에서 부담의 공평에 관한 조사연구보고서(医療保険制度における負担の公平に関する調査研究報告書)」(2017)와 2011년도와 2012년도, 2020년도 『후생노동백서』, 다다 히데노리의 『일본 사회보장제도 성립사론』(2009) 등을 참고했다.

는 일본 정부와 지자체가 공비부담을 하면서 각 보험제도 간에 재정력이 강한 쪽에서 재정력이 약한 쪽으로 지원금을 보내는 두 가지 방식을 통해 재정의 불균형을 시정하고자 했다. [표 6-3]은 의료보험제도의 재원 정책의 변천 과정을 정리한 것이다.

일본에서 의료보험제도가 시작된 것은 1920년대에 와서이다. 일본 정부는 노사 대립의 완화, 사회불안의 안정화를 꾀하기 위해

[표 6-3] 의료보험제도의 재원 정책의 변천

전전(1922~1945년)	• 1927년: 건강보험에 대한 국고보조 • 1938년: 국민건강보험의 급여비에 대한 국고보조
전후 초기 (1945~1960년)	• 1955년: 국민건강보험에 대한 국고보조 제도화 • 1957년: 정관건보에 대한 정액 국고보조 제도화
국민개보험 시대 (1961~1982년)	• 1961년: 국민개보험 달성 • 1962년: 국민건강보험에 대한 국고부담 비율을 25%로 인상 • 1966년: 국민건강보험에 대한 국고부담 비율을 40%로 인상 • 1973년: 정관건보에 대한 국고보조를 보험료 인상과 연동시킴
노인보건제도 · 퇴직자 의료제도 성립기 (1982~2006년)	• 1982년: 노인보건제도 창설 • 1984년: 퇴직자 의료제도 창설 • 1990년: 노인보건 갹출금의 가입자 안분율이 100%가 됨
신고령자의료제도 성립기(2006년~현재)	• 2006년: 후기고령자의료제도, 전기 고령자 재정 조정 창설 • 2010년: 후기 고령자 지원금의 1/3을 가입자의 총보수에 비례해 부담 • 2017년: 후기 고령자 지원금 전부를 가입자의 총보수에 비례해 부담

출처: 건강보험조합연합회(2017), 「의료보험제도에서 부담의 공평에 관한 조사연구보고서」 54쪽의 표를 참고해 작성.

독일의 질병보험제도를 모델로 1922년에 육체 노동자를 대상으로 하는 건강보험법을 제정해 1927년에 시행했다. 이 법에 의해 기업이 보험자인 조합건보와 정부가 관장하는 정관건보가 설립되었다. 이때 보험급여비의 10%를 국고에서 부담하기로 했는데, 이것은 사무비로 소요되는 비용을 국고로 지원한다는 취지였다.

1938년에는 농민을 대상으로 한 국민건강보험제도가 창설되었다. 이 제도는 당시 농촌 공황으로 어려움에 처한 가난한 농민을 질병으로부터 구제한다는 차원에서 도입되었고, 그 취지를 살려 급여비에 대한 국고보조가 행해졌다. 이후 전시체제에 돌입함에 따라 후생성은 건강한 국민과 건강한 군인을 육성한다는 건병건민 정책健兵健民政策을 내걸고 국민건강보험제도를 더욱 보급시키고자 했다.

패전 이후 경제적·사회적 혼란 속에서 국민건강보험이 제도 파탄의 위기에 처하자 일본 정부는 급여율도 낮고 사업주 부담이 없어 상대적으로 불리한 국민건강보험을 지원하기 위해 1955년에 국고보조를 법으로 정했다. 또한 1958년에 신국민건강보험법을 제정해 1961년까지 모든 시정촌이 국민건강보험사업을 실시하도록 의무화함으로써 국민개보험 시대가 열렸다.

신국민건강보험법에서는 사무비 전액을 국고로 부담하고, 요양급여비의 20%를 국고로 부담하며, 요양급여비의 5%를 재정조정교부금으로 부담하고, 보건부保健婦와 진료시설 정비에 대한 비용을 국고보조로 한다는 것을 명기했다. 재정적으로 취약한 국민건강보험에 대해 국가의 재정 책임을 명확히 하기 위해 법으로 규정한 것이다. 이후 의료비 급등으로 재정이 악화되자 일본 정부는 국민건강보험의 요양급여비에 대한 국고부담 비율을 1962년에 25%, 1966년에 40%로 인상했다.

한편 중소기업 노동자로 구성된 정관건보도 처음부터 재정이 취약한 문제를 안고 있었다. 따라서 일본 정부는 1955년과 1956년에 정관건보에 대해 정액의 국고보조를 하는 예산조치를 취했고, 1957년에 정액의 국고보조를 법으로 규정했다.

1960년대에는 진료 보수가 대폭적으로 인상됨에 따라 의료비가 증가해 정관건보의 누적 적자가 심각해지는 문제가 발생했다. 이 문제를 해결하기 위해 일본 정부는 1967년에 건강보험제도임시특례법을 제정해 보험료율 인상과 정액 국고보조 증액 등을 규정했다. 1973년에는 건강보험법을 개정해 정관건보의 보험료율 인상과 급여비의 10%에 대한 정률 국고보조를 규정했다. 또한 국고보조율과 보험료율의 연동 규정을 마련해 보험료율이 올라가면 국고보조율도 올라가도록 했다.

이후 1980년대에 와서 중요한 문제로 부상한 것은 고령자 의료비를 사회적으로 어떻게 분담할 것인가 하는 문제였다. 인구구조와 산업구조가 변화하는 가운데 농업자와 자영업자를 위한 보험으로 창설된 국민건강보험은 이 시기에 다수의 고령자, 퇴직자, 피고용자보험에 가입하지 않은 노동자가 가입하는 보험으로 바뀌었다. 이에 따라 의료비가 크게 증가해 국민건강보험의 재정 기반이 취약해지는 문제가 발생했다. 이에 대응해 일본 정부는 1982년에 노인보건법을 제정해 노인보건제도를 창설했고, 1984년에는 건강보험법을 개정해 퇴직자의료제도를 창설했다.

노인보건법에서는 노인 의료비 지급제도를 폐지하고 고령자도 일부 부담하도록 했다. 또한 의료비에 들어가는 비용을 국가와 지자체가 30%를 부담하고 각 보험자가 나머지 70%를 부담하도록 함으로써 전 국민이 노인 의료비를 공평하게 분담하도록 했다. 이때 각 보험자가 부담하는 갹출금은 의료비 안분액按分額 50%와 가입자 안분액을 50%로 구성했다. 의료비 안분액은 각 보험자가 실제로 소요된 노인 의료비에 따라 갹출액을 산정하는 것이다. 가입자 안분액은 각 보험자의 노인 가입율이 전 보험자 평균이라고 가정했을 때 부담해야 하는 노인 의료비에 따라 갹출액을 산정하는 것이다. 이후 국민건강보험 재정 악화로 가입자 안분율이 단계적으로 인상되어 100%가 되었다.

퇴직자의료제도는 피고용자가 정년퇴직을 한 이후 국민건강보험으로 이전하면서 급여율이 줄어드는 것을 완화하기 위한 조치로 마련되었다. 퇴직자의 의료비는 퇴직자 본인이 지불하는 보험료에 더해서 피고용자 보험 전체에서 부담하는 갹출금으로 충당하도록 했다.

2006년에는 노인보건제도를 대신하는 새로운 고령자 의료제도로 후기고령자의료제도가 도입되었다. 이 제도는 빠르게 진행되는 고령화로 의료보험재정이 어려워지면서 현역 세대와 고령 세대의 부담 구조를 명확히 하고자 창설되었다. 이 제도와 함께 앞에서 살펴본 바와 같이 65~74세의 전기 고령자 의료비에 대한 재정 조정이 이루어지면서 퇴직자의료제도는 폐지되었다. 또한 후기 고령자 지원금에 대해서는 제도 창설 당초에 가입자 수에 따라 부담하는 방식加入者割이 채택되었으나 2010년부터 가입자의 소득에 따라 부담하는 방식総報酬割이 부분적으로 도입되었고, 2017년부터는 전면적으로 가입자의 소득에 따라 부담하는 방식으로 바뀌었다.

그런데 이와 같은 복잡한 방식의 재정 조정과 공비부담으로 문제가 해결된 것은 아니다. 단지 문제를 표면적으로 봉합한 것에 지나지 않는다고도 볼 수 있다. 고령자 의료비에 대한 지원금은 각 보험제도의 재정을 압박하는 요인이 되고 있다. 예를 들어 조합건보의 의무적 경비에서 차지하는 고령자 의료 부담금(후기 고령자 지원금과 전기 고령자 납부금, 퇴직자 급여각출금) 비율은 매년 상승하고 있다. 후생노동성 추계로는 2025년에 그 비율이 50%가 될 것이라고 한다. 이로 인해 현역 세대의 부담은 더욱 커지고 이에 대한 불만도 커지고 있다. 이 역시 의료보험제도의 지속성을 위협하는 매우 중대한 문제이다.

7장

지속 가능한
사회보장제도를 위한 해법

6장에서는 일본의 사회보장제도가 안고 있는 근본적인 문제를 살펴보았다. 사회보험제도를 근간으로 하면서도 국가와 지자체의 공비부담이 매우 높은 비중을 차지하고, 고령자에게 수혜가 집중되는 방식으로 제도가 설계되어 운영되고 있다. 이러한 사회보장제도의 특징으로 이미 많은 재정적자가 발생했지만 앞으로도 고령자가 증가하기 때문에 사회보장비용으로 인한 재정적자는 더욱 누적될 수밖에 없다. 이것이 현재 일본이 처한 현실이다.

이러한 상황을 타개하기 위해서는 사회보장제도를 과감하게 개혁하고 국민부담률을 큰 폭으로 올려야 한다. 그렇지만 일본 정부는 이에 미온적으로 대처하는 것에 그쳤다. 개혁의 속도는 느렸고 그 내용도 제한적이었다. 현재 천문학적인 재정적자는 일본의 국가 운영을 크게 제약하고 있으며, 미래 전망도 암울하게 만들고 있다.

이 장에서는 일본 정부의 재정 운영의 문제점을 살펴보고, 일본 정부가 수십 년 동안 국민부담을 늘리지 못한 이유를 일본 정부와 일본 국민 쪽 요인으로 나누어 분석한다. 그리고 사회보장제도를 어떻게 개혁해야 하는지 그 해법을 생각해 본다.

1. 팽창하는 사회보장비용과 재정적자

파탄 직전의 재정

재무성이 매년 발행하는 『일본의 재정관계자료日本の財政関係資料』 (2021)에 따르면, 2020년 시점에서 일본의 장기채무잔고는 중앙정부 1,010조 엔, 지방자치단체 193조 엔으로 이 둘을 합하면 1,204조 엔이다. 이는 GDP 대비 225%라는 엄청난 규모의 국가채무이다. 일본의 장기채무잔고는 1990년에 266조 엔이었는데, 1998년에 553조 엔, 2011년에 895조 엔, 2020년에 1,204조 엔으로 1990년 이래로 매우 큰 폭으로 증가해 왔다.

국가채무의 국제 비교를 위해 널리 인용되는 것이 일반정부 채무 잔고의 GDP 대비 비율이다. 일반정부 채무 잔고에는 중앙정부와 지방정부, 사회보장기금의 채무가 포함된다. 2019년 시점에서 그 비율을 보면 일본이 238.0%로 세계에서 가장 높으며, 2위인 베네수엘라가 232.8%, 5위인 그리스가 180.9%이다. 이외 다른 나라를 보면 이탈리아 134.8%, 미국 108.7%, 프랑스 98.1%, 영국 85.4%, 독일 59.5%, 한국 41.9%의 순으로 되어 있다. 이 수치를 통해 일본의 국가채무가 얼마나 심각한지 알 수 있다.

그렇다면 일본 정부의 재정 현황을 파악하기 위해 일반회계의 세입과 세출, 국채발행액의 추이를 살펴보기로 하자. [그림 7-1] 에서는 국채를 건설공채와 특례공채의 두 가지로 구분해 제시했다. 건설공채는 건설비용을 조달하기 위해 발행하는 공채로 건설공채에 의한 사회자본정비는 후대에도 인프라로 남는다는 특징이 있다. 반면 특례공채는 당해연도의 세입으로 세출을 충당하지 못해 발행하는 적자국채(정식 명칭은 세입보전국채)이다.

[그림 7-1]을 보면 세수가 1990년을 정점으로 이후 오랫동안 하락하다가 2009년을 바닥으로 다시 회복하는 것을 알 수 있다. 그렇지만 2018년에 와서야 비로소 1990년과 비슷한 수준을 회복하고 있다. 이러한 추이를 통해 일본 경제가 상당히 오랫동안 침체 국면에 있었음을 알 수 있다. 반면 세출은 경기와 상관없이 지속적으로 증가하고 있다. 2020년 코로나19 사태로 인한 추경예산의 세출 증가를 예외적인 상황이라고 해도 세출은 1975년 이래로 지속적으로 증가 일로를 걸어왔다.

그 결과 세입과 세출의 간극은 마치 '악어의 입'처럼 점점 벌어지고 있다. 이러한 세출과 세입의 차이를 메우기 위해 발행하는 것이 국채인데, 국채 발행액은 1990년대 이래로 지속적으로 증가해 왔다. 국채가 특정한 해에만 발행되는 것이 아니라 상시적으로 매년 발행되고 있다는 점에서 일본의 재정적자는 경기 변동에 상관없이 만성적으로 발생하는 구조 적자이다. 이러한 구조 적자는 더욱 심각해지고 있어 이를 해결할 방안을 찾기가 매우 힘든 상황이다.

그런데 [그림 7-1]은 일본 정부가 발행하는 국채의 일부만을 제시하고 있다는 점에서 재정적자 문제의 전체상을 보여 주지 못하고 있다. 일본 정부는 매년 신규로 발행하는 건설국채나 특례국

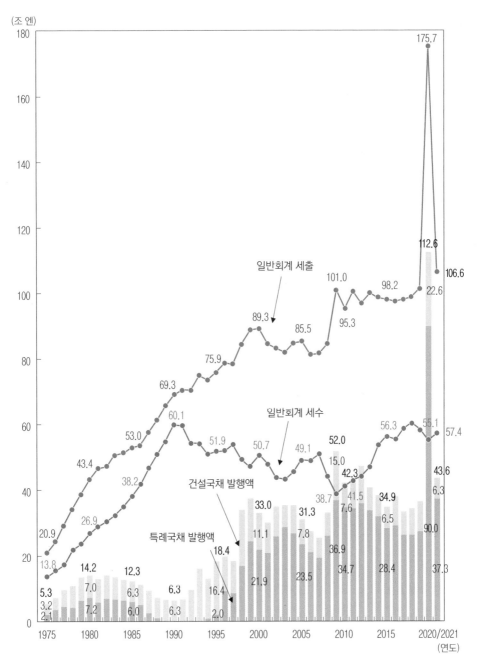

[그림 7-1] 일반회계의 세입과 세출, 국채발행액의 추이

주: 2019년까지는 결산. 2020년은 제3차 추경 후 예산, 2021년은 본 예산.

출처: 재무성(2021), 『일본의 재정관계자료(日本の財政関係資料)』 3쪽.

채 이외에도 상환만기가 돌아온 국채를 갚기 위해 다시 차환채借換債를 대규모로 발행하고 있기 때문이다.

[그림 7-2]는 일본 정부가 발행하는 모든 국채를 제시한 것이다. 일본 정부가 발행하는 국채에는 건설국채와 특례국채 이외에도 재투채, 차환채, 부흥채, 연금특례국채 등이 있다. 재투채란 국가가 재정투융자기관에 정책적으로 대여하는 자금을 조달하기 위해 발행하는 국채이다. 부흥채는 2011년에 발생한 동일본대지진

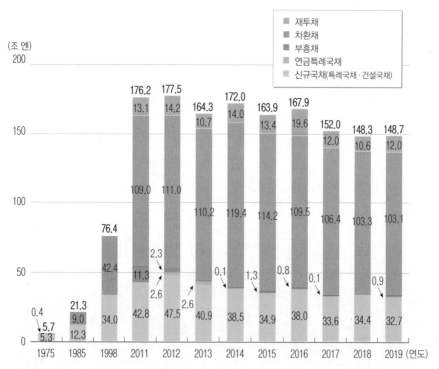

[그림 7-2] 국채발행 총액의 추이

주: 2018년까지는 실적.

출처: 재무성 홈페이지의 자료「국채관리정책 현황(国債管理政策の現状)」4쪽.

의 피해 복구와 부흥을 위해 발행한 국채이다. 연금특례국채는 기초연금의 국고부담 추가에 따른 비용을 조달하기 위해 일시적으로 발행한 것이다.

이 중에서 가장 규모가 큰 것이 차환채인데, 차환채 발행액은 신규국채(특례국채와 건설국채를 합한 것)와는 차원이 다를 정도로 그 규모가 크다. 차환채 금액이 가장 컸던 2014년에는 발행액이 무려 119.4조 엔이나 된다. 또한 2011년부터 지금까지 그 규모가 계속해서 100조 엔을 넘고 있는 점도 주목할 만하다.

그런데 지금까지 차환채의 존재는 연구자들의 논의나 신문, TV 등의 매스미디어에서 잘 거론되지 않았다. 일본 정부의 재정적자의 심각성을 보여 주는 자료로 널리 인용되었던 것은 바로 앞에서 제시한 [그림 7-1]이었다. 차환채의 존재는 변호사로 노동사건이나 소비자 피해 사건 등을 담당해 왔던 아카시 준페이明石順平가 2019년에 발표한 『데이터가 말하는 일본 재정의 미래データが語る日本財政の未来』에서 언급하면서 주목을 받기 시작했다.

아카시 준페이는 이 차환채의 존재야말로 일본 재정적자를 논할 때 중요하다고 지적한다. 이 차환채를 시장에서 계속해서 사주어야만 오래된 국채의 변제가 가능하기 때문이다. 만약 시장 환경의 변화로 차환채를 시중에서 소화할 수 없게 되면 채무불이행이 일어날 수도 있다. 또한 국채의 장기금리가 급상승한다면 차환채를 포함해 신규로 발행하는 국채의 표면이율이 크게 상승해 일본 정부의 이자비용이 크게 증가한다. 국채시장에서 한 해에 150조 엔

규모의 국채매입이 안정적으로 유지될 수 있다는 것은 사실 엄청난 일이다. 어떤 계기로 시장 환경이 변화해 150조 엔이 넘는 엄청난 규모의 국채매입이 순조롭게 일어나지 않는다면 엔에 대한 신용 저하가 일어나 엔이 대량으로 팔리는 사태가 일어날 수도 있다.

결국 [그림 7-1]과 [그림 7-2]가 보여 주는 것은 재정적자의 늪에서 도저히 빠져나올 수 없는 일본 정부의 심각한 상황이다. 현재 일본 정부가 안고 있는 재정적자는 전쟁을 위해 모든 자원을 총동원했던 1940년대 중반의 상황을 넘어서는 수준이다. 태평양전쟁 말기에 일본 정부의 채무 잔고는 GNP 대비 204%였다(岡崎, 2018). 앞에서 확인한 바와 같이 2019년 기준으로 그 비율은 GDP 대비 238%에 이른다.

패전 직후인 1945년 말에 일본 정부는 전쟁 수행을 위해 발행했던 전시국채잔고 1408억 엔과 다양한 정부 보상채무를 합해 약 2000억 엔의 국가채무를 안고 있었다(関野, 2020). 일본 정부는 이 채무를 처리하기 위해 1946년 2월에 예금 봉쇄와 화폐 개혁 조치를 단행했다. 또한 1946년 10월에 전시보상채무에 대한 전시보상특별법을 제정해 전시보상특별세라는 세율 100%의 세금을 부과해 그 채무를 무효화했다. 전시보상채무란 전쟁 중 정부 명령이나 계약 형태로 일본 정부가 지불을 약속한 채무이다. 1946년 11월에는 전시이득의 몰수를 목적으로 한 재산세법을 제정해 최고 세율 90%에 달하는 세금을 부과했다.

전시국채에 대해서는 상환한다는 방침이었는데, 상환이 미루어지는 가운데 급격한 인플레로 인해 사실상 그 부담이 해소되었다. 1945년 중순에서 1949년 말까지 일본의 도매물가는 약 65배로 뛰었고, 그 결과 일본 정부의 국채 잔고는 1949년 말에 GNP 대비 11%까지 저하했다(関野, 2020). 이것은 정부 채권을 가지고 있던 국민에게 인플레라는 고율의 세금을 부과한 것과 마찬가지의 조치였다고 할 수 있을 것이다.

이런 일련의 과정을 거치며 일본 정부의 채무문제는 해결되었다. 결국 국민에게 엄청난 희생을 강요해서 문제를 해결한 셈인데, 당시 일본 국민들은 식량과 물자의 절대 부족으로 인한 궁핍 속에서 예금 봉쇄와 고율의 재산세, 극심한 인플레로 인한 국채가치 하락 등의 고통을 견뎌야 했다. 과연 현재에도 이런 해법이 가능할 것인가?

한편 아카시 준페이에 따르면, 일본 정부의 국채발행액이 빠르게 증가한 데는 '60년 상환규정'도 관련이 있다(明石, 2021). 이것은 건설국채와 특례국채에 대해 60년간 차환借換을 반복해서 변제한다는 규정이다. 차환이란 새로운 차금으로 그 이전의 차금을 변제하는 것이다. 예를 들어 10년 만기 국채라고 하면 10년 후 차금의 1/6만 변제하고 나머지 5/6는 차환채를 발행해 다시 빚을 지는 방식이다. 따라서 매년 건설국채와 특례국채 총액의 1/60에 해당되는 1.6%만이 원금변제에 충당된다. 이러한 규정은 건설국채를 사용해서 만든 도로나 건물은 60년 정도 사용할 수 있기 때문에 차금도 60년에 걸쳐 갚으면 된다는 발상에서 비롯되었다고 한다.[1] 그것이 무원칙하게 특례공채에도 적용되고 있다.

그런데 이처럼 천천히 갚아 나가기 때문에 원금은 전혀 줄지 않고 이자는 계속 발생하게 된다. 재무성이 1975년부터 2018년까지의 국채발행액과 국채금리, 이자로 지불한 금액을 제시한 자료에 따르면, 일본의 국채금리는 1975년 중반부터 지금까지 지속적으로 하락해 왔다(財務省, 2019). 1975년에 국채금리는 7.4%였는데 이후 지속적으로 하락해 1990년에 6.1%, 2000년에는 2.7%를 나타냈고, 2005년에 1.4%를 기록한 후 2018년에는 0.9%까지 하락했다. 같은 기간 일본 정부가 실제 이자로 지불한 금액을 보면 1975년에는 0.8조 엔에 불과했지만 1985년에 9.7조 엔, 1990년에 10.8조 엔, 2000년에는 10조 엔을 지불하는 등 1985년에서 2000년까지 매년 10조 엔 규모의 이자를 지불했다. 2005년에 금리가 낮아져 7조 엔으로 하락한 이후 이자비용은 매년 7~8조 엔 규모를 나타나고 있다.

이렇게 해서 1975년부터 2018년까지 일본 정부가 이자비용으로 지불한 금액의 합계는 353.9조 엔이나 된다. 2018년까지 누적된 보통국채잔고 874조 엔에 대해 이자지불로 발생한 차금의 비율을 단순계산하면 무려 40.5%나 된다. 겁 없이 국채를 발행하고

---

1 아카시 준페이는 60년 상환 규정이 도입된 1967년만 해도 일본이 고율의 경제성장을 지속하던 시기였기 때문에 세수가 증가하고 물가도 상승했다는 점을 지적한다(明石, 2021). 따라서 60년에 걸쳐 천천히 갚아도 문제가 없었고 시간이 흐를수록 빚 부담은 오히려 가벼워졌다.

원금을 거의 줄이지 않는 상환방식을 취한 결과 엄청난 규모의 금액이 아까운 이자비용으로 지불된 것이다.

재정적자의 주된 원인은 사회보장비용의 증가

그렇다면 이번에는 일본 정부의 일반예산에서 사회보장비용이 어느 정도의 비중을 차지하고 있는지를 확인해 보자. [그림 7-3]은 2021년 일반회계의 세입과 세출 내역을 제시한 것이다. 이를 보면 세출에서 국채비가 22.3%나 될 정도로 매우 비중이 높다. 채무상환비 15.2조 엔에 대해 이자비용이 8.5조 엔으로 이자비용의 비중이 상당히 높다는 것을 여기에서도 확인할 수 있다.

또한 세출에서 주목할 부분은 사회보장비용의 비중이 매우 크다는 점이다. 국채비 23.8조 엔과 지자체에 의무적으로 지급해야 하는 지방교부세교부금 15.9조 엔을 제외하면, 일본 정부가 자유롭게 쓸 수 있는 예산은 66.9조 엔이지만 이 중에서 사회보장비용으로 35.8조 엔을 사용해야 한다. 이렇게 보면 일반세출에서 사회보장비용이 차지하는 비중이 무려 53.5%나 된다. 나머지 31.1조 엔으로 공공사업, 교육 및 과학진흥, 방위사업을 위한 정책을 집행해야 한다. 이외에 2021년에는 코로나19 대책을 위한 비용으로 5조 엔을 책정했다. 이처럼 경직된 재정 운영은 일본 정부가 새로운 과제에 대응해 과감한 정책을 펼칠 수 있는 여지를 크게 제약하고 있다.

한편 세입을 보면 공채금 수입이 43.6조 엔으로 무려 전체 세

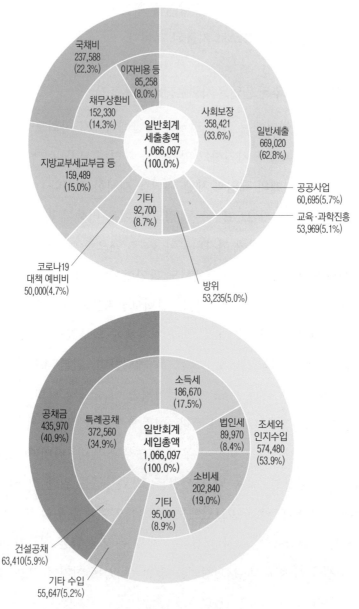

[그림 7-3] 일반회계의 세입과 세출(2021년 예산안) (단위: 억 엔)

출처: 재무성(2021), 『일본의 재정관계자료』 1~2쪽.

입의 40.9%를 차지한다. 그다음으로 소비세가 20.3조 엔으로 큰 비중을 차지하고, 이어서 소득세가 18.7조 엔, 법인세가 9.0조 엔 규모를 나타낸다. 2021년의 일반회계는 코로나19 사태로 인해 세수가 감소한 데 반해 세출이 늘어 공채수입에 더욱 의존할 수밖에 없는 어려운 상황을 보여 준다.

이처럼 일반회계 세출에서 차지하는 사회보장비용의 비중이 매우 크다는 것을 확인했다. 고령화와 더불어 사회보장비용이 꾸준히 증가하면서 세출에서 차지하는 비중은 계속 커지고 있다. 이는 6장에서 확인한 바와 같이 사회보장비용에서 공비부담 비율이 증가하고 있기 때문에 이와 연동해서 당연히 커질 수밖에 없는 구조이다. [그림 7-4]는 일반회계 세출에서 사회보장비용의 비중이 꾸준히 증가하는 상황을 나타낸 것이다. 여기서 말하는 사회보장비용은 사회보장급여비의 국고부담에 해당한다. 이를 보면 국채비와 사회보장비용의 비율만이 크게 증가하고 나머지 지방교부세교부금과 공공사업·교육·방위 부문 등이 포함되어 있는 기타 부분의 비율은 크게 감소하고 있다.

이 그림에서는 비율로만 나타냈지만 실제 금액으로 확인하면 일본 정부의 일반회계 세출에서 사회보장비용은 매년 증가하고 있다. 사회보장비용은 1990년 11.6조 엔에서 2021년 35.8조 엔으로 31년 동안 24.2조 엔 증가했다. 같은 시기 국채비용은 14.3조 엔에서 23.8조 엔으로 9.5조 엔 증가했다. 또한 지방교부세교부금은 15.3조 엔에서 15.9조 엔으로 0.6조 엔 증가했다. 공공사업·교

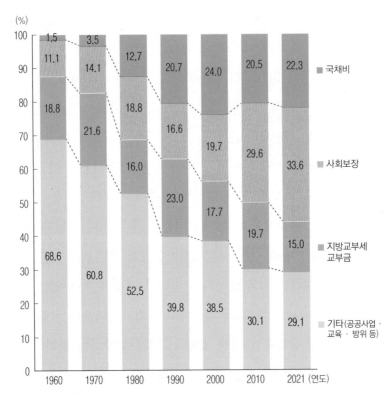

(%)

| | 국채비 |
| 사회보장 |
| 지방교부세 교부금 |
| 기타(공공사업·교육·방위 등) |

[그림 7-4] 일반회계 세출의 추이

출처: 재무성(2021), 『장래 일본을 위한 재정을 생각한다(これからの日本のために財政を考える)』6쪽.

육·방위 부문 등의 예산은 25.1조 엔에서 26.1조 엔으로 1조 엔 증가했다. 이처럼 사회보장비용은 경기의 영향을 받는 세입에 상관없이 고정적으로 지출되는 경직성 경비이기 때문에 고령화와 더불어 꾸준히 증가하고 있다.

이상으로 사회보장비용의 증가가 일본 정부의 재정적자를 늘리는 중요한 요인임을 확인했다. 그렇다면 사회보장비용은 국채발행을 늘리는 데 어느 정도의 역할을 했을까? 앞서 인용한 2021년도 『일본의 재정관계자료』에서 재무성이 분석한 결과를 보면, 1990년부터 2021년까지 31년 동안 일본 정부가 모자라는 사회보장비용을 충당하기 위해 발행한 국채는 무려 372조 엔이나 되는 것으로 추산된다. 반면 같은 기간 지방교부세교부금으로 인한 국채의 증가는 92조 엔, 공공사업으로 인한 국채의 증가는 61조 엔이다. 이런 수치를 통해 1990년 이후 국채발행의 주된 원인이 모자라는 사회보장비용을 충당하기 위한 것이었음을 확인할 수 있다.

2. 일본 정부의 재정 운영의 문제점

거대한 채무가 초래하는 국가 기능의 쇠퇴

이처럼 재정적자가 심각해진 일차적인 원인은 바로 일본 정부의 무책임과 무능에 있다. 현행 사회보장제도가 더 이상 지속 가능하지 않다는 것이 명백해졌음에도 불구하고 일본 정부는 이 문제에 제대로 대응하지 못했다. 사회보장비용의 증가로 인한 재정적자를 해결하는 방법은 급여를 줄이거나 부담을 늘리는 것이다. 이는 누구나 생각할 수 있는 매우 상식적인 해결 방안이다. 일본 정부는 철저한 개혁을 통해 사회보장지출을 줄이거나 아니면 국민부담을 늘려 세출과 세입의 균형을 맞추는 정책을 추진했어야 했다. 이 문제에 대해 국민에게 적극적으로 설명하고 설득하는 과정을 거쳐 해법을 찾았어야 했다.

그런데 일본 정부가 선택한 것은 국채를 발행해 그 부족분을 메우는 것이었다. 국민에게 동의를 얻기 어려운 국민 부담을 늘리는 방법 대신 국채를 발행해 그 부족분을 충당하는 손쉬운 방법을 택한 것이다. 국민 부담을 늘리는 것은 선거에서 표를 얻어야 하는 정치가에게는 어려운 선택이다. 국민들의 반대에 부딪쳐 선거에서 패배해 정권을 잃을 수도 있기 때문이다. 이처럼 눈앞의 상황만을 고려한 근시안적인 선택이 1990년대 이래로 30년 동안 지속되면서 일본의 재정적자는 빠르게 증가했고, 이제는 사실상 재정적자에서 벗어나는 일이 거의 불가능한 상황에 이르렀다.

일반적으로 현 세대가 세입 범위 내에서 세출을 충당하지 못해 빚을 지는 것은 장래 세대에 대한 부담 전가로 일컬어진다. 현재 수혜를 누리는 세대들이 자신들이 마땅히 부담해야 할 비용을 미래 세대로 떠넘기는 행위이기 때문이다. 미래 세대는 어쩔 수 없이 현 세대가 남긴 빚을 갚아야 한다.

그렇지만 이러한 비정상적인 재정 운영은 미래 세대에게 영향을 미치는 미래형이 아니라 이미 현재진행형으로 일본 사회에 부정적인 영향을 미치고 있다. 막대한 재정적자로 인해 일본 정부가 제대로 된 국가 운영을 하지 못하는 상황이 장기간 이어지면서 일본 사회의 정체와 퇴보가 진행되고 있다는 점에 주목할 필요가 있다. 일본이 잃어버린 20년, 30년으로 일컬어지는 장기 침체에서 벗어나지 못하고 있는 것도 이와 무관하지 않다.

방대한 재정적자가 초래하는 폐해에 대해서는 이미 많은 재정 전문가들이 지적하고 있지만 그중에서도 특히 재정의 경직화로 인한 폐해에 대해 지적하고 싶다.[2] 일반회계에서 국채원금과 이자를 갚는 데 세출의 22.3%를 쓰고, 사회보장지출에 33.6%를 쓰는 비정상적인 재정 운영은 일본 정부가 취할 수 있는 정책의 자유도를 크게 저하시킨다. 정부가 나서서 새로운 국가 과제에 적극적으로 대응할 수 있는 여지를 크게 축소시키고 있다.

정부는 국민에게서 징수한 조세 수입 등을 주요 재원으로 해서 공공서비스를 제공하고 공공목적을 달성하기 위한 다양한 활동을 한다. 이러한 정부의 재원 조달과 지출 활동을 재정이라고 하는데 재정이 미치는 범위는 정치, 경제, 사회, 문화 등 사회 모든 영역에 걸쳐 있다. 정부는 재정을 통해 자원을 효율적으로 배분하고, 소득재분배를 통해 소득 불균형을 시정하며, 경제안정화를 꾀하는 기능을 수행한다.

이런 관점에서 볼 때 방대한 재정적자로 인해 자유로이 쓸 수 있는 재원이 크게 감소한 상황에서 과거 고도성장기에 비해 일본 정부의 역할은 축소되고 있다. 일본 정부가 일본의 미래를 책임질

---

2 재정전문가들이 지적하는 재정적자의 폐해로서 주요한 몇 가지를 지적하면, 민간 부문에 투자될 수 있는 자금을 국채발행으로 흡수해 민간 기업의 생산활동을 저해한다는 점, 재정 규율을 방만하게 하고 국가경비를 팽창시킨다는 점. 국채비 증액이 재정을 경직화시킨다는 점, 재정의 지속 가능성에 대한 신인도를 저하시켜 국채가격의 하락을 가져올 수 있다는 점, 현 세대와 장래 세대의 세대 간 불공평을 초래한다는 점 등을 들 수 있다(石田, 2005; 平野, 2012; 小林 編, 2018 등 참고).

어린이와 청소년의 보육과 교육을 위해 풍족하게 쓸 수 있는 예산은 없다. 또한 젊은이의 고등교육과 직업능력을 향상시키기 위한 지원에 쓸 수 있는 예산도 제한적이다. 그리고 막대한 재정적자로 인해 기초과학과 기술혁신을 위한 연구개발 투자, 새로운 산업을 육성하기 위한 지원에도 제약이 따른다.

나아가 정부 정책에 대한 국민 신뢰도가 크게 하락하고 있는 점도 큰 문제이다. 막대한 재정적자로 인해 재정의 지속 가능성이 의문시되는 상황에서 일본 국민들은 정부를 신뢰하지 못한다. 특히 자신의 일상생활과 밀접한 관련이 있는 사회보장제도가 언제까지 지속될 수 있을지에 대한 의구심이 크다. 장기간의 경기침체 속에서 양극화가 심화되고 빈곤문제가 심각해지고 있지만 일본 정부의 미온적인 대응은 아무런 효과를 발휘하지 못하고 있기 때문이다.

이런 가운데 일본 국민들 사이에서는 자기 삶은 자기가 지킬 수밖에 없다는 각자도생의 움직임이 확산되고 있다. 정부 정책이 힘있게 추진될 수 있는 것은 국민의 지지와 협력을 바탕으로 해서이다. 정부에 대한 불신이 커지는 상황에서 일본 정부는 국민들에게 동의와 협조를 구하기 어렵고 또 이로 인해 정책의 효과를 거두기도 어려운 딜레마에 빠져 있다고 하겠다.

일본 정부의 재정규율 부재

그렇다면 일본 정부는 어떻게 재정 운영을 해야 했던 것일까? 일본 정부의 재정 운영의 문제점은 무엇인가?

정부의 재정 운영은 예산을 토대로 행해진다. 예산이란 정부의 세입과 세출의 체계적인 계획으로 정부가 실시하고자 하는 정책을 비용의 측면에서 나타낸 것이다. 정부가 1년간의 예산을 편성하면 국민의 대표기관인 국회가 이것을 심의해 정부 활동을 통제한다. 정부는 국회의 승인을 얻음으로써 비로소 예산을 집행할 수 있다. 이것은 정부 활동의 핵심인 재정이 민주적인 절차에 따라 규제를 받도록 하기 위함이다. 일본국 헌법에서도 재정민주주의의 관점에서 조세법률주의, 재정처리 권한과 국비 지출, 채무부담의 국회의결 원칙을 규정하고 있다.

1947년 미점령하에서 제정된 재정법에서는 균형재정주의에 입각해 그해 예산지출에 필요한 수입 확보를 위해 공채를 발행하는 것을 원칙적으로 금지하고 있다. 재정법 제4조에서는 "국가의 세출은 공채 또는 차입금 이외의 세입으로 그 재원을 삼아야 한다."라고 규정하고 있다. 이는 2차 세계대전 이전에 횡행했던 방만한 재정 운영을 막기 위한 조치였다. 앞에서도 살펴보았듯이 일본 정부의 방만한 재정 운영으로 일본 국민은 엄청난 고통을 감내해야 했다.

이에 대해 아사히신문은 「재정법과 전후, 역사적 의미를 잊지 말라」는 기사(2020년 8월 27일)에서 흥미로운 지적을 하고 있다. 이 기사에서는 재정법의 기안자였던 히라이 헤이지平井平治가 1947년에 발표한 『재정법축조해설財政法逐条解説』에서 "공채가 없는 곳에 전쟁은 없다고 단언할 수 있다. 따라서 본 조문은 신헌법의 전쟁

포기 규정을 확실하게 보증하기 위한 것이다."라고 서술한 부분을 인용해 재정법이 균형 재정뿐만 아니라 재정민주주의를 근간으로 하는 것은 재정에 대한 통제가 없으면 권력의 폭주를 막을 수 없다는 역사의 교훈에서 비롯된 것이라고 지적한다. 아사히신문이 인용한 부분의 바로 앞 문장을 인용하면, "전쟁 위험의 방지라는 점에 대해 전쟁과 공채가 얼마나 떼려야 뗄 수 없는 관계에 있는가는 각국의 역사를 들여다볼 것도 없이 공채 없이 전쟁 계획과 수행이 불가능했던 우리나라 역사를 고찰해 보면 명백하다."라고 서술하고 있다(「しんぶん赤旗」, 2008.4.24.). 이런 지적에서 알 수 있듯이 균형 재정과 재정민주주의는 패전 이후 평화주의를 내걸고 새롭게 출발한 일본의 국가 운영을 뒷받침하는 근간이기도 했다.

다만 재정법 제4조에서는 "단 공공사업비, 출자금 및 대부금의 재원에 관해서는 국회의 의결을 거친 금액의 범위 내에서 공채를 발행하거나 차입금을 빌릴 수 있다."라는 단서 규정을 두고 있다. 이것은 그 혜택이 후세에까지 미치는 도로나 교량 등의 인프라를 건설하기 위한 공공사업에 대해서는 예외적으로 건설국채를 발행하는 것을 허용한다는 의미이다.

이러한 원칙하에서 1965년 이전까지 일본 정부는 재정 균형을 유지해 왔다. 일본 정부가 방침을 바꾸어 처음으로 국채를 발행한 것은 1965년의 일인데, 이때 도쿄올림픽 직후의 경기 후퇴로 인한 세수 부족에 대응하기 위해 일시적으로 특례공채를 발행했다. 본격적으로 일본 정부가 국채를 발행하는 것은 1975년의 일이다. 앞의 [그림 7-1]에서 보는 바와 같이 고도성장이 끝나고 저성장기로 들어선 1975년 이후 일본 정부는 거의 매년 적자국채를 발행하고 있다. 재정법의 규정을 어기고 적자공채를 발행하는 것이기 때문에 매년 국회에서 공채특례법을 제정해 재정법 4조의 효력을 정지시키고 있다. 2012년에는 복수연도에 걸쳐 적자국채를 발행할 수 있도록 하는 특례법이 제정되었다. 이러한 편법은 50년 가까이 이어지고 있다.

그래도 1990년까지는 세수가 지속적으로 증가했기 때문에 재정적자를 어느 정도 관리해 나갈 수 있었다. 그렇지만 1990년 이후 세입은 줄어드는 데 반해 세출은 지속적으로 증가해 국채발행액이 크게 증가했다. 또한 발행하는 국채의 내역도 바뀌고 있다. 1990년대 말까지만 해도 경기부양을 위한 공공사업의 비중이 컸기 때문에 건설국채의 발행액이 컸지만, 1999년 이후 건설국채 발행액은 크게 감소하고 사회보장비용의 부족분을 충당하기 위한 특례공채 발행액이 큰 폭으로 증가하고 있다.

물론 일본 정부가 재정적자를 줄이기 위해 지금까지 아무런 노력을 하지 않은 것은 아니다. 1980년에 발족한 스즈키鈴木 내각은 '증세 없는 재정재건'을 내세워 과감한 세출 삭감을 통해 재정적자를 줄여나갔다.[3] 이후에도 세출 삭감의 노력이 이어지고 거품경기

---

3 일본 정부의 재정 재건을 위한 노력에 대해서는 다나카 히데아키의 『일본의 재정(日本の財政)』(2013), 이데 에이사쿠(井手英策)의 『일본 재정: 전환의 지침(日本財政: 転換の指針)』(2013) 등을 참고했다.

로 인해 세수가 증가하면서 1990년대 초반에는 특례공채 발행에서 벗어나기도 했다.

그렇지만 이후 거품경기가 붕괴되면서 세수는 크게 감소했고, 경기를 살리기 위한 공공사업과 감세 조치가 취해지면서 재정 상황은 더욱 악화되었다. 이런 상황을 타개하기 위해 하시모토橋本 내각은 1997년에 재정구조개혁법을 제정했다. 이 법에서는 국가와 지방의 재정적자를 GDP 대비 3% 이내로 할 것, 특례공채를 탈피하고 공채 의존도를 낮출 것 등을 목표로 설정하고, 그 달성 연도를 2003년으로 제시했다. 그러나 1998년에 아시아 금융위기가 터지고 대형 금융기관의 파산이 이어지는 등 경제 상황이 악화되자 일본 정부는 재정구조개혁법의 효력을 정지시키는 법률을 제정했고 재정 재건의 움직임은 중단되었다.

2001년에 탄생한 고이즈미小泉 내각에서는 경제재정자문회의를 중심으로 재정 재건 목표를 검토하고, 2006년에 발표한 「경제재정 운영과 구조개혁에 관한 기본방침」에서 국가와 지방의 기초적 재정수지의 흑자화를 2011년까지 달성하겠다는 목표를 제시했다. 이후 2008년에 발생한 세계 금융위기로 재정적자의 문제가 더욱 심각해지자 2009년에 아소麻生 내각에서는 2011년까지 기초적 재정수지의 흑자화를 달성하겠다는 목표를 단념한다는 방침을 발표했다. 2010년에 민주당의 간菅 내각에서는 그 목표 연도를 금후 10년 이내로 연장하겠다는 방침을 표명했고, 2018년에 아베安倍 내각은 그 목표 연도를 5년 연장해 2025년으로 하겠다는 방침을 발표했다.

2019년에 발생한 코로나19 사태로 인해 기초적 재정수지의 흑자화 목표 연도는 더욱 뒤로 미루어질 가능성이 커졌다.

이처럼 역대 내각마다 재정 재건을 외치지만 목표를 달성하겠다는 강력한 실천 의지 없이 그저 구호만 외치는 것에 머물고 있다. 경기대책으로 경제는 좋아진다며 내각이 바뀔 때마다 세출을 큰 폭으로 늘려 오히려 국채발행액만 증가하는 역설적인 결과를 가져왔다. 고통을 동반하는 철저한 개혁이 이루어져야 하지만 약간의 숫자를 개선하는 것에 목표를 두는 미봉책에 그쳤다. 이처럼 역대 수상들의 재정 개혁에 대한 실천 의지는 약했다고 할 수 있다.

재정문제 전문가인 다나카 히데아키田中秀明 교수는 2013년에 발표한 『일본의 재정日本の財政』에서 일본의 재정적자를 가져오는 가장 큰 요인으로 정치가들이 재정 규율을 준수하려는 실천의지가 약하고, 이러한 실천 의지를 높이기 위한 예산제도상의 규제가 결여되어 있는 점을 지적한다(田中, 2013).

그는 이 책에서 일본의 재정 재건을 위한 구체적인 해법을 제시하고 있는데, 이를 살펴보면 다음과 같다. 먼저 정치가가 재정 규율을 지키려는 강한 실천 의지를 갖는 것이 중요하다. 국민 모두가 강한 위기의식을 공유하고 개혁을 하겠다는 국민적 합의를 이룰 때 고통을 감내하는 개혁도 가능하다. 또한 이러한 실천 의지를 강제할 수 있는 예산제도 개혁도 필요하다. 이를 위해 구속력 있는 중기재정 계획과 지출 준칙을 마련해 예산을 편성하고, 복수연도에 걸쳐 지출 한도를 설정하며, 새로운 지출에는 반드시 재원을 마련하도록 의무화한다. 그리고 정부로부터 독립된 재정기관을 설치하고, 재정 운영의 틀을 규정하는 재정책임법을 제정하는 일도 필요하다. 이처럼 재정 재건을 위한 종합적인 해법을 제시하고 있는데, 이런 방안들이 종합적으로 실시될 때 비로소 일본 정부의 재정 건전화 노력도 조금씩 성과를 낼 것이다.

3. 증세를 거부해 온 일본 국민

선거 때마다 나타난 증세 거부

앞에서 살펴본 바와 같이 일본 정부는 1970년대 중반 이래로 지속적으로 세수를 초과하는 세출이 있었음에도 증세를 하지 못하고 국채발행에 의존해 왔다. 일본 정부가 증세에 성공한 것은 1988년의 일인데, 다케시타竹下 내각에서 3%의 소비세 도입을 결정했다. 1996년에 하시모토 내각에서는 소비세를 5%로 인상하는 법안을 통과시켰다. 민주당 정권인 노다野田 내각에서는 2012년에 소비세를 2014년 4월부터 8%로 올리고, 2015년 10월부터 10%로 인상하는 법안을 통과시켰다. 소비세 8% 인상은 2014년 4월부터 시행되었고, 소비세 10% 인상은 시행 시기가 두 차례 연기되어 2019년 10월부터 실시되었다.

그렇다면 일본 정부는 왜 이렇게도 증세를 추진하기가 어려웠는가? 소비세 3% 도입에서 10%로 인상하기까지 무려 30년이나 걸린 이유는 무엇일까? 여기에는 일본 국민들의 증세에 대한 뿌리 깊은 거부감이 중요한 요인으로 자리 잡고 있다. 증세에 대한 국민들의 거부감이 컸기 때문에 일본 정부는 증세를 추진하지 못했고, 매스컴도 이 문제를 제대로 다루지 못했다.

일본인의 증세에 대한 거부감을 잘 보여 주는 것은 증세를 주장한 정당에 대해 선거에서 패배를 안기는 것이었다. [표 7-1]은 역대 선거에서 소비세 증세가 쟁점이 되었던 선거 결과를 정리한 것이다.

일본 국민들의 증세 저항을 확인한 첫 번째 사건은 바로 1979년 중의원 선거에서이다. 이 시기는 일본 경제가 저성장으로 들어서고 매년 재정적자가 지속되었던 때였기 때문에 오히라 마사요시大平正芳 수상은 1979년에 재정 재건을 위해 일반소비세(＝부가가치세)를 도입하겠다는 결정을 내렸다. 이로 인해 같은 해 10월에 치러진 중의원 선거에서는 소비세가 처음으로 선거전의 쟁점이 되었다. 그런데 이런 결정에 대해 여야당을 비롯해 노동단체, 상공단체, 소비자단체가 맹렬히 반대해 오히라 수상은 선거 도중에 소비세 도입을 철회하겠다는 방침을 밝혔다. 그렇지만 결국 자민당은 총선거에서 과반수 의석을 얻는 데 실패했다.

두 번째는 1987년 지방자치선거에서이다. 그 전해인 1986년 7월 중참 양원 선거에서 나카소네 야스히로中曽根康弘 수상은 대형 간접세를 실시할 계획이 없다는 공약을 내걸어 선거에서 큰 승리를 거두었다. 그렇지만 선거 후 매상세売上税(＝일본형 부가가치세)

법안을 국회에 제출했는데, 이것이 공약 위반이라며 국민들은 크게 반발했다. 이로 인해 이 법안은 결국 폐안되었다. 그러나 그 여파로 1987년에 있었던 지방자치선거에서 자민당은 패배했다.

이러한 두 번의 실패를 거쳐 세율 3%의 소비세가 성립한 것은

[표 7-1] 증세가 쟁점이 되었던 선거의 결과

선거	연도	내각	쟁점	결과
중의원	1979년 10월	오히라	일반소비세 도입을 결정했으나 반대여론이 높아 철회	의석 감소 과반수 깨짐
지방의원	1987년 4월	나카소네	매상세 법안을 국회에 제출, 국민적 반대에 부딪쳐 폐안됨. 세제 도입 연기	선거 패배
참의원	1989년 7월	우노	리쿠르트 사건, 수상의 여성문제, 소비세 도입에 관한 찬반 논쟁	의석 감소 선거 후 퇴진
중의원	1996년 10월	하시모토	소비세 5% 인상	의석 증가
참의원	1998년 7월	하시모토	소비세 증세 후 첫 선거	의석 감소 선거 후 퇴진
참의원	2010년 7월	간(민주당)	참의원 선거 직전에 소비세 10% 인상안을 표명	선거에 참패
중의원	2012년 12월	노다(민주당)	소비세 증세 결정	의석 감소 정권 교체
참의원	2013년 7월	아베	9개월 뒤에 소비세 증세 시행 예정	의석 증가
중의원	2014년 12월	아베	소비세 증세 연기	의석 증가
참의원	2016년 7월	아베	소비세 증세 연기	의석 증가

출처: 도이 다케로 연구회(土居丈朗研究会)(2016), 「통세감 완화를 위한 세제개혁(痛税感緩和のための税制改革)」 11쪽과 nippon.com의 「소비세 도입과 증세 역사(消費税導入と増税の歴史)」(2019.10.1.)를 참고해 작성.

1988년의 일이다. 이때 소득세와 법인세, 상속세에 대한 대폭적인 감세가 이루어졌고 기존의 간접세는 폐지되었다. 이들 세금의 감세로 인한 손실분을 보전하기 위해 소비세가 도입되었다고 할 수 있다. 그런데 이를 주도했던 다케시타 노보루竹下登 수상은 소비세 도입에 대한 비판과 리쿠르트 뇌물 사건으로 퇴진했다. 그리고 소비세 도입 후 첫 선거였던 1989년 7월 참의원 선거에서 자민당은 의석수가 크게 줄어 큰 패배를 기록했다.

1996년에 하시모토 내각에서는 소비세 3%를 5%로 인상했다. 이러한 소비세 인상이 같은 해 참의원 선거에서 쟁점이 되었지만 자민당은 의석수를 늘렸다. 예외적으로 소비세 인상에도 불구하고 의석수를 늘린 사례이다. 그렇지만 1998년에 대형 금융기관의 파산이 이어지면서 1998년 7월 참의원 선거에서 패배해 하시모토 류타로橋本龍太郎 수상은 사임했다.

소비세 증세가 다시 이슈가 된 것은 한참 뒤인 2010년에 와서이다. 2010년 7월 참의원 선거 직전에 간 나오토菅直人 수상은 소비세 10% 인상안을 제시해 선거에서 참패했다.

그 후 사회보장비용으로 인한 재정적자가 심각한 상황에 이르자 노다 요시히코野田佳彦 수상은 2012년 6월에 소비세 증세로 늘어난 세수를 사회보장에만 사용한다는 '사회보장과 세제 일체개혁 법안'을 제출해 통과시켰다. 그렇지만 민주당은 소비세 증세를 둘러싸고 분열했고, 결국 2012년 12월의 총선거에서 패배해 자민당에 정권을 넘겨주게 되었다.

이후 다시 정권을 되찾은 자민당의 아베 내각에서는 소비세 8%에서 10% 인상을 두 차례나 연기해 2019년 10월부터 시행했다. 이처럼 선거 전에 두 번이나 증세 연기를 표명한 아베 내각은 선거 후에도 과반수를 유지했다. 또한 아베 수상은 2018년 9월 자민당 총재 선거에서 3선에 성공했다.

지금까지 살펴본 일련의 과정을 거치면서 일본의 정치가들 사이에서는 증세를 주장하면 선거에서 패한다는 생각이 자리 잡았고, 증세는 일본 정치에서 가장 다루기 어려운 과제가 되었다.

일본 국민들의 세금 부담감이 높은 이유

그렇다면 일본인들은 왜 이렇게도 증세에 대해 거부감이 큰 것일까? 어느 나라 국민도 증세를 환영하지는 않겠지만 그렇다고 일본처럼 일관되게 증세가 선거 패배의 주요 요인이 된 경우는 드문일이다. 일본의 연구자들도 왜 이렇게까지 증세 거부가 강한지를 납득하기 어려워 그 이유를 찾고자 여러 연구를 진행했다. 일본인들의 증세에 대한 강한 거부감을 일본의 연구자들은 '통세감痛稅感'으로 표현한다. 이는 세금 부담을 고통으로까지 느낄 정도로 무겁게 느낀다는 의미이다.

재정사회학자 이데 에이사쿠井手英策는 2013년에 발표한 『일본재정: 전환의 지침日本財政: 轉換の指針』에서 세계 여러 나라의 중간층이 느끼는 세금 부담에 대한 의식조사 결과를 인용해 일본인들은 독일, 노르웨이, 스웨덴 등 유럽의 선진국 국민보다 자국의 세금

부담을 무겁게 여긴다고 지적했다. 이것은 국제사회조사프로그램 International Social Survey Programme의 정부 역할role of government에 대한 2006년 조사 결과를 인용한 것이다. 이러한 조사 결과는 이해하기 어려운 것인데, 6장에서 확인한 바와 같이 일본의 국민부담률은 유럽의 선진국에 비해 낮은 수준이기 때문이다. 이는 실질적인 세금 부담과 세금 부담감 사이에 괴리가 크다는 것을 의미한다.

그런데 이 문제를 단순히 혜택은 많이 받고 부담은 하고 싶지 않다는 일본인들의 이기심에서만 찾을 수는 없을 것이다. 분명 여러 구조적·제도적 요인들이 관련되어 있을 것인데, 재정적자의 문제를 해결하기 위해서는 향후에도 증세가 불가피한 만큼 일본인들의 통세감의 원인을 찾아내는 일이 무척 중요하다고 하겠다. 지금까지 이루어진 여러 연구 등도 참고하면서 필자가 생각한 일본인의 통세감에 영향을 미치는 주요 요인을 제시하면 다음과 같다.[4]

첫째, 일본 정부에 대한 낮은 신뢰도가 하나의 원인이라는 점이다. 일본 국민들의 정부에 대한 신뢰도가 낮다는 것은 여러 의식조사에서 확인된다. NHK 방송문화연구소에서 여러 차례 실시한 의식조사에 따르면 여러 직업 중에서 관료와 정치가, 정부에

---

4 이와 관련된 연구로 야마다 마사나리·오카다 데츠로(山田真成·岡田徹太郎)의 「일본의 통세감 형성의 요인 분석(日本における痛税感形成の要因分析〈上〉)」(2019), 후지마키 가즈오(藤巻一男)의 「조세부담과 수익에 관한 국민의식에 대해(租税負担と受益に関する国民意識について)」(2010), 도이 다케로 연구회(土居丈朗研究会)의 「통세감 완화를 위한 세제개혁(痛税感緩和のための税制改革)」(2016), 이데 에이사쿠의 『일본 재정: 전환의 지침』(2013), 겐조 요시카즈(権丈善一)의 『의료개호의 일체개혁과 재정(医療介護の一体改革と財政)』(2015) 등을 참고했다.

대한 신뢰도는 매우 낮게 나타난다. 이는 오랜 기간 일관되게 나타나는 경향이다. 또한 이데 에이사쿠 교수가 앞에서 언급한 책에서 제시하고 있는 국제사회조사프로그램의 시민의식citizenship에 대한 2004년 조사 결과에서도 일본 국민들의 정부에 대한 신뢰도는 거의 하위 수준이라고 할 정도로 매우 낮다. 이러한 정부 불신은 결국 정부가 하는 일은 믿을 수 없다는 의식이 바탕에 있음을 보여 준다고 할 수 있다.

일본에서 증세 이야기가 나오면 으레 나오는 반응은 우선 정부 부문의 낭비부터 줄이라는 주문이다. 정부 예산에서 불필요한 낭비와 비효율이 많기 때문에 이를 없애야 한다는 주장이 먼저 나오고, 그다음으로 공무원이나 의원 수를 줄이라는 주장이 제기되기도 한다. 이러한 주장이 지속적으로 반복되어 나오는 배경에는 정부와 정치에 대한 불신이 그 배경에 있다고 할 수 있다.

둘째, 일본 국민들이 느끼는 세금에 대한 부담감과 공공서비스에 대한 만족감 사이의 괴리가 크다는 점이다. 통세감은 수익과 부담의 균형에 따라 정해진다. 세금을 많이 거두어 가도 그것이 자신들의 복지를 위해 잘 쓰인다고 느낀다면 세금에 대한 부담감은 크지 않을 것이고, 그렇지 못하다면 세금 부담감은 커질 것이다. 일본에서 증세 이야기가 나오면 으레 등장하는 또 하나의 주장이 바로 증세한 돈은 오로지 사회보장을 충실히 하는 데만 써야 한다는 것이다. '사회보장 목적세론'이라고도 부를 수 있는 이런 주장이 나오는 것 자체가 다수의 국민들이 정부를 신뢰하지 않으며,

정부가 세금을 국민을 위해 제대로 사용하지 않는다고 느낀다는 것을 의미한다.

셋째, 일본 국민들의 낮은 사회적 연대 의식도 통세감과 관련이 있다. 정부는 세금을 주요 재원으로 해서 공공서비스를 제공한다. 재정을 통해 정부는 소득재분배 기능을 수행하는데, 사회적 약자에 대한 사회보장지원을 통해 소득 불균형을 완화하고자 한다. 사회적 연대란 가장 쉽게 말하자면 어려울 때 서로 돕고 의지하는 것이다. 다른 사람이 어려울 때 내가 도움을 주고 내가 어려움에 처했을 때 다른 사람의 도움을 받음으로써 문제를 해결해 나가고자 하는 것, 이것이 바로 사회적 연대의 출발점이다. 그런데 사회적 연대 의식이 높은 사회에서는 정부가 재정을 통해 소득 불균형을 완화하려는 활동에 대해 관용적이다. 경제적으로 어려운 사람, 사회적 약자를 돕는 일에 내가 낸 세금을 쓰는 것에 관용적인 태도를 보인다. 반면 사회적 연대 의식이 낮은 사회라면 사회적 약자를 구제하는 정부 정책에 대해 관용적이지 않거나 저항까지도 할 수 있다. 내가 낸 돈이 아까우니 다른 사람을 위해 쓰지 말라는 태도이다.

그런데 일본 국민들의 사회적 연대 의식이 높다고는 말하기 어렵다. 일본에서는 "생활보호는 인간의 근로의식을 없애고 나태한 생활을 조장한다."라는 식으로 생활보호 수급자를 따갑게 바라보는 시선이 있다(井手, 2013). 또한 생활보호 부정수급 사건이 일어날 때면 생활보호 수급자 전체를 부정적으로 보는 듯한 보도가 연일 뉴스에 등장하기도 한다. 이런 영향 때문인지 생활보호 수급자라는 사회적 낙인을 꺼려 해서 수급 신청을 하지 않는 사람도 꽤 있다. 지자체의 복지 담당직원이 창구에서 이런저런 이유를 대면서 생활보호 신청을 아예 받아 주지 않는 경우도 꽤 있는데, 이를 칭하는 말로 외부에서 오는 적의 상륙을 해안水際에서 막는다는 말에서 유래한 미즈기와 작전水際作戰이라는 말이 지금도 여전히 쓰이고 있다. 불과 얼마 전인 2021년 3월에는 요코하마시의 보건복지센터에서 이런 일이 발생해 담당 직원들이 사죄하는 사건이 일어나기도 했다.

특히 사회적 연대 의식이 낮은 배경에는 사회보험제도의 분립주의도 중요한 영향을 미치고 있다. 6장에서 자세히 설명했듯이 일본의 사회보험제도는 분립주의적 특징을 나타낸다. 이것은 사회적 연대 의식이 미치는 범위가 같은 조합 내에서 머문다는 것을 의미한다. 다시 말하면 자기가 속한 조합이나 단체를 넘어서면 사회적 연대 의식이 발동하기 어려워진다는 것이다. 특히 의료보험은 분립주의를 극복하지 못해 매번 보험제도 간 재정 조정을 통해 의료보험제도를 유지해 나가야 하는 어려움을 안고 있다.

넷째, 또 하나의 간과할 수 없는 중요한 요인으로 일본에서 사회보장제도가 도입되어 제도로서 정착해 현재까지 이어져 온 일본의 특수상황이 통세감과 관련이 있다. 일본 사회보장제도의 역사적 변천 과정을 고찰한 6장에서 지적했듯이 일본의 사회보장제도는 전시체제하에서 국가적 필요에 따라 위로부터 도입되었다. 그리고 패전 이후의 경제적 궁핍 속에서도 국민이 건강하고 행복하게 살 수 있는 복지국가를 건설하고자 국가가 나서서 국민개연금과 국민개보험을 추진했다. 1946년에 새롭게 제정된 일본국 헌법에서는 국민이 누려야할 기본권으로서 생존권과 행복추구권을 규정하고 있다.

이러한 국가 운영의 방향이 국민에게는 낮은 부담을 요구하는 대신 국고부담을 통해 복지를 확충하는 방향으로 이끌었다. 따라서 사회보장제도의 설계자이자 운영자이며 문제해결자로서 국가의 책임이 강조되었고, 국가는 사회보장의 재원문제가 불거질 때마다 국고부담을 늘리는 방식으로 문제를 해결해 왔다. 이런 과정을 거치면서 비용부담의 측면에서 볼 때 '국고부담 의존도가 높고 국민의 비용부담 수준은 낮은' 일본적 사회보장시스템이 생겨났다 (田多, 2009). 일본 국민들은 이러한 일본적 사회보장시스템을 당연한 것으로 받아들였고, 복지비용의 부담을 자신들의 문제로 받아들이려는 의식을 키우지 못했다고 할 수 있다.

4. 사회보장개혁의 핵심은 세대 간 불공평 문제의 해결

이상으로 6장과 7장에 걸쳐 일본의 사회보장제도의 현황과 재정적자 문제를 고찰했다. 이 문제에 대한 분석을 마무리하면서 과연 어떤 방향에서 사회보장제도의 개혁이 필요하고 또 가능할 것인지 생각해 보자.

일본의 사회보장제도에서 가장 큰 문제가 되는 것은 보험료로 사회보장비용을 충당하지 못해 공비부담으로 이를 메움으로써 지속적으로 재정적자가 누적되고 있는 것이다. 이 문제를 해결하기 위해서는 국민부담률을 높여 부담과 혜택의 균형을 맞출 필요가 있다. 특히 고령자에게 혜택이 편중되어 있기 때문에 고령자의 부담을 늘릴 방안을 찾아야 하는데, 유권자로서 막강한 영향력을 갖는 고령자의 저항 때문에 이를 실현하는 일이 쉽지 않다.

과연 정치적으로 어려운 이 문제를 일본 정부는 어떻게 해결할 수 있을까? 세대 간 갈등이 아닌 협력을 통해 이 문제를 해결할 방안을 찾을 수는 없을까? 이하에서는 사회보장개혁의 핵심 문제인 세대 간 불공평 문제에 초점을 두어 그 해결 방안을 생각해 본다.

풍요한 고령 세대를 가난한 현역 세대가 부양하는 모순

일본인들이 통세감을 갖는 이유 중 하나는 현행 사회보장제도가 공평하지 않다고 생각하는 사람들이 많기 때문이다. 현역 세대 중에는 사회보장제도가 고령자에 편중되어 있어 자신들은 소외된다고 느끼는 사람들이 많다. 그렇지만 누구나 고령자가 되기 때문에 자신도 나이가 들어 그 혜택을 받을 것이라는 전제하에서 고령자에 편중된 사회보장제도를 암묵적으로 수용해 온 측면이 있다.

그런데 이런 전제가 오래전부터 무너지기 시작해 이제는 더 이상 수용하기 어려운 상황에 와 있다. 고령인구가 빠르게 증가하면서 생산연령인구의 부담은 감당할 수 없을 정도로 커지고 있다. 향후 고령자 수가 정점에 이르는 2040년까지 생산연령인구의 부담은 더욱 커진다. 더욱이 막대한 재정적자로 사회보장제도가 언제까지 지속될 수 있을지 불안하다. 이런 상황으로 인해 현역 세대의 불만은 더욱 커지고 있다.

젊은 사람들은 고령 세대를 가리켜 '도망치는 세대逃げ切り世代'라고 표현하기도 한다. 이 말은 고령 세대가 혜택만 받고 부담에 대해서는 나 몰라라 한다는 인식을 담고 있다. 일본 경제가 가장 잘나가던 고도성장시대에 취직해 연금도 자신들이 낸 보험료 이상으로 풍족하게 받고 후세대에게는 엄청난 빚만 떠넘기는 세대, 젊은 세대들은 지금의 고령 세대에 대해 이런 이미지를 갖고 있다. 이런 점에서 세대 간 불공평 문제는 사회보장제도의 근간을 흔드는 문제라고 할 수 있다.

이와 같은 불만은 일본의 사회보장제도가 고령자에 편중되어 있기 때문에 생긴 것이다. 이 분야의 전문가들도 이미 오래전부터 세대 간 불공평, 세대 간 격차 문제의 중요성을 지적해 왔다. 1장에서도 소개한 바 있는 인구경제학자 가토 히사카즈는 2011년에 발표한 『세대 간 격차: 인구감소사회를 되묻는다世代間格差: 人口減少社会を問いなおす』에서 세대 간 격차 문제는 일본의 현재와 미래를 생각하는 데 매우 중요하며, 단순한 손득 계산의 문제가 아니라 경제사회 시스템의 지속 가능성을 무너뜨리는 문제라고 지적한다.

재정학자 오구로 가즈마사는 2020년에 발표한 『일본 경제의 재구축日本経済の再構築』에서 세대회계generational accounting의 수법을 이용해 세대 간 부담과 수익 면에서의 격차를 추계한 재무성의 분석 결과를 인용하면서 이처럼 장래 세대에게 엄청난 빚을 떠넘기는 현행 재정 방식을 '재정적 유아 학대'라고 표현했다. 세대회계 수법이란 개인이 일생 동안 국가에 지불하는 세금이나 사회보험료 등의 총부담액과 사회보장급여비 등의 형태로 국가로부터 받는 총수익액을 세대별로 추계하는 것이다.

그 추계 결과를 보면 세대 간 부담과 수익의 격차가 매우 뚜렷하게 나타난다. 2001년 시점에서 60세 이상 세대(1941년까지 출생자)에서는 생애에 걸쳐 6499만 엔의 수익 초과가 발생하고, 50대(1942~1951년생)에서는 194만 엔의 수익 초과가 발생한다. 반면 40대 이하는 부담 초과를 지는데, 40대(1952~1961년생)에서는 -952만 엔, 30대(1962~1971년생)에서는 -1732만 엔, 20대(1972~1981년생)에서는 -1880만 엔의 부담 초과가 발생하며, 장래 세대(1982년부터 그 이후 출생자)에서는 -5223만 엔의 부담 초과가 발생한다.

고령자를 우대하는 현행 사회보장제도를 비판하는 가장 큰 근거는 고령 세대가 사회적 약자가 아니라는 점이다. 일본은행에서 발표하는 「자금순환통계」에 따르면, 일본 가계의 금융자산은 2019년 12월말 기준으로 1,903조 엔이며, 그 내역은 현금·예금이 53%, 보험·연금이 28%, 주식 등이 15%이다. 가계의 금융자산은 매년 증가해 왔는데, 일본 정부의 채무가 증가하는 것과 병행해 가계의 금융자산도 지속적으로 증가했다. 이는 국채와 관련된 직접·간접 금융상품을 통해 이자수입이 가계로 이전되었기 때문이다. 따라서 경제전문가 중에는 국가의 채무는 곧 국민의 자산이기 때문에 걱정할 필요가 없다는 다소 비현실적인 주장을 하는 사람도 있다. 이 문제는 오히려 국민이 마땅히 부담해야 할 비용을 부담하지 않아서 정부 부문의 채무가 쌓여가는 것으로 봐야 할 것이다.

그런데 중요한 점은 가계의 금융자산이 고령자에 편중되어 있다는 점이다. 총무성의 「전국소비실태조사」를 바탕으로 금융청이 작성한 자료에 따르면, 60세 이상 퇴직 세대가 보유하고 있는 금융자산의 비율은 1999년의 47.4%에서 2014년의 65.7%로 크게 증가했다(明治安田生命 자료에서 재인용). 같은 자료에 따르면 2035년에는 그 비율이 70.6%에 달할 것이라고 한다. 산업구조가 변하면서 자본으로 인한 수익 비중이 커지고 저성장으로 인해 현역 세대의 소득증가가 어려워지는 가운데 개인 금융자산의 고령자에 대한 편재는 앞으로도 더욱 심화될 것이라는 예상을 할 수 있다. 이러한 통계자료를 통해 자산에서 고령자의 압도적 우위를 확인할 수 있다.

이러한 자산의 고령자 편재 현상을 잘 보여 주는 것이 [그림 7-5]이다. 이것은 2인 이상 세대를 대상으로 세대주의 연령 그룹별 경제 상황을 살펴본 것이다. 이를 보면 세대주의 소득은 50~59세까지는 높아지지만 이후 고령자가 되면 낮아진다. 그렇지만 고령자의 순저축액은 증가한다. 특히 세대주가 60~69세인 경우와 70세 이상인 경우 다른 연령그룹에 비해 순저축액이 매우 크다. 연령 그룹이 높아질수록 저축액과 자가 비율이 증가하는 반면 세대주가 30~39세인 연령 그룹을 정점으로 부채액은 감소한다.

이처럼 소득과 자산을 종합적으로 고려할 때 고령자가 현역 세대보다 경제 상황이 풍요롭다는 것을 알 수 있다. 현역에서 은퇴했기 때문에 당연히 소득은 낮지만 연금과 기타 수입이 있으며, 자산으로 집과 저축 등의 금융자산이 있다. 특히 앞에서도 확인했듯이 금융자산은 압도적으로 고령 세대에 편중되어 있다. 고령자는 지금까지 살아오면서 취득한 소득과 자산의 차이가 누적되면서

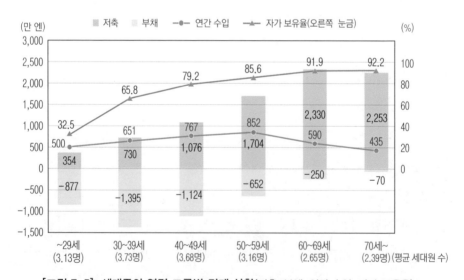

[그림 7-5] 세대주의 연령 그룹별 경제 상황(저축, 부채, 연간 수입, 자가 보유율)

출처: 원 자료는 총무성(2019), 「가계조사(家計調査)」(2인 이상 세대).
내각부(2021), 『고령사회백서(高齢社会白書)』 19쪽에서 인용.

세대 내 격차가 가장 큰 연령층이다. 이런 상황을 외면하고 고령자를 일률적으로 사회적 약자로 취급해 우대하는 사회보장제도를 유지하는 것은 문제가 있다. 이는 풍요한 고령 세대를 가난한 현역 세대가 힘겹게 부양하는 모순적인 상황을 시정하지 않고 방치하는 것을 의미한다.

심각해지는 빈곤문제

일본 사회보장제도의 또 하나의 문제점은 소득재분배 효과가 낮다는 것이다. 국가가 나서서 사회보장제도를 운영하는 중요한 목적 중 하나는 소득재분배 효과를 거두고자 하는 것이다. 일본 사회보장제도가 서구 선진국에 비해 소득재분배 효과가 낮은 이유는 사회보험이 사회보장제도의 근간이 되고 있기 때문이다. 사회보험방식은 보험료를 내지 않은 사람은 보장 혜택에서 배제하기 때문에 소득재분배 효과가 낮을 수밖에 없다. 국가의 도움이 필요한 사람은 정작 보험료를 납부하지 못해 그 혜택에서 배제되는 사각지대에 있다.

더욱이 사회보험을 근간으로 하면서도 국가가 공비로 40%를 부담하는 운영 방식은 소득재분배 효과를 더욱 낮춘다. 소득에 상관없이 일률적으로 보조금이 지급되고 있지만 보험료를 지불하지 않은 사람은 공비부담의 혜택을 받지 못하는 반면 보험료를 납부한 고소득자에게는 공비부담의 혜택이 주어진다. 고소득층의 기초연금에 대해 국가가 일률적으로 보조금을 지급하는 것은 비효율적인 소득재분배의 전형적인 예이다. 따라서 이 문제를 어떻게 해결할 것인지가 사회보장개혁과 관련해서 중요하다.

장기간의 경기침체로 일본 사회의 안전망이 무너지고 빈곤문제가 확산되고 있는 상황은 여러 지표를 통해 확인된다. 우선 생활보호 수급자가 꾸준히 증가하고 있다. 생활보호 수급자 수는 패전 직후 높은 수준을 유지하다가 지속적으로 감소해 왔는데, 1995년 88만 명을 바닥으로 이후 매년 증가하기 시작해 2018년에는 207만 명을 나타낸다. 생활보호 수급자 중 절반이 65세 이상 고령자이다. 65세 이상 수급자는 2018년에 104만 명으로, 이들 고령자의 다수가 혼자 거주하는 독거 고령자이다.

한편 현역 세대 안에서도 빈곤문제가 심각해지고 있다. 비정규직으로 낮은 임금에 고용 불안의 문제까지 안고 있는 사람들이 증가하고 있는데, 이들을 사회학자 하시모토 겐지橋本健二는 언더클래스라고 부른다(橋本, 2021). 언더클래스에는 비정규직 중에서 전문직과 관리직, 주부 파트타임 노동자를 제외한 모든 비정규직이 해당된다. 이들은 2017년 기준으로 900만 명에 달하는데 전체 노동자의 14%나 된다. 하시모토 교수는 이들 비정규직 900만 명에 더해 실업자와 취업할 의사조차 갖지 않는 무업자無業者 300만 명을 포함시켜 넓은 의미에서 언더클래스가 1200만 명이나 된다고 추산한다. 하시모토 교수는 이들에 대한 구제책이 없으면 일본의 장래는 없다고 강하게 주장한다.

특히 비정규직 중에서도 가장 어려운 처지에 있는 사람이 한부모 가정의 싱글맘이다. 일본의 한부모 가정의 상대적 빈곤율은 다른 선진국에 비해 매우 높은 편인데, OECD의 「세계 한부모 가정의 상대적 빈곤율」 2014년 통계에 따르면, 일본은 모친의 취업률이 높은데도 불구하고 상대적 빈곤율이 50.8%로 33개 국가 중에서 가장 높다(持田, 2019). 이것은 싱글맘이 열심히 일해도 빈곤을 면하지 못한다는 것을 의미한다. 여기에는 일본의 독특한 임금체계가 관련이 있는데, 남녀 간 임금 격차가 크고 정규직과 비정규직의 임금 격차가 크기 때문에 비정규직 여성은 매우 낮은 임금을 받을 수밖에 없다. 더욱이 싱글맘은 자녀를 돌보아야 하는 육아의 부담 때문에 어쩔 수 없이 파트타임 노동을 계속할 수밖에 없는 경우가 많다.

한부모 가정의 어려움은 그대로 자녀의 교육 격차로 이어져 빈곤이 대물림되고 계층의 고정화가 일어나는 악순환으로 이어질 수 있다. 일본에서 경제적 어려움으로 식사를 제대로 할 수 없는 절대적 빈곤에 처한 어린이가 증가하는 현상이 사회적 이슈가 된 지 오래되었고, 이 문제를 해결하기 위해 전국 각지에 시민단체가 운영하는 어린이 식당이 3,700여 개나 생겨났다. 그만큼 빈곤문제가 일본 사회 깊숙이 침투해 있다는 것을 보여 준다고 하겠다.

사회보장제도의 과감한 개혁은 가능한가?

최근에 와서 일본 정부가 추진하고자 하는 사회보장개혁의 방향은 전 세대형 사회보장으로 전환하는 것이다. 이것은 고령자에게 혜택이 편중된 현행 사회보장제도를 개정해 모든 세대가 폭넓게 같이 부담하면서 같이 혜택을 누리는 제도로 바꾸자고 하는 개혁이다. 일본 정부가 세대 간 격차문제에 관심을 갖고 이 문제를 검토하기 시작한 것은 2010년대 초반이다. 사회보장제도국민회의에서 이 문제를 검토해 2013년에 보고서를 발표했는데, 여기에서는 '급여는 고령 세대 중심, 부담은 현역 세대 중심'이라는 현행 사회보장제도의 부담과 급여의 관계를 고쳐서 모든 세대가 폭넓게 부담하고 혜택도 골고루 받는 전 세대형 사회보장으로 전환해야 한다고 주장했다.

이후 8년이라는 시간이 지나서 2021년 6월에 전 세대 대응형 사회보장제도를 구축하기 위한 건강보험법 등의 일부가 개정되었다. 이번 개정에서 가장 중요한 부분은 단독가구 기준으로 연수입 200만 엔 이상의 75세 이상 고령자에 대해 의료보험의 창구부담 비율을 10%에서 20%로 올리도록 한 것이다. 이번 개정으로 75세 이상 고령자 1870만 명 중 370만 명이 해당자가 되었다. 그렇지만 그 효과는 매우 제한적이어서 현역 세대의 부담 경감은 1인당 연 700엔에 불과한 것으로 예상된다(京都新聞, 2021.6.8.). 더욱이 일본 정부는 이번 개정으로 인한 고령자의 부담을 완화하기 위해 3년간 부담증가액이 최대 월 3,000엔이 되도록 하는 완화 조치를 마련했다. 따라서 해당 고령자의 실질적인 부담은 완화된다.

이렇게 보면 전 세대 대응형 사회보장제도로 전환하기 위해 고령자의 부담을 높인다는 거창한 개정 취지와는 달리 그 효과는 너무도 미미하다고 할 수 있다. 또한 고령자의 의료비 부담을 늘리기 위한 다른 이슈들이 검토되기도 했지만 모두 빠졌다는 점도 이번 개정의 한계라고 할 수 있다. 이런 정도의 미미한 개정으로는 고령화로 인한 의료비 팽창에 대응하지 못한다는 것이 대다수 언론의 평가이다. 의료비의 안정적 재원을 확보하기 위해서는 세제와 보험료를 포함한 근본적인 개혁이 필요하다는 지적이 많다.

결국 이번 개정이 고령자를 우대하는 제도를 고쳐야 한다는 오랜 주장에도 불구하고 현실적인 이해관계의 벽에 부딪쳐 세대 간 불공평의 문제를 개선하는 일이 사실상 불가능하다는 것을 증명했다고도 할 수 있다. 2021년 가을 중의원 선거를 앞둔 여당 내부에서는 유권자를 배려해서 적용 대상자를 넓히지 않으려 했고, 병원 수입이 줄어들 것을 우려한 의료단체에서는 이번 개정으로 고령자들이 진료를 꺼리게 된다는 주장을 했다고 한다(早川, 2021). 이해관계자의 공방 끝에 정치적 타협의 결과로 앞서 언급한 내용으로 개정이 되었다고 할 수 있다.

이는 정치가들이 유권자로서 큰 규모를 나타내고 투표에도 적극적인 고령 세대의 눈치를 보지 않을 수 없었기 때문이다. 고령자 중에는 지역의 토박이로서 정치가의 후원회에 가입해 활동하거나 주민자치회 회장이나 간부로 지역사회에서 영향력을 행사하는 사람이 많다. 총무성 홈페이지에 올라와 있는 역대 중의원 선거와 참의원 선거의 연령별 투표율을 보면, 고령자의 적극적인 투표 경향이 확인된다. 역대 중의원 선거(1967년 31회 선거~2017년 48회 선거)에서 투표율이 높은 순서대로 나열하면 60대, 50대, 40대, 70대, 30대, 20대의 순으로 이어진다. 참의원 선거(1989년 15회 선거 ~2019년 25회 선거)에서는 60대, 50대, 70대, 40대, 30대, 20대의 순으로 이어진다. 이러한 투표 경향은 장기간에 걸쳐 일관되게 나타난다. 70대 이상의 경우, 신체적인 어려움 등이 투표율을 낮추는 요인으로 작용하고 있지만 20대와 30대보다는 월등히 높고 40대와는 비슷하거나 다소 낮다. 이러한 적극적인 투표율을 보고 고령자의 정치적 영향력을 무시하는 정치가는 없을 것이다.

더욱이 향후 2040년까지 생산연령인구는 1400만 명이 감소하는 데 반해 고령인구는 300만 명이 증가할 것으로 예상된다. 이러한 인구구성의 변화까지도 고려할 때 당분간 고령 세대의 정치적 영향력은 더욱 커질 수밖에 없다. 이 때문에 사회보장개혁은 사실상 어려울 수밖에 없다고 하겠다.

이런 걱정으로 일본의 연구자 중에는 고령자가 아닌 다른 세대의 정치적 영향력을 높이기 위한 투표법을 제안하는 사람도 있다.[5] 예를 들면 투표권을 갖지 않는 자녀 몫을 부모가 대리로 투표하는 방식이다. 부모라면 누구나 자녀의 장래를 생각해서 자녀에게 이익이 되는 결정을 할 것이라는 발상이다. 이것은 미국의 인구학자 폴 드메인Paul Demeny이 제창했다고 해서 드메인 투표법으로 불린

5　실버 민주주의의 폐해를 막기 위해 고령자가 아닌 다른 세대의 정치적 영향력을 높이고자 하는 투표 방식에 대해서는 야시로 나오히로의 『실버 민주주의: 고령자 우대를 어떻게 극복할 것인가(シルバー民主主義: 高齢者優遇をどう克服するか)』(2016)를 참고했다.

다. 또한 세대별 선거구제라는 발상도 있다. 이것은 이호리 도시히로井堀利宏 도쿄대 명예교수가 제창한 것인데, 유권자의 인구 구성비에 따라 각 세대의 대표를 국회에 보내는 방식이다. 연령에 따라 청년구, 중년구, 노년구 등으로 구분해 인구비례에 따라 의원 정수를 정한다. 또 하나는 여명비례余命比例 투표제라는 발상인데, 오구로 가즈마사 교수가 주장하고 있다. 이것은 평균 여명에 비례해 표의 가치를 높이는 방식이다. 장기적인 관점에서 정책을 결정할 수 있도록 젊은 세대의 의견을 더 반영할 필요가 있다는 생각에서 이런 투표 방식을 제안하고 있다.

그렇지만 이러한 발상이 그대로 실현되기에는 현실적인 어려움이 있다. 자칫 세대 간 갈등만 확대시킬 우려도 있다. 이에 대한 논의는 신중하게 이루어져야 할 필요가 있겠지만 문제 해결을 위해 우선 사회의 주요 영역에 젊은 세대의 목소리를 적극적으로 반영할 수 있는 방안을 모색하는 일이 필요하다. 이에 대해서는 5장에서도 언급한 바가 있는데, 공적인 영역에서 젊은 세대가 적극적으로 참여해 자신들의 의견을 반영시킬 수 있도록 정치권을 비롯해 시민사회가 적극적으로 노력할 필요가 있다. 그래야 사회가 바뀐다.

8장

지방의 쇠퇴와 소멸을
어떻게 막을 것인가

일본이 안고 있는 인구문제가 더욱 심각하게 진행되고 있는 곳이 바로 지방이다. 일본의 총인구가 감소하기 시작한 것은 2009년이지만, 농산어촌에서는 젊은이들이 일자리를 찾아 대도시로 빠져나가면서 1960년대 말부터 인구감소가 심각한 문제로 대두되었다. 지방 중소도시에서는 이미 수십 년 전부터 인구감소가 시작된 곳이 많으며, 현재는 인구 100만 명이 넘는 대도시에서도 인구감소가 일어나고 있다. 향후 인구감소의 속도가 더욱 빨라지면서 소멸하는 지자체도 생겨날 것으로 예상된다.

이처럼 지역마다 처한 상황이 다른 것은 일본이 안고 있는 인구문제를 더욱 복잡하고 해결하기 어렵게 만든다. 이 장에서는 지역 간 격차가 발생하게 된 사회적 배경과 현재 상황을 고찰하고, 향후 20~30년 사이에 일어날 충격적인 변화를 거시적인 차원에서 살펴본다.

1. 인구위기를 가속화하는 지역 간 격차

47개 도도부현의 지역 간 격차

일본의 행정체계는 도도부현都道府県이라는 광역자치체와 그 밑의 시정촌이라는 기초자치체의 이층구조로 되어 있다. 광역자치체로는 47개 도도부현이 있는데, 도都는 도쿄도東京都, 또 하나의 도道는 홋카이도北海道, 부府는 교토부京都府와 오사카부大阪府를 말한다. 현県으로는 북동쪽에 위치한 아오모리현青森県에서 남서쪽에 위치한 오키나와현沖縄県에 이르기까지 43개의 현이 있다.

47개 도도부현 체제는 기본 틀이 근대국가의 출발점인 메이지기에 만들어져 지금까지 그대로 이어지고 있다. 메이지 정부는 근대적인 행정체계를 만들기 위해 1871년에 폐번치현廃藩置県을 단행해 봉건적 지배 단위였던 번을 없애고 전국을 부府와 현県으로 구분했다. 이후 부현의 통합 조치를 거치면서 현재와 같은 47개 도도부현 체제가 확정되었다.[1]

그런데 47개 도도부현은 광역자치체로서 동등한 지위에 있지만 같은 광역자치체라고 보기 어려울 만큼 인구규모에서 차이가

---

1 1871년에 실시된 폐번치현 조치에 따라 도쿄부(東京府), 오사카부, 교토부 등 3부와 302현이 탄생했다. 그리고 같은 해 11월까지 실시된 부현 통합 조치에 따라 3부 72현이 만들어졌다. 1888년에 다시 통합 조치가 이루어져 3부 43현 체제가 성립되었고, 1901년에 홋카이도가 지방자치단체로 편입되면서 47개 도부현(道府県) 체제가 확정되었다. 전시기인 1943년에 도쿄부가 도쿄도(都)로 바뀌면서 현재의 47개 도도부현 체제가 확정되었다.

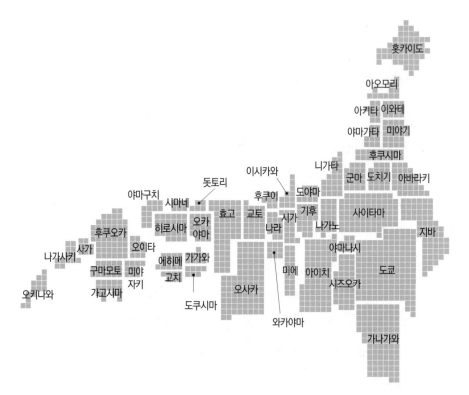

[그림 8-1] 인구규모로 본 47개 도도부현(2021년)

주: 눈금 하나가 인구 10만 명. 지도 형태는 다지마 유타카(田邊裕) 외 편(2005), 『새로운
    사회지리(新しい社会地理)』의 42쪽을 이용해 인구 증감을 반영함.

출처: 인구통계는 「주민기본대장에 의거한 인구, 인구동태 및 세대 수(住民基本台帳に基づ
    く人口, 人口動態及び世帯数)」(2021년 1월 1일 기준)에서 인용.

크다. 2021년 기준으로 47개 도도부현의 인구규모를 보면, 가장
인구가 많은 도쿄도는 1384만 명인 데 반해 가장 인구가 적은 돗토
리현은 56만 명에 불과하다. 이러한 지역 간 격차를 확인하기 위
해 [그림 8-1]에서는 각 도도부현을 인구규모로 나타냈다. 눈금 하
나가 10만 명에 해당된다. 이를 보면 인구 크기별로 나타낸 지도

가 일본 열도의 실제 모습과는 상당히 다르다는 것을 알 수 있다. 도쿄도를 비롯한 일부 지역이 실제 면적보다 크게 부풀려져 있는 반면 현의 인구규모가 100만 명이 안 되는 곳도 여럿 있다.

각 현의 인구규모별 분포를 보면, 100만 명 미만 규모의 현은 10개이고, 100~200만 명 미만 규모의 현은 20개, 200~300만 명 미만 규모의 현은 7개, 300만 명 이상 규모의 현은 10개이다. 그중 인구가 500만 명이 넘는 곳은 9개의 도도부현으로 홋카이도, 도쿄도, 사이타마현, 지바현, 가나가와현, 아이치현, 오사카부, 효고현, 후쿠오카현이 있다. 인구 500만 명이 넘는 도도부현은 대도시와 그 주변의 대규모 임해공업지역을 끼고 있는 경우가 많다.

그렇다면 도도부현 간 인구규모의 격차는 언제부터 생겨난 것일까? [그림 8-2]는 일본에서 국세조사가 처음 시작된 1920년부터 2015년까지 95년간의 추이를 제시했다. 다만 47개 도도부현을 전부 제시하기 어려운 점을 고려해 14개 도도부현만 제시했다. 크게 두 그룹으로 나누어 95년 동안 인구가 크게 증가한 지역과 큰 변화 없이 정체되어 있는 지역에 해당하는 대표적인 지역을 골라 여기에 제시했다. 이 그림을 보면 산업화가 시작된 이래 도도부현의 인구가 균등하게 증가한 것이 아니라 특정 지역에 편중되어 증가했음을 한눈에 알 수 있다.

첫 번째 그룹으로 전전戰前에 공업지역으로 성장했거나 전후戰後에 와서 빠르게 공업화가 진행되면서 인구가 크게 증가한 곳으로는 도쿄도, 가나가와현, 오사카부, 아이치현, 사이타마현, 지바현,

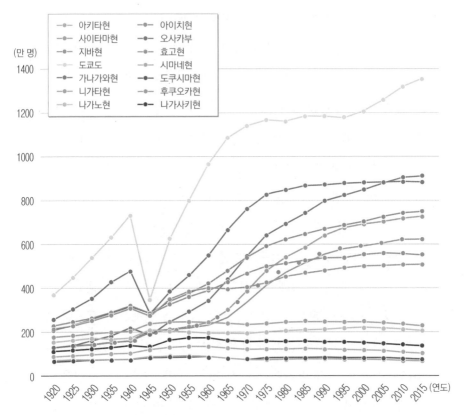

[그림 8-2] 도도부현의 인구추이(1920~2015년)

출처: 총무성 통계국, 「정부통계의 종합창구(政府統計の総合窓口)」를 이용해 작성.

효고현, 후쿠오카현가 있다.

이 중에서도 도쿄도의 증가가 가장 눈에 띄는데, 도쿄도는 1945년 패전 직후의 일시적인 감소를 제외하고는 1920년부터 2015년까지 지속적으로 인구가 증가했고, 1995년 이후에는 도쿄도만이 단독으로 증가하고 있다.[2]

오사카부는 전전과 전후 고도성장기에 인구가 크게 증가했지만

1970년대 중반 이후 정체 상태를 보이고 있다. 전전에 4대 공업지대에 속해 있던 효고현과 아이치현, 후쿠오카현, 가나가와현도 전전부터 전후에 걸쳐 지속적으로 인구가 증가했다. 반면 도쿄도 주변의 수도권에 위치해 있어 전후 고도성장기에 공업지역으로 성장한 사이타마현, 지바현은 1950년대 이후 인구가 급속히 증가했다.

두 번째 그룹은 이러한 공업화로부터 소외되어 인구가 약간 증가하거나 거의 변화가 없는 현이다. 니가타현, 나가노현, 나가사키현, 아키타현, 도쿠시마현, 시마네현이 여기에 해당된다. 인구 200만 명 수준의 나가노현이나 니가타현은 인구가 약간 증가했을 뿐 큰 변화가 없다. 인구 100만 명 규모의 아키타현이나 나가사키현도 거의 변화가 없다. 인구 60~70만 명 규모의 시마네현과 도쿠시마현은 95년 동안 거의 변화가 없으며, 두 현 모두 1955년을 정점으로 이후 인구가 약간 감소했다. 이 그림에서는 제시하지 않았지만 앞에서 제시한 첫 번째 그룹 이외의 대다수 현들이 두 번째 그룹에 속한다고 할 수 있다.

근대 이후 공업화가 초래한 인구의 대도시 집중 현상

그렇다면 지역 간 인구격차는 어떻게 해서 생겨난 것일까? 이는 근대국가가 성립한 이래 특정 지역에 편중된 공업화가 초래한 현상이라고 할 수 있다. 국가가 주도하는 위로부터의 공업화를 통

2 1940~1945년에 도쿄도와 오사카부에서 인구가 크게 감소한 것은 대도시에 집중적으로 있었던 공습을 피해 많은 사람들이 지방으로 소개(疏開)했기 때문이다.

해 전전에 도쿄시와 오사카시, 나고야시, 현재의 기타큐슈시와 그 주변 지역에 4대 공업지대가 형성되었고, 이들 공업지대에 인구가 몰려드는 집중 현상이 발생했다. 전후 고도성장기에는 4대 공업지대에 더해 태평양 연안을 따라 신규 공업지역이 형성되면서 이 지역으로 인구가 대규모로 유입되는 집중 현상이 심화되었다. 따라서 이들 대도시와 그 주변 지역이 포함된 도도부현의 인구가 빠르게 증가했는데, 이 지역들이 바로 [그림 8-2]에서 확인한 첫 번째 그룹이다.

근대 이전에는 인구의 대다수가 농업에 종사했고, 신분제에 속박되어 있어 사실상 지역 간 이동이 어려웠다. 근대에 와서 비로소 지역 간 이동이 자유로워졌는데, 근대국가를 표방한 메이지 정부는 1871년에 신분제 폐지령을 내리고 직업 이전의 자유와 거주 이전의 자유를 허용했다.

그렇지만 메이지기에는 도쿄시와 같은 대도시에 일자리가 충분하지 않았기 때문에 농촌에서 도시로 이동하는 일은 제한적이었다. 도시로 유입되는 이동 형태는 농한기에 청년들이 도시로 나와 토목 공사의 인부로 일하다가 농번기에 다시 농촌으로 돌아가는 것이었다.

메이지 말기부터 기업 발흥의 붐을 거치면서 공업화가 빠르게 진행되었다. 특히 1차 세계대전으로 전쟁특수를 맞이하면서 일본 경제는 빠른 속도로 성장했다. 이 시기에 섬유산업뿐만 아니라 조선업, 해운업 등이 크게 발전했고, 화학공업, 금속공업, 기계공업도 발전하게 되었다.

이런 상황을 배경으로 1920년대에는 대기업의 지위를 확립한 기업이 다수 생겨났고, 그곳에서 일하는 화이트칼라가 증가해 하나의 사회계층을 형성했다. 또한 농촌에서 올라온 청년들은 일자리를 잃어도 고향으로 돌아가지 않고 도시에 남아서 일자리를 찾고, 결혼해서 아이를 낳아 도시민으로 정착해 갔다. 도시민들이 증가하면서 이들이 주도하는 소비문화도 발전했고, 서적이나 잡지, 신문, 음반, 영화 등의 소비문화가 확산되어 나갔다.

도시 인구도 꾸준히 증가했다. 도시 인구는 1890년에 320만 명에서 1920년 1010만 명, 1930년 1544만 명, 1940년 2758만 명으로 크게 증가했다. 전체 인구에서 차지하는 도시 인구 비율은 1890년에 7.8%에서 1920년에 18.0%, 1930년에 24.0%, 1940년에 37.7%로 크게 증가했다. 도쿄시가 근교 지역을 흡수해서 인구 500만 명이 넘는 메트로폴리탄이 된 것이 1932년의 일이다. 1903년에 인구 100만 명을 밑돌았던 오사카시도 인구가 지속적으로 증가해 1925년에 210만 명을 넘어섰다.

이러한 시대적 변화를 잘 보여 주는 것이 [표 8-1]이다. 이 표는 근대사회가 되면서 인구가 대도시로 집중하는 시대적 변화상을 아주 분명하게 드러낸다. 여기에서는 1888년과 1930년 2개 연도에 대해 인구가 많은 도부현을 1위부터 10위까지 제시했다. 1888년은 아직까지 근대화가 본격적으로 시작되기 이전으로 농업사회의 모습이 그대로 남아 있었던 시기이다. 1930년은 공업화, 도시화가 상당한 정도로 진행되었던 시기이다. 이 표를 보면 전후 고도성장기에 대도시로 집중 현상이 나타났다고 생각하기 쉽지만 이미 1930년에 대도시로 집중 현상이 진행되었음을 알 수 있다.

1888년의 경우를 살펴보면, 인구가 가장 많은 현은 니가타현이고 그 뒤를 효고현, 아이치현, 도쿄부, 히로시마현이 잇고 있다. 1위인 니가타현은 에도시대의 대표적인 쌀 생산지였기 때문에 인구부양력이 높아 인구가 가장 많았다고 해석할 수 있다. 반면 에도시대부터 양대 도시로 발전해 왔던 도쿄시와 오사카시가 포함된 도쿄부가 4위, 오사카부가 6위에 머물러 있는 것은 다소 의외이다. 인구의 대다수가 농업에 종사하고, 공업 부문도 재래산업이 다수를 차지하고 있었던 근대 초기만 해도 농업이 발달했던 지역이 인구부양력이 높았음을 이 표를 통해 확인할 수 있다.

1930년에는 상황이 크게 바뀌어 도쿄부의 인구가 가장 많고, 그 뒤를 오사카부, 홋카이도, 효고현, 아이치현, 후쿠오카현이 잇고 있다. 4대 공업지대로 도쿄부의 게이힌공업지대, 오사카부와 효고현의 한신공업지대, 아이치현의 주쿄공업지대, 후쿠오카현의 기타큐슈공업지대가 형성되어 있었던 도부현이 모두 10위 안에 포함되어 있다. 3위가 된 홋카이도는 근대 이후 일본 영토로 편입된 곳으로, 일본 정부가 개척사開拓使라는 기관을 두고 본격적인 개발 정책을 전개하면서 인구가 크게 증가했다.

[표 8-1]에서 또 한 가지 주목하고 싶은 점은 바로 특정 지역으로 인구가 집중된 정도이다. 상위 5개 도부현의 인구비율은 1888년

[표 8-1] 도도부현의 인구규모(1~10위)

순위	1888년	인구(만 명)	비율	1930년	인구(만 명)	비율
1위	니가타현	166	4.2	도쿄부	541	8.4
2위	효고현	151	3.8	오사카부	354	5.5
3위	아이치현	144	3.6	홋카이도	281	4.4
4위	도쿄부	135	3.4	효고현	265	4.1
5위	히로시마현	129	3.3	아이치현	257	4.0
6위	오사카부	124	3.1	후쿠오카현	253	3.9
7위	후쿠오카현	121	3.1	니가타현	193	3.0
8위	지바현	116	2.9	시즈오카현	180	2.8
9위	나가노현	111	2.8	나가노현	172	2.7
10위	오카야마현	106	2.7	히로시마현	169	2.6
1~5위 비율		725	18.3		1698	26.4
1~10위 비율		1303	32.9		2665	41.4
총인구(만 명)		3963	100.0		6445	100.0

출처: 1888년은 국토교통성 홈페이지의 「메이지기와 현재의 도도부현별 인구 일람(明治期と現在の都道府県別人口一覧)」, 1930년은 국립사회보장·인구문제연구소 홈페이지의 「도도부현별 인구: 1920~2002년(都道府県別人口: 1920~2000年)」을 이용해 작성.

18.3%에서 1930년 26.4%로 증가했고, 상위 10개 도부현의 인구 비율은 1888년 32.9%에서 1930년 41.4%로 증가했다. 산업화는 도시화라고 할 만큼 대도시로 인구가 집중되는 현상을 낳는데, 산업사회의 기틀이 확립되었던 1930년에 이러한 대도시 집중 현상이 확인된다.

전후 고도성장기에 일어난 3대 도시권의 인구집중

한편 1955년부터 본격적으로 시작되는 전후 고도성장기에는 지역 간 인구격차가 더욱 확대되었다. 특히 도쿄권東京圈, 오사카권大阪圈, 나고야권名古屋圈의 3대 도시권으로 인구집중 현상이 심화되었다.

[그림 8-3]은 고도성장기에 일어난 3대 도시권의 인구집중 현상을 나타낸 것이다. 여기에서는 전국을 3대 도시권과 지방권으로 구분해 전입 초과 수와 전출 초과 수를 제시했다. 그래프상에서 0보다 위에 있는 것은 전입자가 전출자보다 많은 경우이고, 0보다 아래에 있는 것은 전입자보다 전출자가 많은 경우이다.

이를 보면 1954년부터 1970년대 초반까지 3대 도시권으로 전입 초과가 매우 큰 규모로 일어났으며, 그 대신 지방권에서는 3대 도시권으로 이동한 전입 초과 수만큼 인구유출이 일어났음을 알 수 있다. 3대 도시권 중에서도 특히 도쿄권으로 전입 초과가 압도적으로 많다. 1955년부터 1970년까지 누적 전입 초과 수는 도쿄권이 501.6만 명, 오사카권이 218.8만 명, 나고야권이 61.8만 명이다. 같은 시기에 지방권에서 3대 도시권으로 전출 초과 수는 도쿄권과 오사카권, 나고야권의 전입 초과 수를 합한 것과 같은 숫자로 모두 782.2만 명에 달한다.

반면 고도성장기가 끝난 이후에 지역 간 이동은 크게 완화되었다. 1972년 이후 지역 간 이동은 크게 감소해 1981년까지 안정적인 모습을 보이고 있다. 그렇지만 고도성장기 이후 오사카권과 나

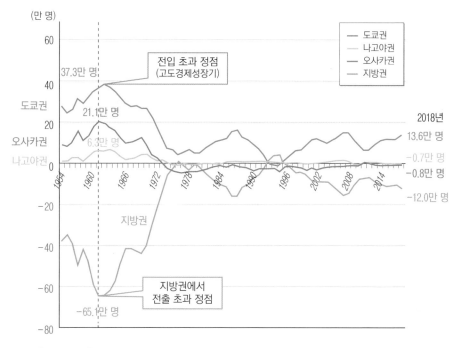

[그림 8-3] 3대 도시권과 지방권의 인구 이동

주: 도쿄권은 도쿄도, 사이타마현, 가나가와현, 지바현. 나고야권은 아이치현, 기후현, 미
  에현. 오사카권은 오사카부, 교토부, 효고현, 나라현. 지방권은 도쿄권, 나고야권, 오사
  카권 이외 지역.

출처: 원 자료는 총무성, 「주민기본대장 인구이동보고(住民基本台帳人口移動報告)」(日本人
  移動者).
  마을·사람·일 창생본부(まち·ひと·しごと創生本部)(2019), 「마을·사람·일 창생 장
  기비전(まち·ひと·しごと創生長期ビジョン)」 6쪽.

고야권으로 인구유입은 거의 없는 반면 도쿄권으로 인구유입은
1980년대에도 이어졌고, 거품경기가 붕괴된 1990년대 후반 이후
부터 지금까지도 여전히 도쿄권으로 인구유입이 이어지고 있다.

2. 고도성장기에 진행된 과소지역의 인구문제

기초생활 수준조차 유지하기 어려운 농산어촌

고도성장기에 사람들이 대도시로 몰려들면서 농산어촌에서는 인구가 대거 유출하는 현상이 나타났다. 젊은이들이 일자리를 찾아 도시로 이동하면서 농산어촌의 인구는 크게 감소하고 고령자 비율도 크게 증가했다. 이후에도 젊은이들이 지속적으로 빠져나가면서 인구의 재생산기반을 상실해 고령화가 빠르게 진행되고 있다. 이로 인해 지역공동체로서 존립 기반을 상실한 곳이 많다.

2015년 국세조사에 따르면 65세 이상 고령자 비율이 50%가 넘는 시정촌은 모두 20개이고, 40%가 넘는 시정촌은 220개나 된다. 이런 시정촌 안에 있는 마을 중에는 마을 주민 전체가 고령자인 곳도 꽤 있다.

이처럼 급격한 인구감소로 지역공동체의 기반이 무너져 지역공동체로서 기능하지 못하는 지역을 과소지역이라고 한다. 과소지역에서는 병원이나 학교, 일상용품을 파는 상점이 철수하고 대중교통수단이 사라져 주민들의 기초생활이 위협을 받는다.

생산활동에도 많은 어려움이 있는데, 고령화로 인해 생산을 담당할 층이 없어지고 후계자가 확보되지 못해 생산활동이 이루어지지 못하는 경우가 많다. 농업용수와 산림자원, 생산에 필요한 수로와 도로의 유지와 관리 등이 이루어지지 못하고, 모내기와 같은 공동작업도 불가능해진다. 이로 인해 농지나 산림 등이 황폐해지고, 짐승으로 인한 피해와 병충해 피해도 크며, 관리를 포기한 농지와 임야에 불법 투기꾼들이 쓰레기를 몰래 버리는 일도 빈번하다.

여기에 더해 관혼상제라든가 방재, 방화, 방범 등 이웃 간 생활부조 네트워크도 기능하지 못한다. 나아가 지역공동체가 계승해 왔던 전통문화가 단절되고, 오랫동안 이어져 왔던 마을 축제도 더이상 실시되기 어렵다. 이렇게 되면 지역 주민들은 지역에 대한 자부심을 상실하게 된다. 이런 악순환이 이어지면 지역공동체는 급속하게 쇠퇴하고 소멸한다.

[표 8-2]에서 보는 바와 같이 2021년 기준으로 과소지역으로 지정되어 있는 시정촌의 수는 820개이다. 전국 시정촌의 47.7%가 과소지역으로 지정되어 있는 셈이다. 반면 과소지역의 인구는 1132만 명으로 전체 인구의 8.9%에 불과하다. 이 인구가 일본 영토 면적의 60.1%를 차지하는 광대한 지역에 흩어져 살고 있다.

과소지역의 특징을 지리적 위치와 지형적 특징, 산업 기반의

[표 8-2] 과소 시정촌의 수와 인구, 면적

	과소 시정촌	전국의 시정촌
시정촌 수(2021년)	820개 (47.7%)	1,718개 (100.0%)
인구(2015년, 국세조사)	1132만 명 (8.9%)	1억 2709만 명 (100.0%)
면적(2015년, 국세조사)	227,026km² (60.1%)	377,970km² (100.0%)

자료: 전국 과소지역 자립촉진연맹(全国過疎地域自立促進連盟) 홈페이지.

측면에서 개략적으로 살펴보면 다음과 같다.

우선 행정구역상으로 대다수 정촌이 여기에 해당된다. 2018년 기준으로 정촌은 모두 926개가 있는데, 인구 1만 명 미만의 정촌이 509개, 인구 1만 명 이상의 정촌이 417개이다. 따라서 일부 정촌을 제외한 대다수 정촌이 과소지역에 해당된다고 볼 수 있다. 또한 2000년대 초에 대대적으로 이루어진 시정촌 합병으로 인해 합병된 시의 일부 지역이 과소지역으로 지정된 경우도 있다.

또한 과소지역은 기후나 지형조건이 불리하고 농림어업 이외에 다른 산업 기반이 없는 지역이 대부분이며, 산으로 둘러싸인 중산간中山間지역이나 도서島嶼지역인 경우가 많다. 일본은 산이 많은 지형의 특징을 반영해 중산간지역이라고 불리는 곳이 전 국토 면적의 70%를 차지한다. 중산간지역은 평야 주변부와 산간지를 말하는데, 경사가 있고 임야 비율이 높아 농업 생산에 불리하다.

과소지역이 처한 심각한 상황은 2015년에 총무성과 국토교통성이 공동으로 실시한 조사에도 잘 나타나 있다(国土交通省, 2015). 이 조사는 과소대책법에 따라 과소지역으로 지정되어 있는 마을 전체를 조사대상으로 선정해 소멸 가능성을 조사한 것이다.

조사 결과를 보면 총 조사대상 마을 7만 5,662개 중에서 65세 이상 고령자 비율이 50%가 넘는 마을은 1만 5,568개로 전체 마을의 20.6%를 차지한다. 이는 같은 방식으로 2006년에 실시한 조사보다 크게 증가한 수치이다. 또한 고령자 비율이 100%인 마을도 801개나 된다. 75세 이상 고령자 비율이 50% 이상인 마을은 3,457개,

100%인 마을은 306개이다. 그리고 '10년 이내에 무거주화無居住化의 가능성이 있다'라고 답한 마을은 570개였으며, '언젠가 무거주화의 가능성이 있다'라고 답한 마을은 3,044개로 나타났다. 또한 같은 방식으로 2010년에 조사한 마을 중 2015년 조사에서 실제로 무거주화가 일어난 마을은 174개였다.

고도성장기에 지역공동체가 붕괴된 과소지역의 실태

고도성장기를 거치면서 일본의 농산어촌이 빠르게 붕괴되어 가는 상황을 생생하게 보여 주는 동영상 자료가 있다. 전국과소지역자립촉진연맹全国過疎地域自立促進連盟은 과소지역문제를 해결하기 위해 결성된 단체인데, 이 단체의 홈페이지에는 1960년대부터 최근까지 과소지역의 모습을 생생하게 기록한 동영상 자료가 백여 편 이상 올라와 있다. 1970년대 초반에 촬영된 동영상에는 산촌 벽지의 가난한 마을에서 대도시로 일자리를 찾아 떠나가는 사람들로 인해 지역공동체가 무너지는 모습이 생생하게 기록되어 있다. 이하에서는 1972년에 제작된 '과소지역의 모습'이라는 제목의 동영상을 통해 당시의 절박했던 상황을 살펴본다.

시마네현 히키미초島根県匹見町의 구 미치카와무라道川村는 현재 마스다시益田市에 합병된 곳이다. 27개 가구가 살던 마을은 한 집, 두 집 떠나면서 이제 단 2개 가구만 남았다. 동영상에 나오는 농부는 배추와 양배추 등의 채소를 열심히 재배해서 마을을 지키겠다는 열의를 보여 주고 있지만 일손 부족으로 두 부부가 농사를 감당하기는 어렵다. 아이들은 1시간 30분이나 걸리는 학교를 걸어 다녀야 하고, 몸이 아파도 마을에서 멀리 떨어져 있는 간이 진료소까지 가기도 어렵다.

홋카이도 아쇼로초足寄町는 낙농업에 종사하는 지역인데, 10년 동안 약 4,000명이 마을을 떠나 여기저기 폐가가 된 집이 여럿 있다. 학생 수가 줄어 40개 있던 초중학교가 15개로 통폐합되었다. 논밭도 방치되고 있다. 경지가 너무 작아서 생계를 유지하기 어려운 사람들이 대거 마을을 떠났는데, 남아 있는 농부도 젖소만으로는 수입이 적어 많은 어려움을 겪고 있다.

시마네현 니치하라초日原町는 겨울에 눈이 많이 내려 살기 어려운 곳이다. 눈이 내릴 때마다 사람들의 유출도 이어지고 있는데 이제는 2개 가구만이 남아 마을을 지키고 있다. 마을 사람들은 가까운 세토나이카이 임해공업지역의 공장으로 일자리를 찾아 떠났다. 사람들이 떠난 마을에는 멧돼지가 자주 출몰해서 생존을 위협하고 있다.

아키타현 오모리초大森町는 현재 요코테시横手市에 편입된 곳으로 타지역에 돈 벌러 떠난 사람들이 많다. 산간부 마을에는 아버지와 어머니, 할아버지까지 일하러 떠나 할머니와 아이들만 남아 있는 경우가 많다. 도쿄의 빌딩 공사를 위해 장기간 집을 비우는 경우도 많다. 돈을 벌러 일시적으로 떠난 사람들이 이후 완전히 마을을 떠나는 경우도 늘고 있다.

이와테현 이와이즈미초岩泉町는 겨울철에 눈이 많이 내리고 매서운 추위로 살기 어려운 산촌이다. 겨울이 올 때마다 빈집이 늘어나 당장이라도 쓰러질 듯한 폐가가 많다. 산간부의 깊숙한 곳에 사는 집에는 2년 전에 남편이 타지역으로 돈 벌러 나가고 남은 가족들만 힘겹게 살고 있다. 멀리 떨어진 분교는 학생이 5명에 불과해 조만간 폐교될 예정이다.

가고시마현 시모고시키무라下甑村는 현재 사쓰마센다이시薩摩川内市에 편입된 지역이다. 동영상에 나오는 마을은 시모고시키무라의 관공서가 있는 곳에서도 배로 5시간이나 걸리는 작은 섬마을인데 인구가 줄면서 하루에 2번 오는 배도 1번만 오게 되었다. 마을에는 계단식 논이 이어져 있다. 마을 젊은이들은 모두 돈 벌러 공장으로 나갔고 50대, 60대 중장년층도 공장으로 떠났다. 70대 고령자가 남아서 농사를 짓지만 이것만으로는 생활이 어려워 생활보조금을 받으며 겨우 생계를 유지하고 있다.

지금까지 소개한 6편의 동영상 이외에도 이 단체의 홈페이지에는 1970년대의 상황을 알 수 있는 동영상이 많다. 물론 모든 지역들이 이렇게 지역 주민의 대규모 유출로 인해 피폐해졌던 것은 아니다. 지역 주민의 주도로 마을 살리기 운동을 펼치는 사례를 소개한 동영상도 있다. 그렇지만 고도성장기에는 대다수 농산어촌에서 젊은이를 중심으로 대규모 인구가 빠져나갔고, 농림어업의 존립 기반을 상실함으로써 많은 지역이 쇠퇴해 갔다. 산업화와 도시화의 거대한 물결은 거스를 수 없는 추세로서 농산어촌을 잠식해 나갔다.

과소지역의 현재 상황

현재 많은 과소지역에서는 기초생활 수준을 유지하기도 어려운 상황이다. 전국의 대다수 과소지역에서는 대중교통수단이 없어 주민들이 자원봉사의 형태로 미니버스나 택시를 운영하는 경우가 많다. 또한 기초적인 행정서비스를 받기 어려워 주민들이 스스로 많은 부분을 해결하고 있다.

이런 상황은 NHK의 특별 취재반이 실시한 2016년 시마네현의 과소지역에 대한 사례 조사에 잘 나타나 있다. 이 조사 결과는 1장에서도 소개한 바 있는 『축소 일본의 충격縮小ニッポンの衝撃』이라는 책으로 출간되었다. 시마네현은 일본에서도 가장 과소화가 진행된 지역으로 과소문제를 극복하기 위한 대책을 마련하는 데 앞장서 왔다. 이곳에는 과소문제를 조사하고 정책을 뒷받침하기 위한 연구를 하는 시마네현 중산간지역 연구센터가 있다.

NHK 취재진은 시마네현의 전체 19개 시정촌에 대해 설문조사를 실시했는데, 시마네현 전체를 과소화의 정도에 따라 한계적 마을과 위기적 마을로 구분했다. 이에 따르면 한계적 마을은 모두 442개(65세 이상 고령자가 절반 이상이며, 남아 있는 세대가 20호 미만인 경우)가 있으며, 위기적 마을은 84개(65세 이상 고령자가 70% 이상이며, 남아 있는 세대가 10호 미만인 경우)가 있었다.

구체적인 사례 조사로 고츠시江津市의 세지리마을瀬尻集落을 보면, 이 마을은 11년 전에 폐촌이 된 곳이다. NHK 취재진은 이 마을에 살던 할머니가 가끔씩 모내기를 하러 마을에 들린다고 하는 이야기를 듣고 할머니를 따라 나섰는데, 풀숲이 우거져 육로가 막혔기 때문에 작은 배를 타고 강을 따라 갔다. 예전에 이 마을에는 15개 가구가 있었지만 고령자만 남게 되면서 차례차례 마을을 떠났고, 2004년에 4개 가구만이 남았을 때 주민들이 모두 마을을 떠나기로 협의했다고 한다. 일행이 마을에 가서 목격한 것은, 풀이 무성히 우거져 길도 없어지고 사람들이 떠난 자리에 원숭이, 멧돼지, 너구리 등이 내려와 논밭에 피해를 주고 있는 현실이었다. 이런 모습은 새삼스러울 것도 없이 이미 1970년대의 동영상에서 확인한 것과 같다.

운난시雲南市의 지역 운영조직의 사례도 주목할 만하다. 운난시는 인구 4만 명이 조금 안 되는 지자체인데, 지역 주민들이 지역 운영조직을 만들어 주민 스스로가 행정서비스의 일부를 대행하고 지역 과제를 설정해 해결하는 것으로 유명하다. 운난시는 시정촌 합병으로 행정구역이 광역화되었지만 행정 개혁으로 직원 수를 20% 가까이 줄였기 때문에 행정서비스를 제공할 여력이 없었다. 따라서 10여 년 전부터 지역 주민에게 일정한 자치를 위임하는 식으로 지역을 운영하고 있다. 시 전체를 30개 지구로 나누어 주민 전원을 회원으로 하는 지역 운영조직을 설립하도록 하고, 지역 운영조직에는 매년 평균 800만 엔의 지역재생활동 교부금을 지급하고 있다. 지역 운영조직에서 담당하고 있는 구체적인 지역 과제로는 이주자 유인책, 빈집 조사, 배식서비스, 고령자 안부 확인, 방과후 돌봄교실, 마을 축제, 지역문화 계승, 특산물 판매 등 광범위하다. 운난시의 사례를 통해 인구감소시대에 지역 과제를 스스로 해결해야 하는 지역 주민들의 부담이 더욱 커지고 있음을 알 수 있다.

운난시 안에 있는 우시오지구海潮地区에서는 인구감소 문제를 우선 과제로 선정해 다양한 사업을 전개하고 있다. 시골생활 체험투어, 이주 추진사업, 빈집 정보 조사, 결혼 지원 활동, 보육소 설립 등의 사업을 실시하고 있다. 지난 11년간 외부에서 22가구·50명이 이주하는 성과를 거두었지만 여전히 마을의 미래는 불투명하다. 마을 주민들이 총출동해 마을 활성화에 나서고 있지만 조직 설립 이후에도 인구는 400명 이상 감소했고 고령화율은 40%를 넘어서고 있다.

한편 일본에는 지역 주민들이 마을 살리기에 나서서 지역활성화에 성공한 것으로 평가받는 사례가 많다. 이러한 활동이 본격적으로 전개된 것은 1970년대부터인데, 고도성장기에 젊은이들이 대거 빠져나가면서 존립 기반을 상실한 농산촌에서 이 운동이 시작되었다. 1979년에 오이타현의 지사 히라마츠 모리히코平松守彦가 각 시정촌이 하나의 특산품을 개발해 지역을 활성화하자는 일촌일품一村一品 운동을 제창했고, 이후 지역 주민에 의한 지역진흥활동이 본격적으로 전개되면서 성공 사례도 많이 생겨났다.

이런 활동들이 현재까지 이어져 오고 있는데, 총무성 홈페이지에는 지역 재생의 우수 사례로 표창을 받은 백여 개 이상의 사례가 소개되어 있다.[3] 이러한 성공 사례는 널리 알려져 일본의 다른 시정촌에서도 그 비결을 배우고자 시찰하는 일이 끊이지 않고 있다. 또한 한국의 TV 방송이나 신문 등의 매스미디어에도 널리 소개된 바가 있다.

그중에서 지역활성화의 성공 사례로 널리 알려진 곳으로 필자가 직접 방문해 조사한 적이 있는 두 개 지역을 소개해 본다. 도쿠시마현 가미야마초神山町와 도쿠시마현 가미카츠초上勝町는 모두 인구 수천 명의 작은 지자체이시반 지역공동체로서 일정 수준의 인프라를 갖추고 있으며, 지역의 독특한 경관과 역사적·문화적 유산을 잘 보존하고 계승하고 있는 곳이다. 가미야마초에서 문화예술의 수준을 높이고자 노력하는 모습이라든가 가미카츠초에서 쓰레기를 40여 가지로 분리해 재활용함으로써 쓰레기를 완전히 없애겠다는 웨이스트 제로 운동을 꾸준히 하고 있는 것도 일본 지역사회의 저력을 실감하게 했다.

가미야마초는 산촌 마을에 외부 기업을 유치하는 데 성공한 곳으로 유명한 지역이다. 이곳은 2015년 기준으로 인구 5,300명에 고령자 비율이 49.5%나 되는 전형적인 과소지역인데, 인구가 정점기의 1/3로 감소하면서 고령화도 빠르게 진행되었다. 이러한 상황을 극복하기 위해 가미야마초에서는 1999년부터 국내외 예술가가 마을에 체류하면서 작품활동을 하도록 지원하는 사업을 전개해

---

3 총무성에서는 과소지역의 자립 촉진을 위해 지역 활성화를 적극적으로 추진하고 있는 지역에 대해 매년 표창을 하고, 홈페이지에 1990년부터 2020년까지 100여 개가 넘는 사례에 대해 구체적으로 그 내용을 소개하고 있다.

문화와 예술을 중시하는 마을로 자리 잡았다.

2010년부터는 마을 빈집을 수리하고 고속 인터넷망을 매설해 기업에 원격 사무실satellite office을 임대하는 사업을 시작했는데, 기업 입장에서는 낮은 비용으로 원격 사무실을 개설하고 데이터센터의 기능도 겸할 수 있다. 이러한 장점을 내세워 2016년 시점에서 16개 기업을 유치하고 외부에서 161명이 이주해 온 성과를 거두었다. 이처럼 새로운 이주자가 생겨나면서 이들을 대상으로 한 음식점과 숙박시설, 소매점도 늘어나 마을이 활기를 되찾고 있으며, 이들이 거주할 주택단지도 건설되었다. 가미야마초의 기업 유치가 주목을 받으면서 다른 지역에서도 원격 사무실을 개설해 기업을 유치하려는 움직임이 활발해지고 있다.

가미카츠초는 요리에 장식용으로 곁들이는 잎사귀 재배를 통해 지역을 활성화한 사례이다. 이곳은 총면적의 85%가 산지인 산촌마을이다. 인구가 1955년의 6,265명을 정점으로 거의 1/4로 감소했고, 고령화율이 2015년에 54.4%일 정도로 고령화가 심각하다. 예부터 주산업이었던 목재업과 감귤 재배가 쇠퇴하면서 잎사귀 재배로 새로운 수익을 창출하고 있다. 고령의 여성들이 잎사귀 재배에 참여하고 있는데, 기르는 잎사귀 종류가 320종이 넘으며, 계절에 맞는 다양한 잎사귀를 출하한다. 현재 잎사귀 시장에서 차지하는 가미카츠초의 점유율은 80% 이상일 정도로 이 분야에서 확고한 위치를 확립하고 있다. 가미카츠초의 성공을 모델로 다른 지역에서도 잎사귀 사업에 진출했지만 이미 확고한 시스템을 갖추고 있는 가미카츠초의 지위를 넘어서지 못하고 있다고 한다.

그렇지만 지역 살리기에 성공했다고 평가되는 이들 지자체도 인구위기의 거시적인 흐름을 바꾸지는 못하고 있다. 가미야마초나 가미카츠초에서도 젊은이들이 여전히 빠져나가고 있어서 인구감소가 멈추지 않고 고령화도 빠르게 진행되고 있다. 이러한 흐름을 바꾸기 위해서는 외부에서 젊은 사람들이 들어와 정착해서 살아야 하지만 아직까지 이주해 오는 사람들은 소수이고 정착으로 이어지지 않는 경우가 많다. 이주자들이 정착하기 위해서는 안정적인 일자리, 그것도 어느 정도 만족할 만한 수입이 보장되는 일자리가 있어야 하는데 그렇지 못한 것이 현실이다. 결국 과소지역이 지속가능성을 갖기 위해서는 생산성을 높여 경쟁력을 갖추고, 규모의 경제가 작동할 수 있도록 사람과 물적 자원의 집적이 어느 정도의 수준에서 이루어져야 한다.

그리고 젊은이들이 열정과 창의력으로 부가가치를 창출하면 그에 상응하는 보상을 제공하는 지금까지와는 다른 방식의 과감한 보상 체계도 필요하다. 젊은이들이 땀과 열정만으로 그 지역에 들어와 일할 수 있는 기반을 조성하고, 궁극적으로는 자기가 일군 논과 밭, 임야 등을 자기 소유로 할 수 있도록 해 주는 정도의 과감한 보상 체계가 작동한다면 꿈과 패기, 능력이 있는 젊은이들을 불러들일 수 있다. 또한 이러한 보상 체계가 가능하도록 고령자가 자신이 가진 부동산을 기여도가 있는 젊은이에게 손쉽게 물려줄 수 있도록 하는 법적·제도적 장치를 마련하는 일도 필요하다. 이처럼 세대를 잇는 좋은 순환 모델이 만들어진다면 능력 있는 젊은 이들을 얼마든지 과소지역으로 불러들일 수 있을 것이다.

그리고 농림어업 분야에서 여전히 신참자의 진입을 막는 인허가 사항과 같은 오래된 규제도 현실에 맞게 과감하게 없앨 필요가 있다. 나아가 신참자를 배제하고 차별하는 지역공동체의 오래된 낡은 집단주의적 관행을 없애는 개혁도 필요하다. 이 정도의 과감한 개혁 조치가 이루어지지 않는다면 과소지역은 황폐화되고 아무도 살지 않는 무거주지가 되어, 그곳에 인간이 일군 문명도 사라질 것이다.

일본 정부의 과소정책

일본에서 과소문제가 처음 제기된 것은 1960년대 후반의 일이다. 고도성장기에 인구의 대량 유출로 과소지역이 생기고 지역공동체의 기반이 무너지자 일본 정부는 이를 과소문제로 파악하고 적극적인 대응책을 마련했다. 1970년부터 한시법으로 과소대책법을 제정해 재정지원을 하고 있는데, 인구감소율과 연령별 인구 비율, 지자체의 재정력 여건 등을 기준으로 과소지역을 지정해 교부금을 지원하고 있다.

지금까지 진행된 일본 정부의 과소대책을 총무성 홈페이지에 있는 「과거의 과소대책법에 대해過去の過疎対策法について」 자료를 인용해 살펴보면 다음과 같다.

1970년에는 '과소지역대책긴급조치법'을 제정했다. 이는 고도성장기의 대량 인구유출로 인해 생활 수준과 생산기능 유지가 곤란한 지역에 대해 긴급히 생활환경과 산업기반을 정비하는 것에 역점을 두었다.

1980년에는 '과소지역진흥특별조치법'을 제정했다. 이는 인구감소율 자체는 줄었지만 그 이전의 급격한 인구감소에 의해 지역사회의 기능이 크게 약화되고 생활수준과 생산기능이 저하된 지역의 문제를 해결하기 위해 제정되었다.

1990년에는 '과소지역활성화특별조치법'을 제정했다. 이 법에서는 지금까지의 인구감소로 인해 젊은이가 적고 고령자가 많은 연령 구성의 편향이 지역사회의 활력을 저하시키고 있는 점을 시정하는 데 초점을 두었다.

2000년에는 '과소지역자립촉진특별조치법'을 제정했다. 이 법에서는 인구감소로 활력을 잃은 과소지역의 자립을 촉진한다는 기존 목적에 더해 과소지역이 풍부한 자연환경을 가진 21세기에 적합한 생활공간이라는 점, 지역산업과 지역문화진흥의 역할을 담당하고 있는 점, 국가 전체적인 관점에서 다양성이 풍부한 아름답고 품격 있는 국토 형성에 기여한다는 점을 부각시켰다.

이처럼 시기별로 과소지역이 처한 상황 변화를 고려해 법률 명칭도 조금씩 바뀌어 왔는데, 과소대책법은 기본적으로 지역사회의 격차를 시정하고 과소지역의 열악한 상황을 개선하는 데 목적을 두었다. 일본 정부는 과소문제를 해결하기 위해 1970년부터

2018년까지 약 110조 엔에 달하는 엄청난 규모의 재정을 투입했다(総務省, 2019). 그렇지만 이미 앞에서 확인한 바와 같이 과소지역의 문제는 전혀 해결되지 못하고 오히려 축소와 소멸의 방향으로 가고 있다.

지금까지 정부 정책에서 문제가 되는 것은 지원 내용이다. 정부 지원금은 주로 지역통폐합에 따른 관공서, 학교, 보육소, 커뮤니티센터, 노인홈, 진료소 등의 시설 증축이나 신축, 도로나 하수도 등의 시설 건설에 사용되었다. 또한 농촌과 도시, 혹은 농촌 내 마을을 연결하는 자동차 교통망 정비에 사용되었다. 이런 정책이 지역격차를 시정하는 데 기여한 것은 사실이지만 국가가 정한 기준에 맞추어 국가 주도적으로 사업이 추진된 점, 지역 주민의 의사가 반영되고 지역 주민이 주체가 되어 사업을 추진하지 못한 점, 나아가 지역 재생을 담당할 인재를 육성하지 못한 점 등이 문제라고 할 수 있다.

이런 반성으로 현재 과소 정책은 지역커뮤니티의 유지와 활성화, 생활 교통수단 확보, 정보통신 기반정비, 주민의 생활 안정과 복지 향상, 이주·교류 촉진을 중시하는 쪽으로 바뀌고 있다. 또한 인재 육성을 위해 지역협력대를 채용해 이들이 지역 재생에 중요한 역할을 하도록 지원하고 있다. 총무성에서는 2009년부터 '지역 살리기 협력대地域おこし協力隊' 프로그램을 운영하고 있는데, 이는 젊은이들이 과소지역에서 최장 3년간 거주하면서 지역 살리기 활동에 참가할 수 있도록 활동비를 지원하는 프로그램이다. 이 프로그

램에 참가한 젊은이들이 마을에 남아 마을 분위기를 바꾸고 새로운 흐름을 만들어 내고 있다.

3. 도쿄의 승자 독식과 지방의 쇠퇴

왜 도쿄로만 몰려들고 있는가?

쇠퇴와 소멸의 위기에 처한 지방과는 대조적으로 인구유입이 문제가 되는 곳이 있다. 바로 도쿄권이다. 현재 도쿄권으로 일극 집중 현상이 심각한데, 도쿄권 중에서도 예전의 도쿄시라고 할 수 있는 도쿄 23구로 젊은이들이 유입되는 현상이 두드러지고 있다.

지역으로서 도쿄권의 우월적 위치는 다음과 같은 몇 가지 지표를 통해 확인할 수 있다.[4]

자본금 10억 엔 이상 대기업(2016년 기준) 중에서 도쿄권에 위치한 기업은 3,428개로 전체 기업의 59.3%나 된다. 특히 도쿄도에 위치한 기업이 압도적으로 많은데, 그 수는 2,926개로 전체 기업의 50.6%를 차지한다. 이에 반해 오사카권에 위치한 기업은 782개로 전체 기업의 13.5%이며, 나고야권에 위치한 기업은 387개로 6.7%를 차지한다. 도쿄권과의 차이가 매우 큼을 알 수 있다.

---

4 이하 도쿄권의 일극 집중을 보여 주는 구체적인 지표에 대해서는 국토교통성(国土交通省)(2020), 「도쿄 일극 집중의 시정방책에 대해(東京一極集中の是正方策について)」 18~21쪽에서 인용했다.

더욱이 1991년과 비교하면 도쿄권과 오사카권의 차이는 더욱 벌어지고 있다. 자본금 10억 엔 이상 대기업이 입지해 있는 곳의 기업 수와 그 비율을 보면, 1991년에 도쿄권은 2,466개사로 전체 기업의 55.6%, 오사카권은 840개사로 18.9%, 나고야권은 284개사로 6.4%이다. 25년 동안 도쿄권에 위치한 기업 수가 1,000개 증가할 때 오사카권은 오히려 58개가 감소했다.

또한 상장기업 본사의 소재지(2015년 기준)를 도도부현별로 보면 도쿄도에 위치한 기업이 압도적으로 많다. 1위인 도쿄도가 1,823개사로 전체 상장기업의 50.6%이며, 그 뒤를 오사카부가 430개사로 11.9%, 아이치현이 224개사로 6.2%, 가나가와현이 183개사로 5.1%, 효고현이 109개사로 3.0%를 나타내고 있다. 도쿄권에 속해 있는 가나가와현, 사이타마현, 지바현의 3개 현을 합한 비율이 8.4%인 점을 고려할 때 도쿄권 중에서도 압도적으로 도쿄도에 집중해 있음을 알 수 있다.

외국계 기업(2019년 기준)의 소재지를 보면, 도쿄도가 75%, 가나가와현이 9%, 오사카부가 4%, 효고현이 3%, 아이치현이 2%로 압도적 다수가 도쿄도에 집중되어 있다.

이밖에 명문 대학이라고 불리는 대학도 도쿄도에 몰려 있다. 신문사, 방송사, 출판사 등도 거의 도쿄도에 있다. 심지어 대학에서 시작된 벤처기업도 도쿄도에 집중되어 있다.

이처럼 진학과 취업에 유리한 상황이 젊은이들을 도쿄권으로 끌어들인다고 볼 수 있다. [그림 8-4]는 최근 도쿄권으로 인구유입

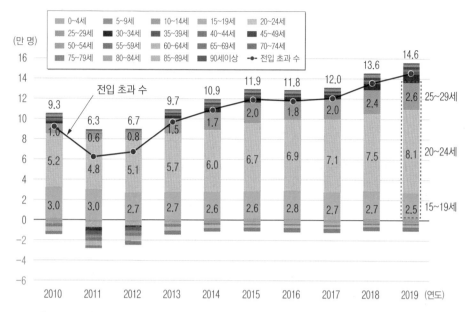

[그림 8-4] 도쿄권의 연령 그룹별 전입 초과 수의 추이(2010~2019년)

출처: 총무성, 「주민기본대장인구이동보고(住民基本台帳人口移動報告)」(日本人移動者).
국토교통성(2020), 「도쿄 일극 집중 시정방책에 대해(東京一極集中の是正方策につい
て)」 7쪽.

이 어느 정도로 일어나고 있는지를 제시했다. 특히 연령별로 어느 연령층에서 유입이 큰지를 제시했다. 이를 보면 연도별로 차이는 있지만 2010년 이후 전입 초과 수가 적을 때는 6만 명, 많은 때는 13만 명 정도로 지속해서 도쿄권으로 유입이 일어나고 있음을 알 수 있다.

2019년에 전입자의 연령별 분포를 보면 15~19세가 2.5만 명, 20~24세가 8.1만 명, 25~29세가 2.6만 명으로 15~29세의 비율이 90.4%에 달한다. 이는 젊은 세대가 대학 진학을 위해 또는 대학 졸업 후 취직을 위해 전입하고 있음을 보여 주는 것이다.

문부과학성에서 매년 조사하는 「학교기본조사」에 따르면, 2019년 기준으로 도쿄권에 위치한 국공립대학이 22개, 사립대학이 203개로 압도적으로 도쿄권에 몰려 있다. 오사카권은 국공립대학이 26개, 사립대학이 123개이며, 나고야권은 국공립대학이 17개, 사립대학이 65개로 차이가 크다. 이런 점을 고려해 보면 당연히 대학진학을 계기로 도쿄권으로 몰려들 수밖에 없다고 볼 수 있다.

예전에는 도쿄권에 있는 대학에 진학했어도 취직 시에 고향으로 돌아가는 경우가 꽤 있었다고 한다. 그렇지만 최근에는 이러한 경우가 감소하는 반면 지방대 졸업생이 도쿄권으로 이동하는 경향이 강해지고 있는 것으로 나타난다.

이와 관련해 국토교통성의 국토정책국이 2020년에 실시한 「기업 등의 도쿄 일극 집중에 관한 기본 조사企業等の東京一極集中に係る基本調査」(2020년 11월 발표)를 보면 주목할 만한 경향이 나타난다.[5] 여기에서는 출신지와 현재 거주지를 도쿄권과 도쿄권 이외로 구분해 학력별 분포와 취직한 기업의 규모를 조사했다. 출신지란 15세까지 가장 오랫동안 지낸 지역을 말한다. 출신지와 현재 거주지를 기준으로 도쿄권에서 그대로 머물러 있는 사람, 도쿄권 이외 지역

---

5 조사 결과는 국토교통성 홈페이지의 「기업 등의 도쿄 일극 집중에 관한 간담회(企業等の東京一極集中に関する懇談会)」에 있는 「시민 대상 국제 앙케트 조사 결과 속보(市民向け国際アンケート調査結果 速報)」에서 인용했다.

에서 도쿄권으로 들어온 사람, 도쿄권에서 도쿄권 이외 지역으로 나간 사람, 도쿄권 이외 지역에서 그대로 머물러 있는 사람 등 크게 네 그룹으로 구분하고 있다.

이를 보면 도쿄권 이외 지역에서 도쿄권으로 들어온 사람의 학력별 분포는 대졸자가 54%, 대학원졸이 9%이다. 반면 도쿄권 이외 지역 출신으로 도쿄권 이외 지역에 머물러 있는 사람의 학력별 분포는 대졸자가 37%, 대학원 졸업자가 4%이다. 이런 점에서 상대적으로 고학력자가 도쿄권 이외 지역에서 도쿄권으로 유입되고 있음을 알 수 있다.

또한 이 조사에서는 취업자가 어떤 규모의 기업에 취직했는지도 조사했다. 이를 보면 도쿄권 이외 지역에서 도쿄권으로 들어온 사람이 대기업에 근무하는 비율이 훨씬 높은 것으로 나타난다. 도쿄권 이외 지역에서 도쿄권으로 들어온 사람의 경우 1,000명 이상 규모의 대기업에 근무하는 비율이 40%나 된다. 반면 도쿄권 이외 지역에 머물러 있는 사람은 23%이고, 도쿄권에서 쭉 거주해 온 사람은 28%로 도쿄권으로 들어온 사람에 비해 낮다.

이처럼 도쿄권에는 젊은이들이 선호하는 대학이 몰려 있을 뿐만 아니라 대학 졸업 후 취직하기를 원하는 매력적인 일자리가 있다. 특히 산업구조의 정보화, 서비스화가 진행되면서 첨단 산업의 입지로서 도쿄의 지위가 더욱 높아지고, 국제화가 진행됨에 따라 국제적인 금융·정보의 거점으로서 그 중요성은 더욱 커지고 있다. 국토교통성의 조사 결과는 도쿄권으로 들어오는 젊은이들에게 도쿄권은 대기업의 취직 기회를 풍부하게 제공하고 있음을 보여준다.

지역문제 전문가인 나가가와 사토시中川聡史 교수는 지방 젊은이 중에서도 고학력자에 편중되어 도쿄권으로 이동이 일어나고 있는 점에 주목해, 이러한 이동 양상을 '고학력층의 선택적 이동'이라고 표현했다(中川, 2017). 고도성장기에는 도쿄권에도 제2차 산업이 많이 입지하고 있었기 때문에 학력에 관계없이 많은 젊은이들이 도쿄권으로 들어와 정착할 수 있었다. 특히 1960년대는 중소기업에서 인력난이 심각해 중학교 졸업자는 황금알金の卵이라고 불리며 귀한 인재로 대접을 받았고, 중소기업 인사 담당자들은 지방의 학교를 찾아가 집단 면접을 통해 그 자리에서 채용을 결정했다.

그렇지만 이제 산업의 중심이 제3차 산업, 특히 금융업이나 보험업, 정보통신업 등으로 바뀌면서 도쿄와 같은 대도시에서는 고도의 전문지식이 필요한 직종의 수요가 두드러지게 커지고 있다. 그것이 고학력자가 선택적으로 도쿄권으로 유입하는 배경이 되고 있다.

특히 이 경향은 젊은 여성에게서 더 뚜렷하게 나타난다는 점에도 주목할 필요가 있다. 최근 도쿄권으로 전입 초과 수는 남성보다 여성이 적을 때는 1만 명, 많을 때에는 2만 명 가까이 더 많은 것으로 나타난다. 여성의 대학 진학률이 빠르게 증가하는 반면 이들 고학력 여성들이 취업할 일자리가 지방에서는 상대적으로 적은 것이 여성의 도쿄권 이동을 촉진한다고 볼 수 있다. 앞에서도 언급한 일본창성회의가 지방 소멸을 논하면서 20~39세 가임 여성의 도쿄권 이동에 주목한 이유도 바로 여기에 있다.

이런 점에서 인구감소시대에 지역 간 이동은 그 절대수가 감소하고 있지만 고학력층만이 도쿄권으로 선택적 이동을 하고, 그 외 사람들은 출신지에 정착하는 경향이 강해지고 있다. 이러한 지역 이동의 계층화로 지방의 쇠퇴가 가속화되고, 도쿄권과 그 외 지역의 사회적·경제적 격차는 더욱 확대될 가능성이 있다. 과연 이러한 이동의 흐름을 막을 방법이 있을까?

여전히 도쿄권으로 인재를 공급하는 지방 대도시권

그렇다면 지방에서 도쿄권으로 이동은 어떤 식으로 일어나는가? 이에 대해 지방의 주요 대도시권을 중심으로 그 이동 양상을 살펴보기로 하자.

일본에서 널리 일컬어지는 대도시권으로는 7대 도시권七大都市圏이 있다. 7대 도시권이라는 용어는 1969년에 책정된 제2차 전국종합개발, 다른 말로는 신전국종합개발계획新全国総合開発計画에서 처음 사용된 이래 지금까지도 널리 사용되고 있다.

7대 도시권의 범위와 인구규모(2015년 국세조사 결과)를 일본 열도의 북동에서 남서 방향으로 제시하면 다음과 같다. 홋카이도 지방의 삿포로시를 중심으로 한 삿포로 대도시권(인구규모 264만 명), 도호쿠 지방의 중심도시인 센다이시를 중심으로 한 센다이 대도시권(226만 명), 도쿄 23구와 요코하마시, 가와사키시, 사이타마시,

지바시를 중심으로 한 간토 대도시권(3727만 명), 주부 지방의 나고야시를 중심으로 한 주쿄 대도시권(936만 명), 오사카시와 고베시, 교토시를 중심으로 한 긴키 대도시권(1930만 명), 주고쿠지방의 히로시마시를 중심으로 한 히로시마 대도시권(210만 명), 규슈 지방의 후쿠오카시와 기타큐슈시를 중심으로 한 기타큐슈·후쿠오카 대도시권(554만 명)이다.

7대 도시권 중에서도 간토 대도시권에 일본 인구의 1/3이 모여 살 정도로 인구의 집중도가 크다. 인구규모 면에서 긴키 대도시권은 간토 대도시권의 절반 정도, 주쿄 대도시권은 간토 대도시권의 1/4 정도로 그 차이가 크다.

대도시권이 갖는 의미는 인구규모에 맞는 대도시로서의 집적을 가지고 있다는 것이다. 대도시권의 중심에 해당하는 도시(이하 중심도시로 칭함)에는 그 지역을 대표하는 대기업과 중견기업, 대형 상업시설, 문화시설, 대학, 병원, 기타 공공시설 등이 집적되어 있다. 또한 중심도시와 주변 지역을 잇는 교통망도 발달되어 있다. 이런 인프라를 토대로 주변 지역 사람들은 중심도시로 통학이나 출퇴근을 하며, 필요한 물품을 소비하고 문화생활을 누리고, 서비스를 충족하기 위해 몰려든다. 이런 점에서 중심도시는 주변 지역 사람들의 생활을 지탱하는 거점으로서 중요한 역할을 한다. 굳이 도쿄권으로 가지 않아도 경제활동의 기회를 얻고, 대도시의 인프라를 향유할 수 있는 것이다.

중심도시가 하는 이런 역할을 연구자들은 '인구 댐'이라고 부른다. 중심도시가 주변 시정촌으로부터 사람들을 끌어들여 해당 대도시권 밖으로 나가지 않도록 붙잡아 두고 있다는 의미에서이다. 이는 인구감소시대에 해당 대도시권의 인구를 유지하거나 인구감소의 속도를 둔화시킴으로써 지역의 쇠퇴를 막는 중요한 역할을 한다. 특히 도쿄권으로 인구유출을 막는다는 점에서 도쿄의 일극집중을 완화하는 의미가 있다. 중심도시는 중추거점도시나 중핵도시로 불리기도 한다.

[그림 8-5]는 간토 대도시권을 제외한 6대 도시권에 대해 중심도시를 핵으로 주변 시정촌과 도쿄권으로의 전입·전출 초과 상황을 나타낸 것이다. 숫자의 플러스는 해당 중심도시를 기준으로 한 전입 초과 수이고 마이너스는 전출 초과 수를 말한다. 이를 보면 공통적으로 각 대도시권의 중심도시가 주변 시정촌으로부터 인구를 흡인하는 인구 댐의 역할을 하고 있는 것을 알 수 있다. 즉 주변 시정촌 인구를 해당 대도시권으로 끌어들여 대도시권 밖으로 유출되지 않도록 막고 있다.

그런데 삿포로시와 센다이시와 같은 중심도시에서는 사망자 수가 출생아 수를 상회하는 인구의 자연 감소가 일어나고 있다. 그렇지만 주변 시정촌에서 들어오는 전입 초과로 인해 사회 증가가 발생하고 있기 때문에 아직까지 총인구는 증가하고 있다. 향후 주변 시정촌에서 유입될 인구가 감소하면서 총인구도 감소할 것으로 예상된다.

[그림 8-5]에서 또 하나 주목해야 할 점은 모든 중심도시에서

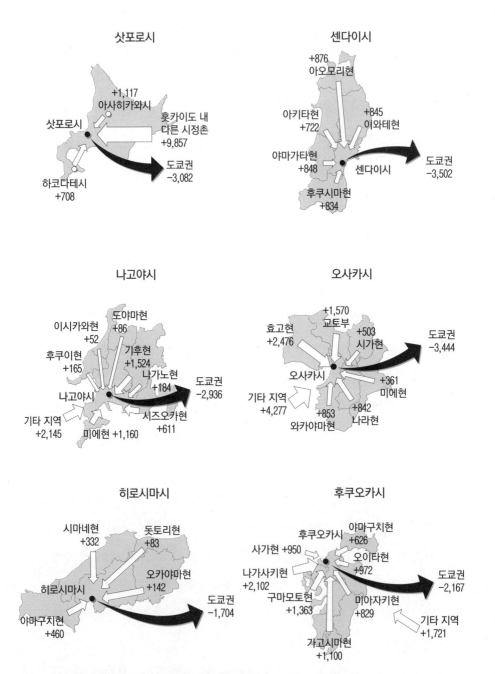

[그림 8-5] 6개 도시권의 인구 이동의 설명도

출처: 가와이 마사시(2019), 『미래의 지도첩: 인구감소 일본의 각 지역에서 일어나는 일』
52, 64, 74, 79, 85, 93쪽에서 인용.

도쿄권으로 전입 초과가 발생하고 있다는 점이다. 전입 초과 수가 가장 많은 도시는 센다이시이며, 그다음은 오사카시, 삿포로시, 나고야시, 후쿠오카시, 히로시마시의 순으로 이어진다.

그렇다면 중심도시에서 도쿄권으로 누가 어느 시점에서 이동하는가? 이는 앞에서도 살펴보았듯이 젊은 사람들이 진학을 계기로 또는 대학 졸업 후 취직을 위해 도쿄권으로 전출하는 경우가 많다. 센다이시는 학원 도시라고 부를 만큼 대학이 많이 있지만 도쿄권으로 진학하기 위한 이동이 많다. 삿포로시의 경우에는 60대 고령자의 전입 초과 수도 많은데, 이는 주변 지역에 사는 고령자들이 의료시설이 좋은 삿포로시로 이동하기 때문이다.

앞의 그림이 보여 주는 것은 결국 지방이 살기 위해서는 젊은 이들이 빠져나가는 것을 막는 일이 시급하다는 것이다. 대학 진학을 계기로 빠져나가는 젊은이를 막기 위해서는 지방에 좋은 대학을 만들어야 하고, 지방 대학 출신들이 지방에서 일할 수 있도록 고급 일자리를 만들어야 한다. 이를 위해 대학은 경쟁력 있는 교육 콘텐츠를 제공하고, 세계에 통용될 수 있는 인재를 길러 내야 한다. 나아가 산관학의 협력관계를 통해 젊은이가 창의력과 도전 정신을 바탕으로 창업할 수 있도록 지원하는 일도 필요하다. 나아가 그 지역만이 갖고 있는 독자적인 역사적·문화적·산업적 기반을 토대로 특화된 산업 생태계를 구축하는 노력도 필요하다. 이런 노력들이 쌓인다면 국제도시로서 도쿄권에 대항하는 대도시권으로 성장해 나갈 수 있을 것이다.

4. 향후 20~30년 사이에 일어날 대격변

지금까지 살펴본 지역 간 인구격차는 본격적인 인구감소시대에 문제 해결을 더욱 어렵게 만든다. 향후 지역 간 인구격차는 더욱 커지고, 인구규모가 작은 지자체는 더욱 빠른 속도로 쇠퇴와 소멸을 하게 되리라는 것이 장래의 인구전망이기 때문이다. 이렇게 되면 현행 행정체계를 그대로 유지하는 것은 사실상 불가능하다.

여기에서는 향후 20~30년 동안 지방에서 일어나게 될 일들을 살펴본다. 이를 위해 국립사회보장·인구문제연구소가 2018년에 발표한 「일본의 지역별 장래추계인구日本の地域別将来推計人口」(2015~2045년) 데이터를 이용한다.

더욱 커지는 47개 도도부현의 지역 간 격차

[표 8-3]에서는 10개 도도부현의 2015년 실제 인구와 2045년 인구전망치를 제시했다. 47개 도도부현을 모두 제시하기가 어려운 점을 고려해 도도부현 중에서 인구가 많은 상위 5개 도도부현과 인구가 적은 하위 5개 도도부현을 제시했다.

이를 보면 상위 5개 지역의 인구감소율은 낮다. 2015년부터 2045년까지 30년 동안 일본의 총인구는 2067.4만 명 감소해 감소율 -16.3%를 나타내는 데 반해 도쿄도는 같은 기간에 9.2만 명 증가한다. 다만 이 표에는 나와 있지 않지만 도쿄도는 2030년까지 인구가 증가하다가 이후 감소로 돌아선다. 2위인 가나가와현은

[표 8-3] 10개 도도부현의 인구전망

[표 8-3] 10개 도도부현의 인구전망 (단위: 천 명)

2015년			2045년			증감수 (2015~2045년)	증감률 (2015~2045년)
순위	전국	127,095	순위	전국	106,421	-20,674	-16.3%
1	도쿄도	13,515	1	도쿄도	13,607	92	0.7%
2	가나가와현	9,126	2	가나가와현	8,313	-813	-8.9%
3	오사카부	8,839	3	오사카부	7,335	-1504	-17.0%
4	아이치현	7,483	4	아이치현	6,899	-584	-7.8%
5	사이타마현	7,267	5	사이타마현	6,525	-742	-10.2%
43	후쿠이현	787	43	야마나시현	599		
44	도쿠시마현	756	44	도쿠시마현	535	-221	-29.2%
45	고치현	728	46	고치현	498	-230	-31.6%
46	시마네현	694	45	시마네현	529	-165	-23.8%
47	돗토리현	573	47	돗토리현	449	-124	-21.6%

주: 인구 증감 수와 증감률의 표시를 위해 2045년의 45위와 46위의 위치를 바꾸어 제시함.
출처: 국립사회보장·인구문제연구소, 「일본의 지역별 장래추계인구」(2018년 추계) 47쪽.

81.3만 명 감소해 감소율 -8.9%를 나타난다. 이와는 대조적으로 3위인 오사카부는 150.4만 명이 감소하며 감소율도 -17.0%로 높다. 거대 도시 오사카시를 끼고 있는 지역으로는 이례적으로 인구 감소가 크다.

반면 하위 5개현의 감소율은 상위 5개 지역에 비해 훨씬 크다. 같은 기간 가장 인구가 적은 돗토리현은 12.4만 명이 감소해 감소율 -21.6%를 나타낸다. 시마네현은 16.5만 명 감소해 감소율

-23.8%가 되며, 도쿠시마현은 22.1만 명 감소해 감소율 -29.2%를 나타내며, 고치현은 23.0만 명 감소해 감소율 -31.6%를 나타낸다.

이처럼 인구감소가 더욱 가속화되면서 도도부현 간의 인구격차는 더욱 벌어진다. 도쿄도로 집중되는 현상도 더욱 심화되는데 전체 인구에서 차지하는 도쿄도의 비중은 2015년 10.6%에서 2045년 12.8%로 더욱 커진다. [표 8-3]에서는 제시하지 않았지만 도쿄도와 가나가와현, 사이타마현, 지바현을 합한 도쿄권의 인구비율은 2015년의 28.4%에서 2045년의 31.9%로 더욱 높아진다. 반면 인구 50만 명 또는 60만 명 미만인 소규모 현도 속출한다. 2045년에 인구가 60만 명 미만인 현은 5개 현이고, 60만~100만 명 미만인 현은 14개가 될 것으로 예상된다.

이처럼 소규모 현이 증가하면 메이지기 이래 150년 동안 유지되어 온 47개 도도부현 체제가 더 이상 유지되기 어려운 상황이 올 것이다. 인구가 지속적으로 감소하면서 세수가 크게 줄어드는 가운데 소규모 광역자치체를 유지하는 데 따른 비효율과 행정 비용의 낭비가 중요한 문제가 될 것이다.

소멸과 쇠퇴로 가는 시정촌

그렇다면 이번에는 기초자치체인 시정촌 차원에서 향후 어떤 일이 벌어질 것인지를 살펴보자. 2021년 기준 일본의 기초자치체는 792개의 시, 743개의 정, 183개의 촌으로 모두 1,718개의 시정촌이 있다. 여기에 더해 특별공공단체의 자격을 부여받고 있는 도쿄23구를 합하면 모두 1,741개의 시구정촌이 있다.

그런데 기초자치체는 메이지 초기에만 해도 약 7만 개가 있었다. 메이지 정부는 지방제도를 체계화해 1888년에 정촌을 합병시켜 그 숫자를 1/5로 줄였다. 이를 메이지 대합병明治の大合併이라고 한다. 1950년대 중반에는 전후 행정 시스템을 정비하면서 쇼와 대합병昭和の大合併을 추진했는데, 이때 합병으로 약 1만 개 있던 시정촌의 수가 1/3로 감소했다.

한편 2000년대에 들어와서는 헤이세이 대합병平成の大合併이 실시되었다. 시정촌 합병은 1999년에 개정된 '시정촌 합병 특례 등에 관한 법률'에 따라 이루어졌다. 헤이세이 대합병이 추진된 사회적 배경을 보면, 지방의 고령화와 인구감소가 빠르게 진행되는 가운데 지방자치단체를 광역화함으로써 행정서비스의 향상과 재정 기반의 강화를 꾀할 필요가 있었다. 1999년 당시 3,200개에 달하는 기초자자체 중 2,700개 이상이 인구 5만 명 미만의 소규모 정촌이었던 상황에서, 일본 정부는 재정적으로 자립하기 어려운 소규모 지자체가 다른 지자체와 합병해 행정 효율화를 기하고 재정 기반을 강화함으로써 중앙정부의 재정 부담을 줄이고자 했다.

합병을 장려하기 위해 일본 정부는 2005년 3월 31일까지 합병하는 시정촌에 대해 일반 지방채보다 유리한 조건의 합병특례채를 발행할 수 있도록 하고, 원리금 상환에 대해 파격적인 재정 지원을 한다는 조건을 제시했다. 이는 합병으로 의원 정수가 줄어드는 시정촌 주민을 달래고 합병에 동의를 이끌어 내기 위한 회유책으로 제시된 것이었다. 합병을 진행한 많은 자자체가 이 특례채를 사용해 각종 시설을 정비했다.

그렇다면 과연 시정촌 합병은 소기의 성과를 거두었는가? 지자체의 행정서비스는 향상되고 재정 기반은 강화되었는가? 결론적으로 말하자면 시정촌 합병으로 시정촌의 수장, 의회 의원, 관공서 등을 줄이고 공무원을 줄임으로써 행정 비용이 삭감되는 효과는 분명히 있었다. 그렇지만 행정이 담당해야 할 범위가 넓어진 반면 관공서나 담당 공무원이 감소했기 때문에 행정서비스의 질은 악화되었다. 그 간격을 메운 것이 바로 시마네현 운난시 사례에서 확인한 지역 운영조직과 같은 주민 자치활동이다.

더욱 중요한 문제는 합병이 끝난 후에 확정된 1,718개 시정촌의 수가 과연 적절한 것인가 하는 점이다. 이에 대해서는 엄밀한 평가가 필요하다. 그렇지만 시정촌 합병에 대한 주민들의 불만이 커서인지 일본 내에서 시정촌의 적절한 수에 대한 논의는 그다지 이루어지지 않았다.

시정촌 합병을 추진하면서 여당인 자민당은 1,000개의 지자체를 목표로 했고, 일본청년회의소나 오자와 이치로小沢一郎와 같은 중진 정치가는 300개 정도로 해야 한다고 주장했다(田村, 2018). 일본 정부는 시정촌 합병을 추진하면서 어디까지나 지자체 지역 주민의 의사를 존중하면서 재정적인 혜택을 제공해 합병을 유도한다는 노선을 견지했다. 이에 재정에 어려움을 겪던 많은 지자체가

[표 8-4] 지자체 수와 인구 비율(2018년)

	기초자치체 수	인구 비율
합계	1,718개	100.0%
정령지정도시(50만 명 이상)	20개	23.3%
중핵시·특례시(20만 명 이상)	85개	24.2%
중도시(10만 명 이상)	155개	20.0%
소도시(10만 명 미만)	532개	23.3%
정촌(1만 명 이상)	417개	7.1%
정촌(1만 명 미만)	509개	2.1%

출처: 총무성(2020), 『지방재정백서(地方財政白書)』.

합병에 동참했지만 일부 시정촌은 독자적인 생존의 길을 모색한 경우도 많다. 이로 인해 인구 5,000명 이하의 정촌이 그대로 남은 경우가 많다.

그렇다면 합병 후 확립된 1,718개 시정촌의 인구규모별 분포를 살펴보자. [표 8-4]은 총무성에서 조사한 시정촌의 인구규모별 분포이다. 인구 1만 명 미만의 정촌이 509개, 1만 명 이상의 정촌이 417개, 10만 명 미만의 소도시가 532개, 10~20만 명 미만의 중도시가 155개, 20~50만 명 미만의 중핵시가 85개, 50만 명 이상의 정령지정도시가 20개이다.[6] 헤이세이 합병에 의해 정촌의 수가 크

---

6 정령지정도시(政令指定都市)는 인구 50만 명 이상(실질적으로는 70만 명 이상)의 도시에 대해 정령에 따라 지정한 것이다. 정령지정도시는 도도부현에 속하는 사무 권한의 일부(복지, 위생, 도시계획 등)를 위임받아 자율적으로 시행할 수 있고, 도도부현의 인허가를 면제받으며, 행정사무의 편의를 위해 행정구를 설치할 수 있다. 중핵시(中核市)는 인구 20만 명 이상의 도시에 대해 행정상의 자율성을 부여하기 위해 지정

게 감소하기는 했지만 여전히 기초자치체의 53.9%가 정촌이며, 그것도 인구 1만 명 미만의 정촌이 상당히 많다는 것을 알 수 있다. 이런 점에서 원래 의도한 대로 합병이 소기의 목적을 달성했다고 보기는 어려울 것이다.

일본 정부는 2005년의 신합병특례법新合併特例法에서 광역자치체의 수장인 지사에게 합병을 권고할 수 있는 권한을 부여했다. 그렇지만 이 권한을 행사한 경우는 도쿄도와 12개 현에 그쳤다고 한다. 물론 기초자치체가 중앙정부나 광역자치체의 일방적인 지시와 명령을 따르는 기관은 아니기 때문에 기초자치체의 결정은 존중되어야 한다. 하지만 국가 전체를 바라보는 관점에서 좀 더 적극적인 조정의 역할을 발휘할 수도 있었을 것이다. 중앙정부가 이토록 중요한 국가사업을 추진하면서 확실한 목표를 설정하고, 그 목표가 실현될 수 있도록 적극적인 역할을 하지 못한 점이 아쉽다.

그런데 인구감소가 가속화되면서 상황은 급변하고 있다. 향후 인구전망에 따르면 현재의 기초자치체 구분이 더 이상 유지되기 어려운 상황이 발생할 것으로 예상되기 때문이다. [그림 8-6]은 2015년과 2050년 사이의 지자체 규모별 인구감소율을 예측한 것이다. 이를 보면 인구규모가 작아질수록 인구감소율이 커지는 것으로 나타난다. 인구 1만 명 이하의 정촌은 2015년과 2050년 사이

한 것으로 현재 60개가 있다. 특례시(施行時特例市)는 2014년 특례시 제도가 폐지될 당시 이미 특례시로서 그 지위를 인정받고 있는 20만 명 이상의 도시로 현재 25개가 있다.

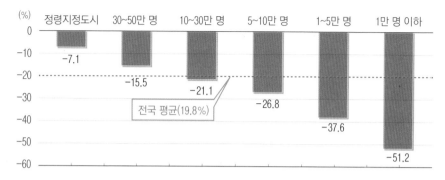

[그림 8-6] 지자체의 인구규모별 인구감소율(2015~2050년)

주: 총무성의 「국세조사」(2015년), 국립사회보장·인구문제연구소의 「일본의 지역별 장래
추계인구」(2018년 추계)에 의거해 국토교통성 국토정책국이 작성.

출처: 국토교통성 국토정책국(2018), 「최근의 인구동향에 대해: 2015년 국세조사에 의거한
장래인구추계에 대해(近年の人口動向について: 平成27年国勢調査に基づくメッシュ別将
来人口推計等について)」3쪽.

에 인구가 -51.2%, 1~5만 명 규모의 지자체는 -37.6%의 감소율
을 나타낼 것으로 예상된다. 반면 인구 50만 명 이상 규모의 정령
지정도시는 -7.1%, 30~50만 명 규모의 도시는 -15.5%의 감소율
을 나타낸다.

또한 국토교통성에서는 일본 전 국토를 1km²의 단위로 분할했
을 때 현재 사람이 거주하고 있는 지점에서 어떤 변화가 일어나는
가를 예상한 전망치도 제시하고 있다. [그림 8-7]을 보면 2050년에
현재 사람이 거주하고 있는 지역의 18.7%는 아무도 살지 않는 무
거주지역으로 바뀔 것으로 예상된다. 또한 32.3%의 지역에서는
인구가 현재 수준의 절반 이상 규모로 감소할 것으로 예상된다.
나머지 28.5%의 지역에서는 인구감소가 30~50% 미만 수준으로

[그림 8-7] **지역의 인구 증감 전망(2015~2050년)**

주: 일본 국토를 1km²의 단위로 분할해 각 지점별로 인구변화를 추계.

출처: 국토교통성 국토정책국(2018), 「최근의 인구동향에 대해: 2015년 국세조사에 의거한 장래인구추계에 대해」 3쪽.

진행되며, 3.1%의 지역에서만 인구가 증가할 것으로 예상된다.

그렇다면 이처럼 소규모 시정촌에서 대규모 인구감소가 예측되는 가운데 헤이세이 합병을 넘어 레이와 합병이 다시 실시될 것인가? 헤이세이 합병에 대해 지역 주민들의 반발은 컸고 행정에 대한 만족도는 떨어졌다. 지역 주민을 대상으로 한 행정서비스의 범위는 축소되고 악화되었으며, 지역 주민들은 생활 수준의 저하를 감내해야 했다. 지역의 활기는 더욱 저하되었다. 이런 상황에서 수많은 이해갈등과 반대를 극복하면서 레이와 합병을 추진할 정치적 에너지와 능력이 일본 정부와 여당에 있는지가 의문이다.

9장

인구감소시대에
지방이 살아남기 위한 방안

8장에서는 일본의 인구문제가 일본 열도의 각 지역에서 매우 다른 모습으로 나타나고 있으며, 이는 근대 이후 특정 지역에 편중된 산업화·도시화와 관련이 있음을 분석했다. 그리고 본격적인 인구감소시대가 도래하는 향후 20~30년 동안 지역 간 격차는 더욱 커져 도쿄의 일극 집중이 가속화되는 반면 지방은 급격한 인구감소로 쇠퇴와 소멸에 이르는 곳이 다수 생겨날 것임을 전망했다.

이러한 거시적인 분석과 전망을 토대로 이 장에서는 인구감소시대에 지방이 살아남기 위한 방안을 검토한다. 우선 지자체와 지자체의 관계에 주목해 지자체 간 행정 협력과 행정 통합의 문제를 살펴본다. 그리고 개별 지자체 차원에서 인구감소시대를 극복하기 위한 도시 경영의 모델로 거론되는 콤팩트시를 둘러싼 지방 도시의 현황과 과제를 살펴본다. 나아가 도시 경영의 효율성이라는 측면에서 공간의 효율적 이용을 저해하고 지역 쇠퇴를 가속화시키는 빈집문제, 소유자를 알 수 없어 방치되는 토지문제에 대해 살펴본다.

1. 일본 정부의 지방 살리기 구상

고도성장시대에서 저성장시대로 지역정책의 전환

고도성장기에 일본 정부는 국토의 균형개발을 내세워 전국을 포괄하는 종합적이고도 장기적인 계획으로 전국종합개발계획全国総合開発計画을 추진했다.[1] 전국종합개발계획은 1962년부터 1998년까지 총 5차에 걸쳐 추진되었다. 1962년에 책정된 1차 개발계획에서는 거점개발방식을 채택해 기존의 거대 공업지대의 과밀을 막기 위해 신산업도시를 건설하는 것에 중점을 두었으며, 1969년에 책정된 2차 개발계획에서는 광역생활권 구상을 내세워 전국을 잇는 고속철도와 고속도로 교통망을 건설하고, 대규모 산업개발 프로젝트를 제시해 전 국토로 개발 가능성을 확대했다. 고도성장이 끝난 1977년에 책정된 3차 개발계획에서는 생활환경 정비에 중점을 둔 정주권 구상을 제시했고, 1987년에 책정된 4차 개발계획에서는 다극분산형 국토 형성과 지역 간 교류 네트워크를 강조했다. 1998년에 책정된 5차 개발계획에서는 각 지역의 자립을 촉진하는 다축형多軸型 국토 구조의 형성을 제시했다.

이러한 개발계획에는 풍족한 재정 상황을 바탕으로 천문학적인 국가예산이 투입되었다. 2차 개발계획에서는 130~170조 엔, 3차

---

[1] 전국종합개발계획의 추진배경과 핵심적 내용에 대해서는 국토교통성 홈페이지의 「전국종합개발계획(全国総合開発計画)」, 「전국종합개발계획〈개요〉의 비교(全国総合開発計画〈概要〉の比較)」 자료를 이용했다.

개발계획에서는 370조 엔, 4차 개발계획에서는 무려 1,000조 엔이라는 거액의 비용이 투하되었다. 일본 경제가 잘 나가던 고도성장 시대, 인구증가시대를 배경으로 그야말로 거대 개발계획이 추진된 것인데, 국토의 균형 개발을 내세웠음에도 불구하고 개발의 중심에 있었던 지역과 개발에서 소외된 지역 간 격차는 더욱 확대되는 결과를 초래했다.

성장시대가 끝나고 인구감소시대로 돌아선 지금 일본 정부는 지방을 살리기 위해 과감한 재정을 투입할 여력이 없다. 2020년을 기준으로 중앙정부가 지고 있는 장기채무가 1,010조 엔이고, 지방 정부가 지고 있는 장기채무가 193조 엔일 정도로 이미 엄청난 빚을 지고 있기 때문이다.

2005년에 일본 정부는 지역정책의 방향을 전환하는 결정을 내렸다. 지금까지 양적 확대를 꾀하는 개발 중심주의적인 정책에서 벗어나 지역 특성에 맞게 지역사회가 자립적으로 발전하고 국가와 지방이 협력하는 새로운 국토형성계획을 책정했다. 이에 따라 법률 명칭도 국토종합개발법에서 국토형성계획법으로 바꾸었다. 2009년에는 새로운 국토형성계획을 책정했다.

2014년에는 향후 30년을 내다보는 거시적인 지역정책을 발표했는데, 그 명칭이 「국토의 그랜드디자인 2050: 대류 촉진형 국토형성国土のグランドデザイン2050: 対流促進型国土の形成」이다.[2] 이것은 향후 일

---

2 「국토의 그랜드디자인 2050」에 대해서는 국토교통성 홈페이지에 자세히 나와 있다. 구체적인 자료는 「국토의 그랜드디자인 2050 팸플릿(国土のグランドデザイン2050 パン

본의 지역정책이 나아가야 할 큰 방향을 제시한 것으로 저출산, 고령화, 인구감소시대의 격변기를 이겨내기 위한 국토형성계획의 방향이 제시되어 있다.

이처럼 저성장시대, 인구감소시대에 대응하는 방향에서 새롭게 제시된 일본 정부의 구상대로 지역정책을 추진한다면 지방은 저출산과 고령화, 인구감소의 위기를 극복할 수 있을까? 이하 1절에서는 「국토의 그랜드디자인 2050」 자료를 이용해 일본 정부가 추진하는 인구감소시대를 극복하기 위한 지역정책의 핵심 내용을 살펴본다.

콤팩트화와 네트워크화

콤팩트compact화란 도시가 기능하는 데 필요한 핵심 기능을 한곳에 집약시킨다는 의미이다. 도시의 중심부에 상업시설, 의료시설, 복지시설, 문화시설, 공공기관 등을 집약시켜 도시의 효율성을 높인다. 또한 중심 시가지와 주변 지역이 유기적으로 연결될 수 있도록 체계적인 공공교통망을 갖춘다. 이렇게 하면 지역 주민들의 접근성이 높아져 인구감소에도 불구하고 상점가는 매출을 유지하고 지역 커뮤니티도 활력을 유지할 수 있다. 이것이 콤팩트화의 핵심 내용이다.

그렇지만 콤팩트화만으로는 인구감소에 대한 대응책으로 불충

プレット)」, 「새로운 국토의 그랜드디자인 〈골자〉(新たな国土のグランドデザイン〈骨子〉)」가 있다.

분하다. 인구가 감소하면 대형 상업시설, 문화시설, 종합병원, 대학 등을 운영하는 데 필요한 인구규모를 확보할 수 없기 때문이다. 따라서 인접하는 지역을 유기적으로 연결해 하나의 권역을 형성함으로써 일정한 인구규모를 유지할 필요가 있다. 이것이 바로 네트워크화 전략이다.

앞에서 언급한 국토교통성 자료에 따르면, 백화점, 대학, 응급센터 등에서 제공하는 고차 도시 기능이 유지되기 위해서는 인구 10만 명 이상 도시를 중심으로 그 주변의 대중교통 1시간권 내에 있는 여러 시정촌을 합해 인구 30만 명 규모의 도시권을 형성하는 것이 필요하다고 한다. 그런데 일본에서 3대 도시권을 제외한 나머지 지역에서 인구 30만 명 이상 규모의 도시권은 인구감소로 인해 2014년 61개에서 2050년 43개로 감소할 것으로 예측된다. 이로 인해 향후 고차 도시 기능을 제공하는 서비스 산업이 성립하기 어려운 상황이 발생하는데, 이렇게 되면 지방 도시의 매력이 낮아져 젊은이의 유출이 가속화된다. 또한 지방 고용의 60% 이상을 차지하는 제3차 산업이 감소하는 것은 고용 감소로 이어져 지방의 쇠퇴를 더욱 앞당긴다.

이런 점에서 네트워크화를 통해 독자적인 역사와 문화, 산업적 기반을 갖는 여러 지역들이 유기적으로 연결되어 새로운 가치를 창조하도록 촉구할 필요가 있다. 이러한 네트워크 형성을 뒷받침하는 것이 바로 신정보혁명과 교통혁명이다. 정보통신기술을 잘 활용하고 교통망을 잘 구축함으로써 도시권의 생산성과 효율성을 높일 수 있다.

이처럼 콤팩트화와 네트워크화를 통해 인구감소시대의 불리함을 극복하고, 새로운 집적을 창출함으로써 국가 전체의 생산성과 효율성을 높이는 국토 구조를 만들 수 있다. 이것이 국토교통성이 제시하는 새로운 도시 모델이자 지역발전 모델이다.

산간 마을, 중소도시, 대도시를 유기적으로 연결하는 도시권 구상

콤팩트화와 네트워크화는 농산어촌 마을과 같은 작은 단위에서 뿐만 아니라 중소도시와 대도시 등의 큰 단위에서도 요구되는 지역 발전의 방향이다. 인구감소시대를 살아남기 위해 어떤 규모의 지역에서도 필요한 발전전략이라고 할 수 있다.

① 국토의 세포로서 마을과 마을을 이어주는 작은 거점compact village

산지가 많은 일본의 지형적 특성으로 인해 중산간지역에는 산을 사이에 두고 마을이 여기저기 흩어져 있는 경우가 많다. 이런 마을은 이미 8장의 과소지역에 대한 논의에서 소개한 바와 같이 인구감소로 상점이나 진료소가 사라지고 대중교통수단마저도 사라져 기초적인 생활 수준을 유지하기 어려운 경우가 많다. 따라서 이곳 지역주민들이 생존에 필요한 최소한의 생활물품과 서비스를 충족할 수 있도록 한 곳이 바로 작은 거점이다.

작은 거점은 우리 식으로 말하자면 시골 읍내와 같은 곳으로 이곳에 일상생활에 필요한 기초적인 시설로서 상점, 진료소, 우체

국, 은행의 자동화 창구, 주유소, 집회소 등의 시설을 집약시켜 주변 지역 주민들이 차를 타고 와서 이용할 수 있도록 한 곳이다. 이곳에는 지자체 간 시정촌 합병 이전에 있었던 구 관공서 건물도 있고 초등학교도 있다. 최근에는 지역 특산물을 한자리에 모아 놓은 홍보관이자 관광객의 휴게소와 숙박시설로도 이용되는 미치노에키道の駅가 지역 활성화 사업의 일환으로 전국 각지에 많이 만들어졌는데, 작은 거점에는 미치노에키도 있다. 작은 거점의 일반적인 모습을 이미지로 나타낸 것이 [그림 9-1]이다.

일본 정부는 작은 거점을 전국에 5,000개소 정도 마련하는 것을 목표로 하고 있다. 작은 거점과 주변 마을을 이어 주는 대중교

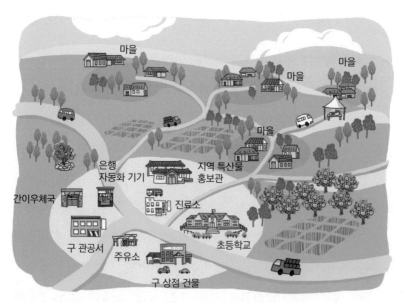

[그림 9-1] 농산어촌의 작은 거점

출처: 국토교통성, 「국토의 그랜드디자인 2050」.

통수단을 잘 유지하는 것이 국토의 세포로서 작은 거점이 기능하는 토대가 된다. 정보통신기술을 이용한 통신망 연결도 중요한데, 인터넷을 통한 원격교육과 원격의료가 이루어지면 공간적 제약도 극복할 수 있다. 또한 지방공공단체와 물류사업자, 편의점 등과 협력해 배달서비스를 확보하는 일도 중요하다.

② 콤팩트시

앞에서 살펴본 콤팩트화를 단일 도시 차원에서 추구한 것이 바로 콤팩트시이다. 콤팩트시란 중심 시가지에 도시 기능에 필수적인 여러 시설을 집약시키고 공공 교통망을 정비함으로써 지역 주민의 접근성을 높인 도시이다. 또한 지역 주민이 중심부와 그 주변 지역에 거주하도록 유도함으로써 도시의 인구밀도를 높이고 교외로 시가지가 무질서하게 확장되는 것을 막아 도시 운영의 효율성을 높이고자 한다.

교외로 거주지역이 확장되면 그 지역 거주민을 위한 인프라를 새로 건설하고 관리해야 하는 등 지자체의 재정 부담이 커진다. 반면 교외로 지역 주민이 빠져나가면서 중심부의 상점가는 매출 감소를 겪고, 이는 세수 감소로 이어진다. 1990년대에 일본의 지방 도시에서는 교외에 대형 쇼핑몰의 진출이 활발하게 이루어지고 거주지역도 새롭게 조성되었다. 이로 인해 지방의 중소도시에서는 재래 상점가가 쇠퇴하는 현상이 일어났는데, 대낮에도 손님이 없어 셔터를 내린 상점이 많다고 해서 '셔터거리'라고도 불렀다.

콤팩트시 구상은 1970년대에 미국에서 등장해 지속 가능한 도시 모델로 각광을 받았고, 일본에서는 2005년부터 주목을 받기 시작했다(牧野, 2016). 도야마시를 비롯해 아오모리시, 기타큐슈시, 삿포로시, 센다이시, 고베시 등 여러 도시에서 도시 계획의 방향으로 콤팩트시 구상을 발표했다.

일본 정부는 콤팩트시 조성을 위해 콤팩트시 형성지원제도를 마련했다. 2006년에 도시계획법, 중심시가지 활성화법, 대규모 점포 입지법을 개정해 교외에 대형 상업시설을 건설하는 것을 억제했다. 또한 2014년에는 도시재생특별조치법을 개정해 입지적정화계획 제도를 도입했다. 이것은 도시의 시가지가 확장되는 것을 막기 위해 주택, 병원, 복지시설, 상업시설 등의 입지를 거주구역 안으로 유도하는 것이다. 이를 위해 입지적정화계획을 책정하는 시정촌에 세제우대 조치나 보조금의 혜택을 제공했다.

③ 중심도시와 주변 시정촌 간의 광역 행정협력

콤팩트시가 단일 도시 차원에서 추구하는 모델이라면 대도시와 중소도시, 그 주변의 작은 농산어촌을 묶어 도시권을 형성함으로써 보다 효율적인 도시 운영을 하고자 하는 것이 지방도시 간 연합이다. 여러 도시가 유기적으로 연결되면 일정 인구규모를 갖는 도시권을 형성할 수 있다. 일본 정부는 여러 도시가 교통 네트워크를 통해 1시간권으로 연결됨으로써 인구 30만 명 규모의 도시권을 만드는 것을 추진하고 있다. 이러한 도시권을 형성해 도시 기능을 분담한다면 도시의 효율성을 꾀할 수 있기 때문이다. 이 도시권 안에 행정기능뿐만 아니라 기업, 대학, 병원 등을 포함해 지자체 간에 고차 도시 기능을 분담하는 협력관계를 만들 수 있다. 일본 정부는 이러한 고차지방도시연합을 전국에 60~70개 만드는 것을 목표로 하고 있다.

[그림 9-2]는 일본 정부가 고령화와 인구감소시대를 극복하기 위한 대안으로 제시한 지방도시권 구상을 나타낸 것이다. 이 그림에서는 광역자치체인 현을 예로 들어 그 안에 정주자립권定住自立圈과 협력중추도시권連携中枢都市圈, 도도부현에 의한 보완이라는 세 가지 유형의 광역행정 모델을 제시하고 있다. 광역행정이란 단일 지자체로는 감당하기 어려운 시설 운영이나 행정서비스를 복수의 지자체가 협력해 수행함으로써 행정 효율성을 높이기 위한 것이다.

정주자립권 구상은 2008년에 나온 것으로 인구 5만 명 정도의 중심시와 그 주변의 시정촌을 묶어 하나의 자립권을 형성하는 것이다. 지역 주민들이 다른 곳으로 빠져나가지 않고 거주한다는 의미에서 정주자립권이라고 이름 붙였다. 정주자립권은 인구 5만 명 규모의 소도시가 중심시 선언을 하고, 주변 시정촌과 정주자립권 협약을 맺어 의료, 복지, 교육문화 등의 분야에서 역할 분담을 하는 협력관계를 형성한다. 이를 통해 권역 전체 차원에서 필요한 생활 기능을 확보한다. 정주자립권은 2019년 기준으로 전국에 123개 권역이 형성되어 있다.

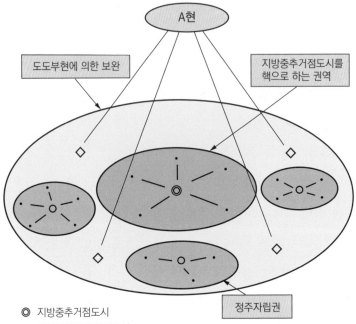

◎ 지방중추거점도시
○ 정주자립권의 중심도시
· 각 권역의 시정촌
◇ 지방중추거점도시와 중심도시에서 멀리 떨어진 시정촌

[그림 9-2] 지방 도시권의 광역 행정협력 관계

출처: 총무성, 「일본 총인구의 장기적 추이(我が国における総人口の長期的推移)」.

협력중추도시권 구상은 정주자립권보다 큰 단위의 권역을 형성하고자 하는 것으로 인구 20만 명 이상의 도시를 중심으로 주변 소도시와 정촌을 유기적으로 연결해 도시 기능의 집약화와 네트워크화를 꾀하는 것이다.[3] 2014년에 일본 정부는 지방자치법을 개정

3 일본 정부의 규정에 따르면, 협력중추도시권은 야간 대비 주간 인구 비율이 약 1 이상인 정령지정도시와 중핵시, 사회적·경제적으로 일체성을 갖는 근린 시정촌으로 형

해 지방공공단체 간의 유연한 협력을 가능하게 하는 협력협약제도連携協約制度를 만들고, 사무의 대체집행제도를 창설했다. 그리고 지금까지 지방중추거점도시를 포함한 여러 명칭으로 불렸던 도시권을 '협력중추도시권'이라는 명칭으로 통일했다.

이 제도가 추구하는 바는 일정 규모와 중핵성中核性을 갖춘 권역의 시정촌이 협력해 인구감소시대에도 일정 규모의 권역 인구를 유지함으로써 지역의 활력을 유지하고자 하는 것이다. 권역 전체 차원에서 협력함으로써 경제성장을 견인하고, 의료와 교육 등에서 도시 기능의 집적과 강화를 꾀하고, 생활 관련 서비스의 향상을 기대할 수 있다. 또한 인구증가시대에 각각의 지자체가 모든 시설을 갖추고 행정서비스를 제공하던 풀세트 행정에서 탈피해 행정의 효율성을 꾀할 수 있다. 나아가 인구 20만 명 이상의 중심시는 주변 과소지역의 젊은이들을 흡수함으로써 도쿄권으로 유출을 막는 인구 댐 역할을 할 수 있다. 이것이 바로 협력중추도시권 구상이 달성하고자 하는 목표이다.

한편 소규모 정촌이 공간적으로 멀리 떨어져 있어 정주자립권이나 협력중추도시권에 포함되기 어려울 경우는 광역자치체인 도도부현에서 직접 지원한다. 이것이 도도부현에 의한 보완이다.

성된다. 또한 인접하는 2개 시(각각의 도시가 야간 대비 주간 인구비율이 1 이상이면서 인구 약 10만 명 이상인 경우)의 인구 합계가 20만 명을 넘고, 동시에 쌍방이 약 1시간 이내 교통권에 있는 경우에는 이들 도시와 사회적·경제적으로 일체성을 갖는 근린 시정촌과 함께 형성되는 도시권도 협력중추도시권으로 본다.

2020년 4월을 기준으로 협력중추도시권을 선언한 곳은 34개 권역으로, 36개 도시가 중심이 되어 근린시정촌 325개가 포함되는 협력중추도시권을 형성하고 있다.

그런데 이것은 어디까지나 협력중추도시권을 형성해 서로 할 수 있는 부분에서 협력을 하겠다는 선언에 불과하다. 실질적으로 지자체 간 협력이 이루어져야만 그 효과를 달성할 수 있다. 그렇지만 지자체 간 이해관계가 달라 협력하기 어려운 것이 현실이다. 따라서 일본 정부의 구상이 구상에서 끝날 우려가 있다. 여기에 대해서는 2절에서 논의한다.

나아가 최근 일본 정부는 지자체 간 협력관계를 넘어 복수의 시정촌으로 구성되는 권역을 독자적인 행정 주체로 인정하는 방안도 검토하고 있다. 이러한 방안이 등장하는 배경에는 2040년에 닥칠 것으로 예상되는 위기 상황에 대한 절박감이 있다. 총무성에서 설립한 2040 구상연구회2040構想研究会는 2018년에 발표한 보고서에서 2040년경에 90% 이상의 시정촌에서 인구감소가 예상되기 때문에 개별 지자체가 대응하는 방식으로는 행정서비스를 제공할 수 없고 주민의 기초적인 생활을 유지할 수 없다며 강한 위기감을 표시했다(自治体戦略2040構想研究会, 2018). 그리고 위기 극복의 방안으로 복수의 시정촌으로 구성되는 권역을 법률로 정해 권역 단위의 행정을 표준으로 할 것을 제안했다.

이러한 문제 제기를 이어받아 수상의 자문기관인 제32차 지방제도조사회第32次地方制度調査会에서는 권역을 새로운 행정 단위로 할 것인가의 문제를 검토해 답신할 예정이었다. 그렇지만 2020년에 발표한 답신에서는 인구감소가 진행되어도 주민에게 안정적인 행정서비스를 제공하기 위해 시정촌의 광역협력이 필요하다는 것을 강조하는 것에 그치고 권역행정에 대한 언급은 피했다(第32次 地方制度調査会, 2020). 자신들의 권한 축소를 우려한 기초자치체의 반발이 컸기 때문이다. 시정촌 수장의 연합조직인 전국정촌회全国町村会에서는 권역행정이 사실상의 합병이나 중심도시로의 기능 집중으로 이어진다며 강하게 반발하고 있다. 이런 점에서 권역행정은 아직까지 논의의 초기 단계에 머물러 있는 상황이다.

2. 지자체의 행정통합은 위기의 일본을 구할 수 있을까

이상으로 살펴본 것이 일본 정부가 향후 20~30년을 내다보며 제시한 지역정책의 큰 틀이다. 일본 정부가 제시한 이러한 구상은 현재 지방이 안고 있는 문제를 해결하는 근본적인 방법이 될 수 있는가? 특히 향후 30년 동안 일어날 엄청난 대격변의 충격을 막아낼 수 있는가? 이하에서는 이러한 물음에 대해 검증해 본다.

지자체 간 행정협력의 성과가 제한적일 수밖에 없는 이유

일본 정부가 현재 추진하고 있는 광역행정은 지자체의 경계를 그대로 둔 채 여러 지자체 간 협력을 통해 공동으로 시설을 운영하거나 행정서비스를 제공하고 광역적 관점에서 지역의 발전을 꾀하고자 하는 것이다. 특히 인구감소시대에 일정한 인구규모를 확보함으로써 인구감소의 부정적 영향력을 최소화하고, 개별 지자체의 풀세트 행정을 극복해서 낭비와 비효율을 줄이고자 하는 것이다. 이는 인구감소시대를 살아남기 위한 필사적인 대응책이라고 할 수 있다.

그런데 일본 지방제도의 역사적 변천 과정을 보면 자치제도 창설 당시부터 시정촌 합병을 통한 규모의 조정과 시정촌 간 협력(공동처리)이라는 두 가지 방식이 병용되어 왔다. 다시 말하자면 메이지기 이래로 일본의 지방제도는 상황에 따라 지자체 합병과 광역협력이라는 정책적 변화를 반복하면서 행정규모를 확대해 왔다고 할 수 있다.[4] 시정촌 합병은 기존의 행정구획을 바꾸는 조치인 만큼 해당 지역 주민들의 반발에 부딪히는데, 특히 지명이 사라짐으로써 지역 정체성을 상실하는 것에 대한 반발이 크다. 반면 지자체 간 협력관계를 형성하는 광역행정은 지자체의 경계를 변경하지 않고 필요에 따라 유연하게 대응할 수 있는 이점이 있다. 이런 점

---

4   이하 일본의 시정촌 합병과 광역행정제도의 역사적 변천 과정에 대해서는 요코미치 기요타카(橫道淸孝)의 「시대에 대응한 광역협력방식에 대해(時代に対応した広域連携のあり方について)」(2013)와 사카노 요시타카(坂野喜隆)의 「광역협력과 거버넌스(広域連携とガバナンス: 一部事務組合を手がかりとして)」(2018), 신카와 다츠로(新川達郎)의 「권역 매니지먼트론과 향후 지방자치(圏域マネジメント論とこれからの地方自治: 2040問題と第30~32次地方制度調査会の検討から)」(2019) 등을 참고했다.

에서 일본에서는 지자체 합병을 대체하는 수법으로서 광역행정이 널리 이용되어 왔다.

광역행정의 하나로서 정촌조합町村組合이 제도화된 것은 근대 초기인 1888년인데, 지자체 간 공동처리가 필요한 사무 처리 기능을 위해 도입되었다. 요코미치 기요타카横道清孝 교수에 따르면 정촌조합은 메이지 대합병에서 빠져 있던 정촌에 대해 합병을 대신하는 편법으로 합병과 동일한 기능을 발휘하기 위해 도입되었다고 한다 (横道, 2013). 또한 사카노 요시타카坂野喜隆 교수에 따르면, 정촌을 합병하면 종래의 정촌이 영구 소멸되어 전통을 중시하는 토착적 관념이 강했던 메이지기 당시의 농촌에서는 저항이 강했다고 한다 (坂野, 2018).

이후 1947년에는 지방자치법이 제정되면서 지방자치 사무의 공동처리에 대해서는 구 제도가 그대로 계승되었다. 이때 시정촌뿐만 아니라 도도부현도 완전한 지자체가 되었기 때문에 도도부현의 공동처리도 가능하게 되었다. 그후 공동처리에 더해 지자체 간 협의·연락조정·계획책정을 하는 협의회제도, 지자체의 위원회·위원 또는 부속기관 등 기관의 공동설치, 지자체 간 사무위탁 등 다양한 광역협력제도가 창설되었다.

고도성장기에는 광역협력제도가 보다 확대되었다. 고도성장으로 농촌형 사회에서 도시형 사회로 이행하면서 자동차가 보급되고 주민의 일상생활 범위가 확대되면서 광역 행정서비스에 대한 수요가 높아졌기 때문이다. 그렇지만 시정촌의 쇼와 대합병이 1960년대 초에 끝나고 얼마 되지 않은 상황이었기 때문에 일본 정부는 합병이 아닌 광역행정을 통한 지자체 간 협력으로 대처했다. 1969년에 발표된 2차 전국종합개발계획에서는 광역시정촌권 구상을 제시했는데, 여기에서는 권역의 진흥 정비를 위해 사무조합이나 협의회 등의 광역협력 방식을 활용해 공공시설을 정비하고 공공적 소프트사업을 실시하고자 했다.

1974년에는 지방자치법이 개정되어 광역협력을 종합적이고 계획적으로 추진하기 위해 공동처리 사무가 관련 시정촌 모두에 공통될 필요는 없고 조합간 통폐합도 가능한 복합적 일부사무조합(복합사무조합)제도가 창설되었다.

1994년에는 지방자치법이 개정되어 광역연합이 제도화되었다. 여기에서는 지방분권정책의 일환으로 국가의 권한을 광역연합으로 이양할 수 있도록 했다. 광역연합이 제도화되면서 소규모 지자체를 보완하는 수단으로서 광역연합을 활용해야 한다는 주장도 제기되었다.

그런데 이와 같은 제도의 확대에도 불구하고 광역협력제도는 기대했던 것처럼 활용되지 않았다. 광역협력제도가 잘 기능하기 위해서는 의사결정의 신속성, 책임의 명확성 등이 담보되어야 하는데, 오히려 절차가 늘어나 의사결정이 더디게 진행된다든지, 책임 소재가 애매하다든지, 공공시설을 줄이는 것에 대한 지역 주민의 반발을 우려해 지자체 수장이나 지방의회가 적극적이지 않은 등 여러 이유로 잘 활용되지 않았다. 이것이 2000년대 초반에 헤이세이 대합병을 가져온 배경이 되었다.

그렇지만 헤이세이 대합병은 기대했던 만큼 효과를 가져오지 못했다. 시정촌 합병을 통해 일상생활권의 확대에 대응한 광역행정을 기대했으나 여전히 소규모 지자체가 그대로 남아 다수를 차지했기 때문이다. 이것이 인구감소시대에 다시금 지자체 간 광역협력의 중요성이 커지는 배경이 되고 있다.

일본 정부기 추진하는 정주사립권 구상이나 협력중추도시권 구상이 아직까지 큰 효과를 발휘하고 있다고 보기는 어렵다. 협력중추도시권의 모델 사례로 선정된 경우를 보면, 주로 관광 개발을 함께 하거나 복지시설과 응급시설을 공동으로 이용하는 것에 그친다. 광역적 시점에서 도시권 전체의 발전을 이끌 수 있는 대규모 사업을 추진하지는 못하고 있다. 지역 발전을 위한 대규모 사업은 정책 판단의 영역이고 지역에 따라 이해관계가 다르기 때문에 동등한 권한을 가진 지자체 수장들이 합의에 이르기 어렵다. 지자체 수장은 자기 선거민을 의식해 지역의 이익에 구애받기 쉽다. 이러한 한계를 감안해 권역행정을 검토하는 총무성의 연구회에서는 중추도시의 수장이 주변 시정촌 수장에 비해 보다 큰 권한을 가질 수 있도록 제도화해야 한다는 주장도 하고 있다.

향후 인구감소로 소규모 지자체의 소멸이 거론되는 가운데 일본 정부가 추진하는 느슨한 광역행정협력만으로 그 위기를 극복해 나갈 수 있을지 의구심이 든다. 시정촌 합병과 같은 큰 틀의 구조 조정 없이 현재의 시정촌 체제를 그대로 유지한 채 광역행정만으로 효과를 발휘하기에는 많은 장애물이 있다.

그렇지만 시정촌 합병은 매우 정치적 부담이 큰 문제이다. 그렇기 때문에 일본 정부도 시정촌 합병을 거론하지는 않고 있다. 헤이세이 대합병에 대한 지역 주민들의 부정적 평가가 워낙 크기 때문이다. 인구감소시대를 극복하기 위한 방안으로 시정촌 합병이 거론되지는 않고 있기 때문에 당분간 이 문제가 정치적 이슈로 부상하지는 않을 것으로 생각된다.

다만 제32차 지방제도조사회가 2019년에 발표한 「시정촌 합병에 대한 금후의 대응 방책에 관한 답신市町村合併についての今後の対応方策に関する答申」에서는 기초자치체 간의 자주적인 합병이 인구감소시대를 극복하기 위한 하나의 방안이 될 수 있다는 점을 언급하고 있다. 이 답신에서는 지역의 틀을 넘어선 기초자치체의 행정서비스 제공체제로서 자주적인 시정촌 합병, 시정촌 간 광역행정협력, 도도부현에 의한 보완 등 다양한 선택지 중에서 가장 적합한 것을 지자체 스스로 선택하는 것이 바람직하다고 지적한다. 그리고 자주적인 시정촌 합병은 행정과 재정 기반을 강화하기 위한 수법의 하나로서 앞으로도 중요하다고 지적한다.

그렇지만 향후 다가올 급격한 인구감소시대에 대응하기 위해서는 이러한 소극적이고 조심스러운 자세를 넘어 시정촌 합병에 대해 적극적으로 검토할 필요가 있다. 그것이 인구감소시대를 극복하기 위한 선제적 대응이 될 수 있기 때문이다. 이 경우 기초자치체의 엄청난 반발에 직면하겠지만 중앙정부가 구조 개혁의 큰 그림을 그리면서 권한과 책임을 함께 짊어지고 개혁을 이끌어 나갈 필요가 있다. 과연 지금의 일본 정부에 이를 추진할 강한 의지와 리더십이 있는지 모르겠다. 따라서 이 문제가 현실적인 절박감을 가지고 본격적인 정치적 의제로 부상하기까지는 앞으로도 오랜 시간이 걸릴 듯하다.

인구감소시대를 극복할 해법으로 거론되는 도주제

인구감소시대를 극복하기 위한 지방제도 개혁은 기초자치체 차원의 문제에 그치지 않는다. 광역자치체인 도도부현의 통폐합도 피해갈 수 없는 중요한 문제인데, 8장에서 확인한 것처럼 2045년에 도도부현 간의 인구격차는 더욱 커져 현행 체제를 유지하는 것이 사실상 불가능하다. 인구 100만 명 이하의 현이 10개에서 19개로 늘고 인구 70만 명 이하의 현도 9개나 된다. 인구규모가 정령지정도시 수준의 현이 속출하는 셈이다.

시정촌이 지금까지 세 차례의 대규모 합병을 거쳐 현재에 이른 것에 반해 도도부현은 메이지기 이래 150년 동안 한 번도 바뀌지 않았다. 따라서 현재의 47개 도도부현 체제를 통합해서 도道 또는 주州라는 새로운 광역자치체를 만들자는 주장이 제기되고 있는데, 그것이 바로 도주제道州制이다.[5] 도주제의 적극적인 주창자인 사사키 노부오佐々木信夫는 2019년에 발표한 『이 나라를 접는 방법この国の

---

5 홋카이도에 대해서는 도(道)라는 명칭을, 그리고 나머지 지역에 대해서는 주(州)라는 명칭을 쓴다고 해서 흔히 도주제라고 부른다.

たたみ方』이라는 책에서 이동 수단이 말과 배, 도보였던 시대에 만들어진 제도로는 현재의 고속화되고 광역화된 시대에 대응할 수 없기 때문에 새로운 국가 통치시스템이 필요하다고 주장한다.

도주제에 대해서는 도주정부의 위상과 담당 업무, 도주의 지역 구분 등을 둘러싸고 이견이 있지만 일본 전역을 10개 정도의 도주로 나누고, 도주에 강력한 권한을 부여해 내정의 거점으로 삼아야 한다는 주장이 다수를 형성하고 있다. 내정에 관한 권한과 재원은 도주정부로 이관하고 중앙정부는 외교와 국방, 위기관리 등에 전념한다. 기초자치체인 시정촌은 주민에게 밀접한 서비스를 제공한다.

이런 식으로 제도를 바꾼다면 도주정부가 광역적 시점에서 도로와 공항, 항만 등의 인프라를 정비하고, 과학기술을 진흥하며, 역내 경제규모를 키워 산업 진흥을 꾀할 수 있다. 또한 지방대학을 경쟁력 있는 대학으로 키우고, 독자적으로 국제 교류를 추진하는 등 보다 스케일이 큰 정책을 추진할 수 있다. 인구규모가 커지고 재정규모도 커진 광역화된 지역권을 무대로 강력한 권한을 갖는 지자체 수장이 탄생하면 지금까지와는 다른 방식으로 지방의 발전을 이끌어 나가고, 유능한 인재를 끌어들여 도쿄의 일극 집중에 대항할 수 있는 지방의 힘도 갖출 수 있을 것이다.

나아가 도주제는 행정의 비효율과 낭비를 없애는 개혁의 의미도 크다. 지금까지 47개 도도부현은 인구규모에 상관없이 각자 독립된 국가처럼 도로, 교량, 공공시설 등의 인프라를 정비하고 똑같은 행정서비스를 내세우는 풀세트 행정을 지향해 왔다. 광역권에 하나만 있으면 충분한 공항을 현마다 만들었는데, 2018년 기준으로 96개나 되는 지방 공항의 상당수가 적자로 운영되고 있다.

또한 국가와 도도부현, 시정촌 간의 다중 행정으로 인한 비효율과 낭비의 문제도 심각하다. 같은 지역에 여러 행정기관이 동일한 업무를 시행하는 경우가 꽤 있는데, 지방이 해야 할 일에 국가가 나서기도 하고, 현과 시정촌이 같은 업무를 중복해서 하는 경우도 있다. 사사키 교수는 앞에서 언급한 책에서 도도부현과 정령지정도시 사이의 이중 행정 문제에 주목해 그 심각성을 지적한다(佐々木, 2019). 인구 70만 명 이상 규모의 정령지정도시는 도도부현 행정의 상당 부분을 이관받아 업무를 실시하고 있지만 현청은 정령지정도시와 경쟁하듯이 같은 종류의 공공시설을 정비하거나 동일한 행정서비스를 실시하는 경우가 많아 비효율과 낭비를 초래한다. 사사키 교수는 이러한 중복 행정의 폐지를 통해 20조 엔 규모의 재정을 절약할 수 있다고 지적한다.

이런 점에서 볼 때 도주제는 단순한 행정 개혁의 차원을 넘어 새로운 국가 통치시스템을 만드는 개혁이다. 도주정부가 중앙정부의 통제에서 벗어나 자립적이고 주체적으로 지역을 경영하는 진정한 지방분권을 실현하는 개혁이며, 국가와 지방의 통치기구를 간소화함으로써 효율적인 통치구조를 만드는 개혁이다. 이를 통해 사람과 기업의 지방 분산이 이루어져 도쿄의 일극 집중을 완화해 지방의 활력을 되찾을 수 있고, 일본 전체에 활력을 가져올 수 있다.

그런데 흥미로운 사실은 도주제 주장이 최근에 나온 것이 아니라 패전 직후부터 제기되었다는 점이다. 미점령하인 1948년에 내각에 설치된 행정조사부는 도도부현을 폐지하고 지방행정기관으로 도 또는 주를 설치하거나, 도도부현을 존속시키면서 광역행정기관으로 지방행정청을 설치하는 등의 안을 제시했다.[6]

1957년에는 제4차 지방제도조사회에서 도도부현을 폐지하고 국가와 지방공공단체의 중간적 단체로서 '지방地方'을 두는 안을 제시했는데, 전국을 7개에서 9개의 지방으로 재편해 수상이 임명하는 지방장地方長을 두자는 안을 답신으로 내놓았다. 그렇지만 이 안에 대해 도도부현의 반대가 컸기 때문에 더 이상 검토는 이루어지지 않았다.

그 뒤 지방행정제도에 관한 논의로서 도도부현 합병에 대한 주장이 제기되기도 했지만 큰 진전이 없다가 1990년대에 와서 도주제에 대한 관심이 높아졌다. 1993년에 임시행정개혁추진심의회에서 최종 답신으로 현행 도도부현제를 대신하는 새로운 광역적 자치체 제도로서 도주제에 대한 검토를 할 필요가 있다고 지적했다. 그리고 1994년에는 지방자치법이 개정되면서 현의 광역연합이 제도화되었다. 2004년에는 지방자치법 개정으로 신청을 통해 도도부현 간에 합병하는 것이 가능해졌다.

---

6   도주제를 둘러싼 논의의 시기별 변천 과정에 대해서는 요코미치 기요타카(2008), 「일본의 도주제 도입 논의(日本における道州制の導入論議)」, 교토부 자료 「지금까지의 정부에서 전개된 도도부현을 넘어서는 광역행정의 검토 경위(これまでの政府における都道府県を越える広域行政の検討経緯)」를 참고했다.

2006년에는 제28차 지방제도조사회에서 도도부현을 폐지하고 도주제를 도입할 것을 주장하는 답신을 제시했다. 여기에서는 지방분권을 추진하고 지방자치를 강화한다는 관점에서 국가와 지방의 효율적인 행정 시스템을 구축하기 위해 도주제를 검토할 필요가 있다고 지적했다. 이러한 답신을 받아 정부와 정당 차원에서 도주제에 대한 검토가 이루어졌다.

그리고 같은 해 도주제특별구추진법이 제정되어 전국에 앞서서 홋카이도가 도주제특별구로 지정되었다. 홋카이도는 도주제로 이행해도 합병 없이 현재 구역이 그대로 도주 구역이 되기 때문에 도주제의 선행 모델지역으로 지정된 것이다.

이처럼 도주제를 추진하려는 분위기가 고양되는 가운데 2006년에 출범한 제1차 아베내각은 도주제 담당대신을 두었고, 도주제 설계를 위임받았던 도주제비전간담회는 2008년 3월에 발표한 중간 보고서를 통해 일본은 2018년까지 도주제로 완전 이행해야 한다고 제언했다. 이때까지만 해도 도주제가 궤도에 올라 빠른 속도로 추진되는 듯한 분위기였다.

이후 민주당으로 정권이 교체된 시기를 지나 2012년에 여당으로 복귀한 자민당은 도주제추진기본법을 정리해 법안 제출을 준비했다. 그렇지만 중의원 선거를 앞두고 전국 정촌의 강한 반대에 부딪힌 아베 정권은 법안 제출을 미루었다.

너무도 장벽이 높은 도주제의 실현 가능성

이후 도주제 논의는 끊긴 채 지금까지 이렇다 할 움직임이 없다. 최근에 사사키 노부오 교수가 매스컴이나 책을 통해 도주제 도입을 주장하고 있지만 도주제 논의가 이어지고 있지는 않다. 도주제에 대한 국민적 관심이 크지는 않은데, 이는 도주제가 국민들에게 현실감 있게 다가오는 이슈가 되지 못하고 있기 때문이다.

도주제에 찬성하는 대표적인 세력은 경제 단체이다. 기업의 경제활동이 도도부현의 행정 단위를 넘어서 이루어지고 있기 때문에 경제 단체는 일찍부터 도주제에 찬성을 표명해 왔다. 1955년에 간사이경제연합회에서는 지방행정기구 개혁에 관한 의견으로 도도부현을 폐지하고 국가의 종합파견기관으로 도주를 설치할 것을 제안하기도 했다. 인구감소시대를 맞은 지금 경제계는 시장규모가 축소되는 것을 우려해 적극적으로 도주제를 주장하고 있다.

광역자치체인 도도부현도 도주제에 찬성하는 입장이다. 각 현의 홈페이지에 들어가 보면 많은 현에서 도주제의 의의에 대해 자세히 설명해 놓은 것을 볼 수 있는데, 진정한 지방분권을 실현하는 제도로서 도주제의 의의를 강조하고 있다. 도도부현 지사들의 모임인 전국지사회全国知事会에서는 도주제 추진의 기본 원칙으로 도주제 도입이 중앙행정기관인 성청省庁의 해체와 재편을 포함해야 하고, 보다 지방분권에 역점을 두어야 하며, 국가와 지방이 일체가 되어 검토 기관을 설치해야 한다는 것을 제시하고 있다.

반면 도주제를 가장 강력히 반대하는 세력은 정촌 수장들의 모임인 전국정촌회이다. 전국정촌회에서는 반대 성명에서 도주제가 지방 대도시로 권한을 한층 집중시킴으로써 소규모 정촌을 더욱 쇠퇴하게 만들고, 지방자치를 훼손하게 될 것이라고 주장한다.

이밖에 중앙 성청 관료가 도주제를 반대하는 세력이라고 보는 시각도 있다. 공공정책학 전문가인 이치카와 히로오市川宏雄 교수는 중앙 성청 관료들이 도주제를 추진하는 로드맵을 만들고 있지만 내심으로는 도주제를 반대한다고 주장한다(市川, 2015). 도주제는 중앙정부의 권한과 예산을 지방에 주는 것이기 때문에 스스로의 이권을 내주는 셈이 된다는 것이다.

이런 점에서 볼 때 도주제는 정치적으로 실현하기 어려운 과제이다. 지금까지 도주제를 추진하려는 움직임이 여러 차례 있었지만 잘 진행되지 않은 것은 너무나 많은 이해 당사자가 얽혀 있어 사실상 추진하기 어렵다는 것을 보여 준다. 기본적으로는 도주제 찬성의 입장에 있는 자민당이 이 문제를 추진하지 못하는 이유는 반대 세력을 설득해 국민적 합의를 이끌어 내기에는 너무도 정치적 부담이 크기 때문이다. 그리고 메이지기 이후 도도부현 체제가 150년 동안이나 지속되었기 때문에 익숙해졌던 도도부현 명칭이 없어지는 것에 대한 지역 주민들의 반발이 예상보다 훨씬 클 수도 있다.

도주제를 성공적으로 추진하려면 내각의 강력한 리더십이 전제가 되어야 한다. 도주제를 실현해야겠다는 강력한 의지와 열정, 그 역사적 의의에 대한 강한 확신, 국민적 합의를 이끌어 내는 정치력이 필요하다. 일본이 고도성장으로 잘 나가고 재정적으로도 여유가 있었던 때도 성공하지 못했던 도주제가 지금 이 시점에서 과연 실현 가능할 것인가? 어느 세월에 될지도 모르는 이 거대한 개혁 과제가 자칫 논쟁만 하다가 끝날 수도 있다.

오사카부와 오사카시의 재편을 통해 행정 시스템의 효율화를 추구하고자 했던 하시모토 도오루橋本徹 전 오사카 시장(오사카부 지사도 역임)은 도주제의 필요성을 인정하면서도 그것을 실현하기 위해서는 메이지 신정부와 에도 막부가 맞붙었던 보신전쟁戊辰戰爭 때만큼의 에너지가 필요하다며 그 어려움을 토로한다. 이치카와 히로오 교수는 도주제와 같은 대규모 개혁은 중앙정부와 대도시, 중도시, 소도시 지자체와 지역 주민 등 각 주체별로 이해관계가 첨예하게 얽혀 있어 혁명을 통하지 않고는 실현되기 어렵다고 지적한다(市川, 2015). 그는 모두들 도주제에 대해 논하고 있을 때가 가장 행복한 때라는 지적도 하는데, 그 이유는 도주제가 도쿄 일극집중에 반발하는 지방 주민들의 불만을 분출시켜 그 열기를 식혀주는 역할을 하고 있기 때문이라는 것이다.

과연 일본 정부는 아무런 개혁 없이 지금 이대로의 국가 통치 시스템을 유지해 나갈 것인가? 아니면 개혁에 새로운 에너지를 투입해 국민에게 새로운 꿈과 희망을 제시하며 인구감소시대를 극복해 나갈 변화를 만들어 낼 것인가? 일본 정부와 국민들에게 남은 시간은 많지 않은 듯하다.

3. 성공하고 있다고 보기 어려운 콤팩트시 구상

1절에서 살펴본 광역행정이 복수의 시정촌이 협력해 인구감소 시대를 이겨내는 대안으로 제시된 것이라면 콤팩트시는 인구감소 시대에 개별 지자체가 지향해야 하는 도시 경영의 모델로 제시되었다. 콤팩트시는 인구감소시대에 도시의 거주지역을 축소시켜 일정한 인구밀도를 유지함으로써 행정 비용을 줄이고 중심 시가지를 활성화해서 도시 전체의 활력을 유지하고자 하는 구상이다. 이하에서는 콤팩트시를 둘러싸고 현재 일본의 지방 도시에서 벌어지고 있는 일들을 살펴본다.

콤팩트시와는 반대로 무분별하게 확장되는 교외지역

일본 정부가 콤팩트시를 추진하고 있는 것과는 대조적으로 현재 지방 도시에서 나타나는 현상은 무분별한 교외지역의 확장이다. 많은 지자체의 교외에 신규 주택단지가 생겨나면서 오히려 시역이 확장되고 있다.

이를 확인할 수 있는 지표로서 도시 인구집중지구DID: Densely Inhabited District의 면적과 인구밀도가 달라지는 것을 들 수 있다. 인구집중지구란 농산어촌과 구분되는 도시적 특성을 파악하기 위해 국세조사에서 사용하는 개념인데, 인구 밀도가 km²당 4,000명 이상인 기본 단위구가 서로 인접해 있고, 이들 인접한 지역 전체의 인구규모가 5,000명 이상이 되는 지역이 인구집중지구에 해당된다. 내각부 자료에 따르면, 도쿄도를 제외한 46개 도부현의 현청 소재 도시에 있는 인구집중지구의 면적은 1970년에 비해 2015년에 약 2배 증가한 것으로 나타난다(日本経済新聞社 編, 2019). 그리고 같은 자료에 따르면 인구집중지구 내 인구밀도는 정령지정도시에서는 16%, 그 이외 도시에서는 30%나 저하한 것으로 나타난다.

이러한 내각부에서 발표한 조사 결과를 출발점으로 일본경제신문에서는 국세조사 데이터를 이용해 신규 거주지역이 얼마나 늘어나고 있는지를 독자적으로 분석했다. 그 분석 결과를 제시한 「멀고 먼 콤팩트시, 멈추지 않는 거주지 팽창遠いコンパクトシティー 止まらぬ居住地膨張」(2019년 12월 26일에 공개) 기사를 보면, 일본 전역에서 교외 택지 개발이 멈추지 않아 신규 거주지가 크게 확대되고 있는 것을 알 수 있다.

위 기사에 따르면, 2005년에서 2015년까지의 기간에 일본 전역에서 새로 생긴 거주지구의 총면적은 1,773km²나 된다. 이는 오사카부의 총면적과 비슷한 크기이며, 도쿄도 3개에 해당되는 매우 큰 면적이다. 또한 신규 거주지역은 전국에 널리 퍼져 있으며, 특별히 활기가 있는 특정지역에서만 나타나는 것이 아니라는 점도 주목할 만하다. 전국 1,386개 시구정촌에서 신규 주택단지가 개발되었고, 그중 43개 시와 정에서 신규 거주지역 면적은 5km²를 넘었다. 니가타현 나가오카長岡시, 후쿠시마현 이와키いわき시, 시즈오카현 하마마츠浜松시 등 지방의 중심도시에서 신규 거주지가 확대되는 것이 눈에 띤다.

이처럼 인구가 감소하는 가운데 지방 도시에서 거주지가 무질서하게 확산되고 있다. 이를 가리켜 도시 스프롤urban sprawl 현상이라고 하는데, 도시 스프롤 현상이 생겨나면 새로 생긴 거주지역의 상하수도, 도로, 학교 등의 인프라를 조성하고 유지하는 데 막대한 비용이 들고, 쓰레기 수거, 사회복지서비스 등 다양한 행정서비스를 제공하는 데도 큰 비용이 발생한다.

반면 기존 시가지에서는 인구유출로 인해 인구밀도가 낮아지고 빈집이나 빈 땅이 생겨나 마치 스폰지의 구멍처럼 도심 공동화 현상이 일어나고 있다. 도심 공동화 현상이 발생하면 중심부 상점가의 매출이 감소하고 거리의 활기가 없어지며 지가도 하락한다. 이로 인해 고정자산세나 사업소득세의 세수가 감소해 지자체의 재정은 더욱 어려워지는 악순환이 발생한다.

이러한 사례로 와카야마시와 구마모토시의 두 개 지역의 경우를 살펴보자.[7]

와카야마和歌山시는 인구 36.4만 명(2015년 기준)의 현청 소재도시로 1980년부터 완만하게 인구가 감소하고 있다. 와카야마시의 교외에 해당되는 오카자키岡崎지구에서는 택지가 조성되어 단독주택이 분양되고 있다. 이곳은 논밭이 펼쳐져 있는 지역으로 주택이 들어설 수 있는 환경이 아니지만 규제 완화로 농지가 택지로 전환되면서 주택이 건설되고 있다.

---

7 이 두 개 지역 사례에 대해서는 일본경제신문사에서 2019년에 발간한 『한계도시: 당신이 사는 지역이 잠식된다(限界都市: あなたの街が蝕まれる)』에서 인용했다.

한편 인구 74.1만 명(2015년 기준)의 구마모토熊本시에서도 교외 지역에서 농지가 택지로 전환되면서 주택단지가 활발하게 개발되고 있다. 특히 이곳에 2016년에 구마모토 지진으로 피해를 입은 구마모토시민병원이 이전해 오기로 하면서 진료소나 대형쇼핑몰 건설이 활기를 띠고 있다. 이곳은 도시 기능 유도구역 이외 지역에 해당되는데, 지자체가 이곳으로 병원을 이전하기로 하면서 원래는 건설을 억제해야 할 이곳이 개발되고 있다.

그렇다면 인구감소로 인해 빈집이 증가하는 상황에서 왜 이렇게 새로운 거주지역이 생겨나는 것일까? 그 내부 사정을 들여다보면 여기에는 지자체 간 인구 뺏기의 경쟁이 있다. 인구감소가 이어지는 가운데 지자체는 지역 주민이 다른 지자체로 유출되는 것을 막고 새로운 주민의 유입을 유도하고자 지가가 싼 교외 지역의 민간 개발을 지원하고 있다. 인근의 다른 지자체에서 신규 거주지역을 개발하면 그곳으로 이주하는 지역 주민이 생겨나기 때문이다. 이 때문에 지방도시에서는 농지와 구릉지를 택지로 전환해 개발하도록 허가하는 경우가 늘고 있다.

지역 주민 입장에서는 교외 지역이 도심보다 지가가 싸기 때문에 넓은 공간에서 여유롭게 거주할 수 있는 이점이 있다. 여기에 더해 도심 접근성이 나쁘지 않다면 약간의 시간이 더 들더라도 교외 지역으로 나가는 것도 선택할 만하다. 이런 이유로 교외지역으로 나가는 지역 주민이 늘고 있다.

한편 부동산개발사의 입장에서 지가가 싼 교외의 주택 건설은 수익을 창출하기 좋은 기회이다. 이런 이유로 부동산개발사가 적극적으로 나서서 주택 건설을 유도하고 있는데, 최근 문제가 되는 것은 고령자에게 임대수입을 약속하며 여러 세대가 거주할 수 있는 임대주택을 건설하는 것이다. 농민 입장에서는 고령화로 농사 짓기도 어렵고 연금수입만으로는 생활하기가 빠듯해 부동산개발사의 말만 믿고 임대주택을 건설하는 것인데, 부동산개발사가 집주인으로부터 일괄해서 주택을 임차해 다시 입주자와 계약한다는 점에서 서브리스sublease 주택이라고도 불린다. 이 경우에 임차인을 구하기 어려워 약속했던 임대수입은 보장되지 않고, 주변에는 계속해서 임대주택이 지어져 빈집으로 남는 경우가 많다.

지자체의 이기주의가 만들어 낸 거주지 확장

일본의 도시계획법에서는 도시계획구역을 시가화 구역과 시가화 조정 구역으로 구분하고 있다. 시가화 구역은 이미 시가화한 구역이고, 시가화 조정 구역은 앞으로 인구가 증가하면 시가화할 수 있는 구역이다. 따라서 인구감소시대에 콤팩트시를 지향하는 관점에서는 시가화 구역에 인구의 집중도를 높일 필요가 있다.

국토교통성은 콤팩트시를 장려하기 위해 2014년에 도시재생특별조치법을 개정하고, 시정촌에 보조금을 지급해 입지적정화계획을 책정하도록 했다.[8] 입지적정화계획은 주택, 점포, 공공시설 등

---

8 국토교통성의 콤팩트시 추진 정책에 대해서는 일본경제신문사에서 2019년에 발행한 『한계도시: 당신이 사는 지역이 잠식된다』를 참고했다.

을 중심가에 집약하기 위해 유도 구역을 설정하고, 보조금, 세제 우대, 규제 완화 조치를 통해 유도 구역으로 입지를 촉구하는 것이다.

유도 구역은 두 종류가 있는데 병원, 복지시설, 학교, 상업시설, 관공서 등 지역 주민에게 필요한 시설의 입지를 촉구하는 도시 기능 유도 구역과, 주택의 입지를 촉구하는 거주 유도 구역이 있다. 유도 구역은 시가화 구역 안의 더 좁은 범위 내에서 설정해야 한다. 유도 구역 이외 구역은 개발이 금지되어 있는 것은 아니지만 유도 대상 시설이나 일정 규모 이상의 주택을 건설하는 경우에는 지자체에 신고하는 것이 의무이고, 이에 대해 지자체는 대체지 알선이나 권고를 할 수 있도록 되어 있다.

이러한 국토교통성의 입지적정화계획에 따라 각 지자체에서는 입지적정화계획을 책정했다. 그렇지만 이러한 계획 책정에도 불구하고 앞에서 살펴본 바와 같이 개별 지자체에서 콤팩트시는 추진되지 않고 오히려 교외로 거주지역이 확장되는 일이 벌어지고 있다.

여기에는 지방분권개혁으로 도시계획을 결정하는 주체가 광역자치체인 도도부현에서 기초지자체인 시정촌으로 바뀐 것도 하나의 요인으로 작용한다. 앞에서도 언급한 바와 같이 인구증가를 목표로 개별 지자체가 서로 경쟁하듯이 교외 지역의 개발을 허가하고 있다. 따라서 입지적정화계획을 책정한 것과는 별개로 대다수 지자체에서 주민 획득이나 세수 확대를 노려 교외의 민간 개발을 묵인하고 있다. 앞서 인용한 일본경제신문사의 조사에 따르면, 원래 법적으로는 도시 개발을 제한하는 시가화 조정구역이지만 요건을 충족시키면 택지나 점포를 개발할 수 있도록 규제 완화를 하고 있는 지자체가 3할이나 된다고 한다(日本経済新聞社, 2019).

콤팩트시 추진의 어려움

앞에서 살펴본 요인 이외에도 콤팩트시 추진에는 많은 어려움이 있다. 거주민의 반발이 크다는 점도 콤팩트시 추진의 어려움인데, 오랫동안 삶의 터전이 되었던 곳을 떠나는 것은 거주민에게도 힘든 일이다. 각종 의식조사 결과를 보면 이주하고 싶지 않다는 의견이 많다. 또한 이주를 유도하기 위해서는 경제적 인센티브를 제공해야 하는데 이는 지자체에게 큰 부담이 된다.

그렇기 때문에 쓸 수 있는 해법은 완만하고 유연하게 거주 이전을 유도하는 것이다. 거주 이전을 유도하기 위해서는 중심부와 그 주변 지역에 살기 좋은 환경을 조성해 사람들이 살고 싶도록 만들어야 하는데 이는 시간이 오래 걸리는 일이다.

콤팩트시를 추진하는 것이 얼마나 어려운지는 콤팩트시의 성공 사례로 널리 알려져 있는 도야마시의 사례를 통해서도 알 수 있다.[9] 인구 41.9만 명(2015년 기준)의 현청 소재 도시인 도야마시는

---

9 도야마시의 콤팩트시 추진 과정에 대해서는 후생노동성의 『후생노동백서』(2015년) 제1장과 일본경제신문사에서 2019년에 발간한 『한계도시: 당신이 사는 지역이 잠식된다』를 참고했다.

2005년에 주변 6개 정촌이 합병해 면적이 6배로 확대되었다. 지난 35년간 인구집중지구의 면적이 2배로 늘어난 반면, 인구집중지구의 인구 밀도는 2/3로 낮아져 전국에서도 인구밀도가 낮은 시가지가 되었다. 또한 가구당 자동차 보유 대수가 전국에서 2위를 차지할 정도로 자동차 의존도가 높아 대중교통이 쇠퇴했다. 이러한 상황은 고령자를 비롯한 교통약자의 이동을 어렵게 만들었고, 사람들이 자동차로 교외 대형마트로 몰려들면서 중심 시가지는 더욱 쇠퇴했다.

이런 문제가 발생하자 도야마시에서는 2002년부터 콤팩트시에 관한 검토를 시작하고 고령화와 인구감소에 대비한 대응책을 마련했다. 공공교통을 활성화하기 위해 기존의 철도 노선을 조정해 LRTLight Rail Transit라고 불리는 노면전차 시스템을 정비했고, 전차와 공공버스를 유기적으로 연결해 시민이 이동하기 편리하도록 했다. 또한 이렇게 정비된 공공교통망을 따라서 그 주변 지역으로 거주를 유도하는 공공교통연선지구公共交通沿線地区 거주추진사업을 전개했다. 그리고 중심 시가지를 활성화하기 위해 도심에 상업시설이나 다목적 광장 등의 문화시설을 집적시켜 유동 인구를 늘리고, 이곳에 거주를 촉진하는 중심 시가지 거주추진사업도 실시했다. 또한 고령자의 외출을 장려하기 위해 100엔의 저렴한 요금으로 대중교통을 이용할 수 있도록 하는 조치도 마련했다.

도야마시는 중심 시가지나 공공교통연선지구로 거주를 유도하기 위해 지금까지 막대한 보조금을 지급해 왔다. 2017년 3월까지 약 3,900호에 대해 14억 엔을 지급했다고 한다. 이런 정책의 효과로 중심부에는 맨션 건설이 이어졌고, 인구도 전입 초과를 나타내는 등의 변화가 있었다.

그렇지만 도야마시에서도 교외 개발은 억제되지 않고 있다. 도야마시 교외의 베드타운 후추초婦中町에는 단독 주택 건설이 이어지고 있다. 이곳은 도야마역까지 차로 20분 거리에 있는데, 대형 쇼핑센터를 중심으로 국도변에 가전, 스포츠용품 등 대형 양판점이 들어서고 병원도 개업했다. 그 결과 인구가 유입되고 아이들이 증가해서 주변의 초중학교 교실이 부족한 상황이다.

이에 대해 도야마시 담당자는 도야마시의 입장은 어디까지나 유도 시책을 통해 콤팩트시를 추진하는 것이며, 교외 지역에 주택을 건설하려는 사람들의 선택까지 막는 것은 아니라고 말한다(日本経済新聞社, 2019). 이런 점에서 콤팩트시를 내걸고 있는 도야마시도 주변 도시로 인구를 빼앗기지 않기 위해 어쩔 수 없이 교외 지역의 단지 개발을 허용하고 있다고 볼 수 있다.

이상으로 살펴본 바와 같이 콤팩트시가 인구감소시대에 도시가 나아가야 할 방향으로 널리 이야기되는 것과는 달리 현실에서는 많은 어려움이 있음을 알 수 있다. 그렇다면 어떻게 이 문제를 해결해 나가야 할까?

먼저 지역의 문제를 장기적 관점에서 바라볼 필요가 있다. 지자체 수장은 자신의 임기 내에 가시적인 성과를 올리고 싶어 개발의 유혹에 빠지는 경우가 있다. 그렇지만 장기적인 인구전망을 토대로 인구감소에 적응하는 도시 경영을 할 필요가 있다.

광역적 시점을 갖는 것도 중요하다. 본인이 속한 지자체의 인구만 늘리면 된다는 좁은 생각으로 다른 지자체의 인구 뺏기로 이어지는 개발은 멈추어야 한다. 개별 지자체의 이익만을 고려한 개발은 불필요한 개발이 되고 빈집을 양산해 주변 지역까지도 쇠퇴하게 만드는 결과를 가져올 수 있다.

결국 이 문제를 해결하기 위해서는 광역적 관점에서 관련 지자체가 협의를 통해 개발을 허용하거나 허용하지 않는 것이다. 특정 지역의 개발이 다른 지역에 어떤 영향을 미치는지를 면밀히 검토해 지자체 간 인구 뺏기의 경쟁으로 가지 않도록 협력하는 것이 필요하다. 나아가 개별 지자체가 무분별한 개발로 가지 않도록 지금보다 더 높은 수준의 법 규정이나 시행령을 통해 인구감소시대에 걸맞은 콤팩트시를 추진하도록 하는 방안도 필요하다.

4. 지역의 쇠락을 재촉하는 빈집과 방치된 토지

고령화와 인구감소가 심각하게 진행되고 있는 지방이 직면한 또 다른 문제가 바로 빈집과 방치된 토지 문제이다. 관리되지 않고 방치되는 빈집과 토지는 일본 국토의 1/5에 이를 정도로 규모가 엄청나다. 마치 스폰지의 구멍처럼 여기저기 빈집이나 방치된 토지가 생겨나 거주 환경은 악화되고, 지역사회는 활력을 잃어간다. 효율적으로 이용되어야 할 집과 토지라는 자원이 오히려 지역을 쇠퇴시키고 있는 것이다. 여기에서는 빈집과 방치된 토지 문제가 어느 정도로 심각하며, 그 해법이 무엇인지를 생각해 본다.

빈집의 실태

빈집은 장기간 사람이 살지 않는 상태로 방치되어 외관상으로 보기에 좋지 않고, 화재나 붕괴의 위험이 있으며, 범죄의 온상이 될 우려가 있는 집을 말한다. 쓰레기의 불법 투기가 종종 일어나 주변 환경에도 나쁜 영향을 미치며, 재해 시 지붕이나 외벽이 떨어져 나가는 사고가 발생하기도 한다. 나아가 지가를 하락시키고 지역 전체의 쇠퇴를 가속화시키는 요인이 되기도 한다.

그렇다면 일본 전역에 빈집이 어느 정도로 있는지를 확인해 보자. 빈집 규모는 총무성에서 5년마다 실시하는 「주택·토지 통계조사」를 통해 알 수 있는데, 이 조사에서는 전국의 주택과 그 주택에 거주하는 가구의 거주 상황, 가구가 보유하는 토지 등에 대해 조사하고 있다. 이 조사 결과는 주생활 기본계획, 토지이용계획 등 각종 시책의 기획과 입안, 평가의 기초자료로 이용된다. 가장 최근 조사인 2018년 조사 결과를 보면, 전국의 빈집은 849만 호로 전체 주택 수 6242만 호의 13.6%를 차지한다. 빈집은 조사마다 빠르게 증가했는데, 1988년에 330만 호로 전체 주택의 8.6%를 차지했던 빈집은 2003년에는 659만 호로 전체 주택의 12.2%를 나타낸다.

그런데 앞의 조사에서는 빈집을 크게 2차적 주택, 매각용 주택, 임대용 주택, 기타 주택 등 네 개 영역으로 구분하고 있다. 2차적 주택은 상시적으로 거주하는 것이 아니라 별장처럼 가끔씩 이용하는 주택이다. 매각용 주택이나 임대용 주택은 신축이나 구축에 상관없이 매각 또는 임대를 하기 위한 주택이 빈집 상태에 있는 것을 말한다. 따라서 향후 사람이 들어와 살 가능성이 있다. 기타 주택은 위의 세 개 영역에 포함되지 않는 주택이다.

2018년에 2차적 주택은 38만 호, 매각용 주택은 29만 호로 그 숫자가 많지 않은 데 반해 임대용 주택은 433만 호, 기타 주택은 349만 호로 빈집의 대부분을 차지한다. 이 중에서도 사회문제가 되는 것은 바로 고령화로 인해 빠르게 증가하는 '기타 주택'이다. 기타 주택은 연로해진 고령자가 자녀와 동거하기 위해 또는 요양 시설 등으로 이주하기 위해 떠나면서 빈집이 된 경우이거나, 아니면 고령자의 사망으로 빈집이 된 경우가 많다.

[그림 9-3]을 통해 빈집의 종류별 추이를 살펴보면 기타 주택의 증가가 눈에 띈다. 2013년 조사에서 빈집은 5년 전 조사에 비해 63만 호가 증가했는데, 그중 기타 주택의 증가 수는 50만 호이다. 2018년 조사에서는 빈집의 총 증가 수가 29만 호인데, 그중에서 기타 주택의 증가 수는 31만 호이다. 다른 종류의 빈집은 감소하기도 하는 데 반해 기타 주택만이 계속 증가하고 있음을 알 수 있다. 향후 고령자의 사망 수가 2040년까지 빠르게 증가하면서 빈집도 계속 증가할 것으로 예상된다.

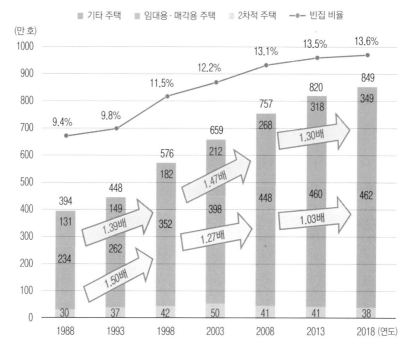

[그림 9-3] 빈집의 종류별 추이

출처: 국토교통성 홈페이지, 「일본의 주택 스톡 상황에 대해(我が国の住宅ストックをめぐる
状況について)」 22쪽.

참고로 빈집이 양산되는 세제상의 문제도 있다. 현행 고정자산
세제에서는 빈집 상태로 두는 것이 나대지에 비해 고정자산세가
1/6로 줄어든다. 따라서 빈집을 부수지 않고 그대로 비워 두는 사
람이 많다. 이런 점을 고려해 2015년부터 시행된 빈집대책특별조
치법에서는 몇 십 년이나 방치되어 무너질 위험이 있는 극한 상태
에 있는 빈집에 대해서는 '특별 빈집'으로 지정해 지자체가 고정자
산세를 6배로 높이고 빈집 소유자에게 수선과 철거를 지도하고 권

고할 수 있도록 했다. 그리고 이에 응하지 않으면 지자체가 강제로 철거할 수 있도록 했다.

빈집문제를 더욱 악화시키는 노후 맨션

빈집문제는 단독주택의 문제로 여겨지기 쉽지만 단독주택보다 문제 해결을 더욱 어렵게 하는 것이 바로 공동주택인 노후화된 맨션이다. 일본에서 일반적으로 맨션이라고 부르는 공동주택은 엄밀한 정의가 있는 것은 아니지만 대체로 3층 이상의 다가구주택을 말한다. 따라서 맨션에는 우리 식으로 말하자면 십여 세대의 작은 규모의 연립주택에서 수백 세대 내지 수천 세대의 고층 아파트가 포함된다.

일본에서는 고도성장기에 대도시로 몰려드는 대규모의 유입 인구로 인해 주택부족문제가 심각해지면서 이를 해소하기 위해 대도시 주변에 신도시를 조성했다. 일본주택공단이 주도해 도쿄 23구 주변의 다마多摩 뉴타운이나 오사카시의 센리千里 뉴타운을 비롯해 여러 지역에 뉴타운을 조성했고, 이후 민간 건설사가 주도해 전국 각지에 크고 작은 규모의 주택단지를 조성했다. 그런데 이때 조성된 건축 40년이 넘는 노후 맨션이 고령화와 인구감소로 인해 빈집으로 나올 가능성이 커졌다.

이들 뉴타운에는 당시 신혼부부와 같은 젊은 세대가 대거 입주했는데, 성장한 자녀들이 독립해 떠나면서 지금은 고령자만 남은 가구가 많다. 이로 인해 특정 단지에서는 고령자 비율이 매우 높은데, 지방 도시의 특정 단지에서는 고령자 비율이 40% 내지는 50%에 육박하는 경우도 있다. 예를 들어 도쿄 도심으로부터 약 40km 떨어진 마츠도松戸시의 한 단지는 일본주택공단이 1960년대 말에 건설한 3,000호 이상의 대규모 단지인데, 이곳 단지를 포함한 주변 지역의 고령화율은 48%에 이른다(日本経済新聞社, 2019). 다마 뉴타운에도 고령자 비율이 40%가 넘는 주택단지가 있다.

그렇다면 노후 맨션은 어느 정도로 존재하는가? 일본에서 주거의 중심은 단독주택이기 때문에 분양 맨션은 한국에 비해 그 비율이 낮은 편이다. 국토교통성 자료에 따르면, 2017년 기준으로 일본 전국의 분양 맨션은 644만 호로 전체 주택 호수의 약 10%가 조금 넘는 수치이다(朝日新聞取材班, 2019). 이 중에서 건축 40년이 넘는 주택이 73만 호인데, 향후 그 수가 점점 늘어나 2027년에는 2.5배인 185만 호가 될 것으로 예상된다.

앞에서도 언급한 바와 같이 이런 노후 단지에는 고령자의 비중이 높다. 단지가 조성될 초기에 입주해 지금까지 거주하는 고령자가 많은데, 입주민의 고령화와 더불어 주택도 노후화하고 있다. 이는 이사를 자주 가지 않는 일본인의 성향을 반영한 것으로, 이주민의 세대 간 바뀜이 일어나지 않으면서 고령화가 더욱 빠르게 일어나고 있다. 이와 더불어 고령사가 사망하면서 빈집이 되는 경우도 증가하고 있다.

노후 주택은 일정 연한이 지나면 재건축을 통해 새로운 단지로 탈바꿈할 수 있다. 그렇지만 고령화가 급속히 진행되고 생산연령인구가 크게 감소하고 있는 일본에서는 입지가 좋은 곳 이외에는 재건축이 쉽지 않다. 고령자의 경우 재건축에 대한 동기 자체가 낮고 거액의 추가 건축 비용을 부담할 능력이 낮다. 재건축을 위해서는 분양 호수를 늘려 추가 건축 비용을 낮출 수 있지만 늘릴 수 있는 용적률이 남아 있지 않거나 용적률을 늘릴 수 있다고 해도 인구가 감소하는 지방에서는 새로 주택을 구입할 수요층 자체가 많지 않다. 이런 이유로 지금까지 재건축에 성공한 맨션은 매우 적다. 2018년 4월 기준으로 재건축이 완료된 것은 전국에서 237건으로 약 1만 9,000호에 불과하며, 그것도 대체로 도쿄도나 오사카부와 같은 3대 도시권에서 이루어졌다(朝日新聞取材班, 2019).

맨션의 재건축을 막는 제도적 장벽도 높다. 맨션은 여러 사람이 나누어서 소유한다는 의미에서 구분소유라고 한다. 일본에서 공동 주택 소유자의 소유권을 보장하는 구분소유법이 제정된 것은 1962년인데, 이때는 맨션을 재건축하기 위해 기본적으로 구분소유자 전원의 동의가 필요했다. 그렇지만 1980년대에 노후화된 맨션이 나오기 시작해 대규모 수선과 재건축문제가 대두되자 1983년과 2002년에 구분소유법을 개정해 구분소유자 4/5의 동의가 있으면 재건축이 가능하도록 했다.[10]

10　정확히는 단지의 재건축에는 전체 소유자 4/5 이상의 동의를, 그리고 각 동에서 2/3 이상의 동의를 얻어야 한다. 맨션의 해체와 매각에 대해서는 구분소유자 전원의 합의가 필요하다. 재건축을 하기가 어려운 한 동짜리 맨션이나 지방 소도시에서는 부지를 매각하는 선택지도 있지만 지가 하락이 워낙 커서 이것도 쉽지가 않다. 단지 공용부에 복지시설이나 보육시설을 유치해 단지의 재생을 꾀하는 사례도 등장하는데, 이 경

그렇지만 고령화와 인구감소가 심각한 현 상황에서는 이것도 넘어서기 어려운 장벽이다. 앞에서도 언급한 바와 같이 고령자의 재건축에 대한 동기가 낮고 추가 건축 비용을 부담할 여력이 적기 때문이다. 그리고 고령자는 입원으로 인해 결의에 참가하지 않거나 참가할 수 없는 사람도 많아 찬성 비율을 채우기 어렵다. 이런 이유로 도시계획 전문가 중에는 재건축, 매각, 해체에 필요한 동의 요건을 완화해야 한다고 주상하는 사람도 있다.

최근 문제가 된 것은 관리비와 수선 적립금의 체납으로 부실화된 맨션이 많다는 점이다. 노후 맨션일수록 관리비와 수선 적립금의 체납이 높을 가능성이 있다. 고령자가 관리비나 수선 적립금을 장기간 체납한 채로 사망하면 고령자 소유의 맨션을 매각해도 이 비용을 다 회수하지 못하는 경우가 있다. 이 경우에 관리조합은 손실금액으로 처리할 수밖에 없는데, 관리비와 수선 적립금 체납자가 많아지면 그 영향이 맨션 전체로 확대되어 자산 가치가 떨어지고 부실화될 염려가 크다. 지방의 노후 맨션 중에는 지가 하락의 폭이 큰 경우가 많은데, 향후 재건축을 할 수 없는 노후 맨션이 크게 증가하면서 빈집이 증가하고 슬럼화되는 단지가 속출할 가능성도 있다.

우에는 소유자 3/4 이상의 찬성이 필요하다(日本経済新聞社, 2019).

소유자를 알 수 없는 방치된 토지

빈집과 관련해 또 하나의 중요한 문제가 바로 소유자를 알 수 없는 방치된 토지가 매우 빠르게 증가하고 있다는 점이다. 토지 소유자의 주소나 생사를 알 수 없는 소유자 불명토지가 일본 각지에서 문제가 되고 있다. 2018년에 제정한 소유자 불명토지법所有者不明土地の利用の円滑化等に関する特別措置法에서는 '상당한 노력을 했다고 인정할 수 있을 정도로 정령으로 정한 방법을 통해 탐색해도 여전히 그 소유자를 전부 또는 일부를 확인할 수 없는 일필一筆의 토지'를 소유자 불명토지라고 정의하고 있다.

민간 전문가들로 구성된 소유자불명토지문제연구회所有者不明土地問題研究会에서는 2017년에 소유자를 알 수 없는 토지의 총면적이 2016년 시점에서 규슈 지방의 면적보다 넓은 410만 헥타르(4만 1,000km²)에 달한다고 추계했다(増田, 2018). 그리고 이 연구회에서는 소유자 불명토지가 2040년에는 홋카이도 면적에 육박하는 720만 헥타르(7만 2,000km²)에 달할 것으로 추계했다. 이렇게 되면 소유자 불명토지는 24년 사이에 1.8배나 증가한다. 이 단체에서는 단카이 세대가 80세가 넘는 2030년 이후에 대량의 상속 사태가 발생해 문제가 더욱 심각해질 것이라고 경고하고 있다.

그렇다면 왜 이런 문제가 발생하고 있는가? 토지는 개인에게 중요한 자산인데 이것이 방치되어 그 소유자를 알 수 없는 일이 어떻게 가능할까? 이 문제가 사회적으로 주목을 받은 것은 소유자를 알 수 없는 토지로 인해 재해 복구에 지장을 초래하는 일이 발생하면서부터이다. 2011년에 일어난 동일본 대지진의 피해 복구 시에 거주지를 쓰나미 피해로부터 안전한 곳으로 이전하고 방파제를 만들기 위해 용지를 새로 취득할 필요가 생겼는데, 용지의 소유자를 추적하는 데 오랜 시간이 걸려 복구 사업이 지연되는 일이 발생했다. 또한 2016년에 발생한 구마모토 지진에서는 소유자나 상속인을 알 수 없어 지진으로 기울어진 빈집을 해체하지 못하는 사례가 구마모토시에서만 50건이 넘었다고 한다(吉原, 2017).

소유자를 알 수 없는 토지가 엄청난 규모로 발생하는 것은 등기부상의 소유자와 실제 소유자가 일치하지 않는 데서 기인한다. 등기부상의 명의인이 사망하면 상속등기가 이루어져야 하는데 여러 대에 걸쳐 상속등기가 이루어지지 않으면서 실제 소유자가 누구인지를 알 수 없게 된다. 더욱이 여러 대에 걸쳐 상속등기가 이루어지지 않으면 해당 상속인이 수십 명으로 늘어나 소유자를 특정하기가 어려워진다. 이렇게 되면 그 토지는 사실상 이용되지 못하고 사장된 채 폐해만 일으키는 마이너스 자산이 된다.

일본에서 상속등기가 어느 정도로 이루어지지 않는지를 잘 보여 주는 통계가 있다.[11] 국토교통성은 2014년에 소유자 불명토지

---

11 이하 국토교통성과 법무성, 가고시마현에서 실시한 미등기 상속 조사에 대한 결과는 요시하라 쇼코(吉原祥子)의 『인구감소시대의 토지문제: 소유자 불명화와 상속, 빈집, 제도의 향방(人口減少時代の土地問題: 「所有者不明化」と相続, 空き家, 制度のゆくえ)』 (2017)에서 인용했다.

에 대한 실태를 파악하기 위해 샘플 조사(전국 4개 시정촌에서 100개 지점씩 뽑아 등기부를 조사)를 실시해 소유권 등기가 마지막으로 행해진 연도를 조사했다. 그 조사 결과를 보면 등기 정보가 50년 이상 전의 상태로 있는 토지가 19.8%, 30~49년 전인 경우가 26.3%인 것으로 나타났다.

또한 법무성이 2017년에 전국의 10개 지구를 대상으로 실시한 조사에 따르면, 50년 이상 등기 변경이 없어 상속등기가 되지 않았을 것으로 예상되는 토지가 대도시에서는 6.6%, 중소도시와 중산간지역에서는 26.6%인 것으로 밝혀졌다.

그리고 가고시마현에서 독자적으로 2015년에 실시한 실태 조사를 보면, 가고시마현에 있는 농지의 적어도 21%에 해당되는 3만 2900헥타르(329km²)에서 등기부상의 소유자가 이미 사망한 것으로 밝혀졌다.

그렇다면 왜 상속등기가 이루어지지 않는 것일까? 일본에서 등기는 의무가 아니다. 따라서 자산으로서 가치가 없다고 생각하는 토지에 대해 등록면허세까지 들여가면서 상속등기를 할 필요가 없다고 생각하는 사람들이 많아졌다. 더욱이 자신이 귀향해서 거주할 가능성도 없으면서 매년 재산세나 관리비만 들어가는 토지는 부담만 가중되는 마이너스 자산이라고 생각하는 사람들이 많다. 따라서 등기 거부를 넘어 아예 상속 포기를 하는 사람도 많은데, 연도에 따라 다르지만 매년 10만 건 이상의 상속 포기가 행해지고 있다.

이처럼 소유자 불명토지가 방대하게 증가하면서 발생하는 사회적 비용과 손실은 매우 크다. 우선 효율적으로 이용되어야 할 토지 자원이 제대로 이용되지 못함으로써 생기는 기회 손실 비용이 매우 크다. 현재 가장 큰 문제가 되는 것은 공공사업의 걸림돌이 되는 것이다. 지자체가 도로를 건설하거나 하천을 정비할 때 또는 필요한 공공시설을 건립할 때 소유자 불명토지로 인해 사업이 지연되거나 무산되기도 한다. 어쩔 수 없이 도로를 우회하는 경우도 있다.

상속자를 찾는 데 들어가는 행정비용도 크다. 만약 여러 대에 걸쳐 등기 변경이 안 된 토지라면 등기부상의 수십 년 전 정보를 단서로 상속인 전원을 찾아내 동의를 얻어야 한다. 이는 호적과 주민표를 대조해 가면서 상속자를 찾아내야 하는 방대한 작업으로 엄청난 행정비용을 발생시킨다. 상속인 중에 해외 거주로 연락이 안 되는 사람이 한 명이라도 있다면 그 시간과 비용은 더욱 커진다.

관리 방치에 따른 비용도 크다. 상속인을 특정하지 못해 붕괴 직전의 빈집이나 쓰레기더미의 땅을 세금으로 처리하는 경우도 꽤 있다. 빈집은 산골에만 있는 것이 아니라 대도시에도 있다. 고베시 중심부의 일등급지에 위치한 3층 건물은 소유자 불명건물로 낙하의 위험이 있어 고베시에서 약 90만 엔의 비용을 들여 안전네트를 설치했다(朝日新聞取材班, 2019). 시가 세금을 투입해 해체할 수도 있지만 그 비용을 소유자에게 회수할 수 없어서 이와 같은 임시 방편 조치에 머물고 있다.

　나아가 지자체가 거두어야 할 세금을 징수하지 못함으로써 발생하는 손실도 크다. 고정자산세는 지자체의 세금인데, 상속인을 특정하지 못해 상속인의 대표자에게 임의로 세금을 부과하는 경우가 많다. 이 경우 제대로 징수되지 못할 가능성이 크다. 또한 상속인을 특정하기가 어려워 아예 세금 부과를 하지 못하는 경우도 있다.

　이상으로 살펴본 빈집, 노후 맨션, 소유자 불명토지의 문제는 인구감소시대가 낳은 새로운 과제이다. 따라서 인구감소시대에는 토지와 건물이라는 귀중한 자원이 생산적이고 효율적으로 이용되어 새로운 가치를 창출할 수 있도록 발상을 근본적으로 전환하는 일이 필요하다. 이를 위해 배타적인 근대적 소유권 개념을 바꾸어 이들 자원이 공적으로 활용될 수 있는 방안을 모색할 필요가 있다. 그리고 시민사회도 토지와 건물의 공적 활용을 위한 보다 좋은 제도와 시스템을 만드는 데 적극적인 역할을 할 필요가 있다.

10장

결론—일본 사례가
한국에 주는 시사점

지금까지 이 책에서는 일본이 직면하고 있는 인구문제를 거시적인 차원에서 이해하기 위한 분석을 전개했다. 일본 인구문제의 출발점이라고 할 수 있는 근대 초기로 거슬러 올라가 150년간 인구변화의 큰 흐름을 살펴보고, 현재 일본이 처한 위기 상황을 분석했다. 특히 인구문제의 핵심이라고 할 수 있는 저출산, 고령화, 사회보장제도, 사회보장비용과 재정적자, 지방의 쇠퇴와 소멸이라는 문제에 초점을 두었다.

지금까지의 분석을 통해 일본이 처한 상황이 매우 심각하며, 향후 30~40년 동안 더욱 심각한 위기에 직면할 것이라는 점을 확인했다. 그리고 지금까지와는 다른 방식으로 과감한 개혁과 혁신을 하지 않으면 이 난관을 극복하기가 어렵다는 점도 확인했다.

이 장에서는 지금까지의 논의를 마무리하면서 일본이 취해야 할 위기 극복의 해법을 큰 방향에서 생각해 본다. 그리고 일본이라는 사례를 통해 우리가 얻어야 하는 교훈은 무엇인지도 생각해 본다.

1. 인구위기국가가 등장하는 배경

이 책에서는 일본을 '인구위기국가'로 규정하고, 인구위기국가로서 일본이 직면한 현재 상황과 향후 전망을 제시했다. 인구위기국가란 저출산, 고령화, 인구감소로 대표되는 인구문제가 사회 전반에 부정적인 영향을 미치고, 향후 미래에도 부정적으로 작용하는 국가를 말한다.

일반적으로 인구문제로서 가장 먼저 사회적 이슈가 되는 것은 고령화 현상이다. 고령자의 절대수가 증가하고 전체 인구에서 차지하는 고령자 비율이 증가하면서 사회보장비용이 빠르게 증가하는 것이 문제가 된다. 일본은 1970년에 고령자 비율이 7%를 넘어섰고, 1994년에 14%를 넘어섰으며, 2021년에 29.1%가 되었다. 그다음으로 문제가 되는 것이 생산연령인구의 감소이다. 생산과 소비의 주체로서 생산연령인구가 감소하는 것은 생산능력을 저하시키고 시장규모를 축소시키는데, 일본은 1995년을 정점으로 이후 생산연령인구가 감소하기 시작했다. 한편 고령화가 지속되면 사망하는 고령자가 빠르게 증가해 총인구가 감소하는 현상이 나타난다. 일본에서는 1990년대부터 고령자의 사망 건수가 빠르게 증가했고, 2009년에는 사망자 수가 출생아 수를 상회하면서 총인구가 감소하는 시대에 접어들었다. 이것이 지난 수십 년 동안 일본에서 인구문제가 전개된 과정이다.

이러한 인구문제를 초래한 근본 원인이 바로 다산에서 소산으로 이행한 출생력 전환이다. 한 여성이 5~6명 또는 그 이상의 아이를 출산하던 다산의 시대에서 2~3명의 적은 수를 출산하는 소산의 시대로 전환한 것이 급격한 인구변화를 초래했다. 이러한 출생력 전환은 근대화와 산업화를 경험한 대다수 국가에서 보편적으로 나타난 현상이다.

그렇지만 국가마다 출생력 전환의 양상은 달랐다. 다산에서 소산으로 전환되는 과정이 오랜 기간에 걸쳐 서서히 진행된 국가가 있는가 하면 단기간에 빠르게 진행된 국가도 있다. 그리고 출생력 전환이 일단락된 이후에도 대다수 발전국가에서는 합계출산율 하락이 멈추지 않고 인구대체수준 이하로 하락하는 제2의 출산율 저하가 일어났다. 그렇지만 제2의 출산율 저하도 개별 국가가 처한 상황에 따라 다른 모습으로 전개되고 있다.

이처럼 다산에서 소산으로의 전환을 거쳐 제2의 출산율 저하로 이어지는 일련의 과정은 필연적으로 고령화와 인구감소를 초래한다. 다산의 시대에 태어난 대규모 출생집단이 고령인구에 편입되면서 고령화가 빠르게 진행되고, 이들의 사망이 크게 증가하는 시점에서 대규모 인구감소가 일어나기 때문이다. 그리고 이러한 일련의 과정에서 출산율 하락의 정도가 클수록 고령화와 인구감소의 속도는 빨라지고 변화의 폭도 커진다.

이처럼 근대 이후에 전개된 급격한 인구변동의 선두에 있는 나라가 바로 일본이다. 산업화가 빨랐던 유럽의 선진국에서는 다산에서 소산으로 출생력 전환이 서서히 진행되어 1930년대에 일단락되었다. 반면 후발국으로서 일본은 메이지기 이후 수십 년 동안 지속된 다산의 시대를 거쳐 1948년에 합법화된 인공임신중절에 의거해 빠르게 소산의 시대로 전환해 갔다. 여기에 더해 1970년대 중반 이후 합계출산율이 인구대체수준을 크게 밑도는 초저출산 시대가 이어졌다. 이처럼 다산의 시대를 거쳐 빠르게 출산율이 하락한 것이, 사회시스템이 정상적으로 작동되는 선진국 중에서 일본이 첫 번째 인구위기국가가 된 배경이라고 할 수 있다.

한편 일본의 뒤를 이어 향후 인구위기국가로 어려움을 겪게 되는 나라가 한국, 싱가포르, 타이완, 중국, 태국 등의 아시아 국가이다. 이들 국가는 일본에 비해 뒤늦었지만 더욱 짧은 기간에 출생력 전환을 이루었기 때문에 조만간 급속한 고령화와 대규모 인구감소라는 인구위기를 맞게 된다. 특히 국가가 나서서 적극적으로 산아제한 정책을 펼치면서 출생력 전환의 시기가 앞당겨졌다.

2장에서 지적한 바와 같이 이들 아시아 국가에서 합계출산율 5.0에서 2.1로 전환하는 데 걸린 기간을 보면, 일본이 31년인 데 반해 타이완 20년, 한국 19년, 중국 19년, 태국 19년, 싱가포르 14년이다. 이들 국가가 일본보다 10년 이상 짧은 기간에 출생력 전환을 이루었음을 알 수 있다. 그리고 합계출산율 2.1에 도달한 시기도 일본이 1957년인데 반해 아시아 국가들은 1980년대 또는 1990년대로 일본보다 20년 이상 시간 차이가 있다.

더욱이 이들 아시아 국가에서는 다산에서 소산으로 전환한 이후에도 출산율이 빠르게 하락해 합계출산율이 일본보다도 낮은 경우가 많다. 세계은행 자료에서 2019년 합계출산율을 보면 한국 0.92, 타이완 1.05, 싱가포르 1.14, 일본 1.36, 태국 1.51, 중국 1.7을 나타낸다. 이처럼 일부 국가의 극단적으로 낮은 합계출산율은 급속한 경제성장의 이면에 있는 저임금과 장시간노동, 낮은 수준의 사회보장제도, 치열한 경쟁, 일과 가정을 양립하기 어려운 근로조건 등 여러 요인이 복합적으로 작용한 결과라고 볼 수 있다. 이런 불안정한 상황에서 젊은이들은 결혼을 미루고 출산을 꺼린다.

특히 한국은 1970년까지만 해도 합계출산율이 4.53으로 높은 수준이었는데, 1980년대 초에 인구대체수준 이하로 하락했고 이후에도 지속적으로 하락해 2018년부터 2020년까지 3년 연속 1.0 이하라는 극단적으로 낮은 출산율을 나타내고 있다. 이로 인해 유엔의 인구예측에 따르면 한국은 일본보다 고령화 속도가 빨라서 2050년에 세계에서 가장 고령자 비율이 높은 나라가 된다. 인구감소도 빠르게 진행되어 2100년에 총인구가 2954만 명이 될 것으로 예상된다. 이런 여러 상황을 고려할 때 한국은 일본의 뒤를 잇는 두 번째 인구위기국가가 될 것이다.

2. 인구위기국가 일본의 과제

그렇다면 일본은 현재의 위기 상황을 극복하고 미래를 대비하기 위해 무엇을 해야 하는가? 이에 대해서는 이미 많은 전문가들이 검토할 가치가 있는 중요한 해법을 제시하고 있다. 문제는 이러한 해법들이 정치의 영역에서 제대로 검토되어 정책으로 실현되지 못하고 있다는 점이다. 아무리 좋은 해법을 제시해도 정치가 움직이지 않는 한 현실은 바뀌지 않는다. 이런 문제의식에서 여기서는 문제 해결을 위한 보다 근본적인 방안을 제시해 본다.

정치 기능의 회복이 우선이다

국가를 운영하는 활동으로서 정치는 국민들 사이에 존재하는 다양한 요구와 의견, 이해관계를 반영해서 정책으로 실현하는 역할을 한다. 고도로 기능이 분화되고 이해관계가 복잡하며 변화의 속도가 빠른 현대사회에서 정치에 요구되는 것은, 국가가 나아가야 할 목표를 제시하고 이에 대해 국민의 지지와 협력을 얻어 구체적인 정책을 통해 그 목표를 실현하는 것이다. 선거에서 정책 경쟁을 통해 국민의 선택을 받은 정당이 정부를 구성해 국가를 운영하고 국민의 신뢰를 잃은 정권이 선거를 통해 교체되는 것, 이러한 정치의 역동성이 국가 경쟁력을 좌우한다.

그런데 일본은 이러한 정치의 기능이 제대로 작동하지 않는 나라이다. 일본은 선진국으로서는 이례적으로 자민당이라는 한 정당이 60년간 장기집권을 하고 있다. 1955년에 창당한 이래 자민당은 1993년 8월부터 1994년 6월까지 1년이 채 안 되는 기간, 그리고 2009년 9월부터 2012년 12월까지 3년 3개월의 기간을 제외하고는 계속 정권을 유지해 왔다.

　자민당의 장기집권이 유지될 수 있었던 비결에 대해 일본의 정치학자들은 고도경제성장이라는 성과 이외에 포괄정당으로서 자민당이 다양한 계층의 요구를 수용하고, 경제성장의 성과를 사회보장의 충실화로 국민에게 환원하는 정책을 추진한 점에 주목했다. 그리고 자민당 내 여러 파벌이 돌아가면서 내각을 구성하는 것을 실질적인 정권 교체로 과대평가하기도 했다.

　그렇지만 장기집권의 폐해는 컸다. 정권 획득을 둘러싼 경쟁이 사실상 존재하지 않으면서 여당과 야당의 관계는 고정되고 정책 경쟁을 통해 민의를 반영하는 정치의 기능이 작동되지 못했다. 변하지 않아도 정권을 유지하고 기득권을 지킬 수 있었던 자민당은 개혁에 소극적이었고 대응이 느렸다. 정권 교체를 통해 이전 정권의 잘못이 드러나는 일은 없었으며, 파벌 균형을 배려해 무능한 정치가가 장관으로 임명되고, 부모의 지역구를 물려받아 자식이 국회의원이 되는 세습정치의 구태도 이어졌다. 반면 야당은 만년 야당으로 전락해 새로운 대안을 제시하고 변화를 이끌어 내는 역할을 하지 못했다.

　2009년 국민의 높은 기대와 열망 속에서 정권 교체를 이룬 민주당이 국민들의 기대를 충족시키지 못하고 물러나면서 일본 국민들은 정권 교체의 효용을 실감할 수 있는 귀중한 기회를 잃어버렸다. 그리고 기대가 컸던 만큼 실망이 커서 다시 자민당 지지로 돌아섰다. 그렇지만 정치에 대해서는 아무 것도 기대할 게 없다는 체념과 불신도 커졌다.

이런 상황에서 이제 일본 국민이 기댈 수 있는 것은 국민들 스스로가 움직여서 일본 정부가 개혁을 하지 않을 수 없게 만드는 방법밖에 없다. 정권을 상실할 수도 있다는 위기감으로 지금까지와는 다른 방식으로 민의를 반영한 새로운 국가비전을 제시하고 사회 시스템을 재설계하도록 압력을 넣어야 한다. 이런 식의 근본적인 개혁 없이는 현재의 위기 상황을 극복하는 것이 사실상 불가능하다.

과감하고도 철저한 개혁이 필요하다

그런데 지금까지 일본 정부가 개혁 조치를 취하지 않은 것은 아니다. 9장까지의 분석에서 확인한 바와 같이 일본 정부는 저출산과 고령화 대책, 사회보장개혁, 재정적자를 줄이기 위한 정책, 과소대책, 시정촌 합병, 국토형성계획 등 시기별로 인구문제를 극복하기 위해 다양한 정책을 실시해 왔다. 그렇지만 크게 성과가 있었다고 보기 어렵다.

그렇다면 무엇이 문제였을까? 이하에서는 위기를 극복하기 위한 방안을 큰 틀에서 제시해 본다.

첫째, 일본 정부는 인구문제를 국가 최우선의 과제로 설정해 중장기적인 관점에서 국가시스템을 재설계해야 한다. 그리고 달성해야 할 개혁의 구체적인 목표를 제시해 실행해 나가야 한다. 아직까지 어느 국가도 가보지 않은 길을 가는 첫 번째 인구위기국가로서 일본은 이러한 과제에 대한 해법을 스스로 찾아야 하는 위치에 있다.

국가 시스템의 재설계는 기존 정책이 왜 성공하지 못했는지에 대한 철저한 평가와 반성을 바탕으로 추진되어야 하고, 개혁을 강제할 수 있는 제도적 장치도 마련해야 한다. 개혁안에는 천문학적인 재정적자 축소, 사회보장제도의 안정적인 재원 확보와 세대 간 불공평 문제의 해결, 지방의 쇠퇴와 소멸을 막는 방안, 성장 동력이 되는 신산업 육성, 출산율을 높일 방안 등에 대한 구체적인 해법을 제시하고, 달성에 대한 책임도 함께 지겠다는 약속을 담아야한다. 이런 수준으로 강도 높은 개혁안이 제시되어야 국민도 정부에 대한 기대를 갖고 지지와 협력을 표할 것이다.

둘째, 개혁이 제대로 실행되기 위해서는 개혁의 사령탑으로서 정부가 거시적인 관점에서 정책을 합리적이고 효율적으로 추진할 수 있는 실력을 갖춰야 한다. 또한 국민에게 고통 분담을 요구하면서도 지지를 이끌어 내고, 반대를 돌파할 수 있는 강한 정치력과 리더십도 필요하다.

그런데 일본의 의사결정방식은 합의를 중시하고 갈등을 최소화하려는 경향이 강하기 때문에 표면적으로는 만장일치주의를 취하는 경우가 많다. 합의를 위해 이해 당사자들의 의견을 들어 조정하는 과정에도 많은 시간을 들인다. 이로 인해 소수라도 반대의 목소리가 있으면 이를 돌파하지 못해 정책이 추진되지 못하는 경우가 많다. 일본의 정책의제 중에는 이미 수십 년 전부터 그 필요성이 제기되어 검토되었지만 반대에 부딪쳐 정책으로 실현되지 못한 것이 많다. 사회가 변화를 수용해 앞으로 나아가야 할 때 반대를 돌파하지 못해 그대로 멈춰 있는 것이다. 이는 합의를 존중하는 집단주의적 정치문화로 인해 일본 사회가 지불해야 하는 매우 큰 사회적 비용이다.

셋째, 실질적인 성과를 얻을 수 있도록 과감한 개혁이 필요하다는 점이다. 큰 틀의 변화보다는 미시적인 조정으로 문제를 해결하려는 경향이 강한 일본의 정치문화에서는 애초부터 제도의 큰 틀을 바꾸는 파격적인 조치가 행해지지 않는다. 그뿐만 아니라 급격한 변화로 인한 충격을 완화하기 위해 적용 대상, 적용 방식, 적용 시기에 예외를 적용하거나 경과조치, 경감조치를 두는 방식이 널리 사용된다. 제도 변경으로 인한 부담증가액의 상한선을 낮게 설정하거나 보조금을 지급하는 등의 조치도 빈번히 취해진다. 심지어 부담을 완화하는 특례조치가 기간 제한 없이 지속되는 경우도 있다. 이러한 조치는 제도의 연속성이나 안정성을 위해 필요한 경우도 있지만 지나치게 남용되어 본래 의도했던 개혁의 효과를 거두지 못하게 한다는 점에서 문제가 크다.

특히 유권자의 환심을 사고 싶은 정치가들이 특례 조치를 남발하는 경우가 많다. 의원 입법으로 특례법을 제정해 개혁 조치를 무력화시킨 경우도 있는데, 이는 선거에서 유권자의 표만 얻으면 된다는 발상에서 비롯된 전형적인 포퓰리즘이라고 할 수 있다.

위기 극복의 힘은 국민에게서 나온다

현재 일본에서 개혁의 핵심과제가 되는 것은 매년 부족한 세수를 어떻게 충당할 것인가 하는 문제이다. 2019년에 두 번의 연기를 거쳐 소비세율을 10%로 올렸지만 이것으로는 문제가 해결되지 않아 여전히 국채를 발행할 수밖에 없다. 재정적자를 유발하는 주요 원인이 사회보장비용인데, 경제학자 오구로 가즈마사 교수의 추산에 따르면 향후 예상되는 사회보장비용의 증가에 대응하기 위해서는 2040년에 소비세율을 22%까지 올릴 필요가 있다고 한다. 소비세율 3%에서 10%로 올리기까지 무려 30년이나 걸린 일본에서 과연 이것이 가능할까?

천문학적인 재정적자의 일차적인 책임은 말할 필요도 없이 일본 정부에 있다. 국민에게 고통 분담을 요구하는 사회보장개혁을 통해 문제를 해결하는 것이 아니라 국채를 발행해 그 부족분을 메우는 손쉬운 방법을 30년 이상 지속해 왔기 때문이다. 그러는 사이 일본 정부는 1975년부터 2018년까지 무려 353.9조 엔이라는 천문학적인 비용을 국채 이자로만 지불했다. 그렇지만 일본 국민 또한 이 문제에 대해 나 몰라라 하는 태도를 보였다. 국가가 알아서 해 줄 것이라는 수동적인 자세와 내 주머니에서 돈이 빠져나가지만 않으면 괜찮다는 식의 무사안일주의로 일관해 왔다. 언론 또한 재정적자를 방치해서는 안 된다는 원론적인 주장만 되풀이할 뿐 정부의 책임을 철저히 추궁하거나 문제를 해결하기 위해 국민이 부담을 떠안는 방안에 대해서는 언급하지 않았다. 야당은 늘

사회적 약자를 위한다는 명분으로 증세반대론을 펼쳐 왔다.

이처럼 어느 누구도 책임을 지거나 부담을 떠안으려 하지 않는 동안 재정적자의 문제는 국가 기능을 쇠퇴시키고 일본 사회의 정체와 퇴보를 초래하고 있다. 일반회계 세출(2021년 예산안 기준)에서 국채비를 갚는 데 22.3%를 쓰고 사회보장비용에 33.6%를 쓰는 재정경직성으로 인해 일본 정부는 성장을 이끌어 나갈 생산적인 분야에 지출을 하지 못하고 있다.

이런 상황은 OECD 자료에서도 확인할 수 있는데, 2018년 시점에서 한일 양국 정부 지출의 GDP 대비 비율과 OECD 국가 내 순위를 살펴보면 다음과 같다(재무성의 『일본의 재정관계자료』 2021년에서 재인용). 정부 총지출을 보면 일본이 38.3%로 25위, 한국이 31.1%로 28위를 나타내 일본이 더 크다. 정부 총지출 중에서 사회보장지출만을 보면 일본이 23.4%로 10위, 한국이 11.6%로 29위를 나타내 한일 양국 간 차이가 크다. 반면 사회보장 이외 지출을 보면 일본이 14.9%로 29위이고, 한국이 19.6%로 21위를 나타내 한국이 더 크다. 이런 수치를 통해 일본 정부의 지출이 사회보장지출에 과도하게 편중되어 있음을 알 수 있다.

이와 같은 재정경직성으로 인해 일본 정부의 역할은 과거 고도성장기에 비해 축소되고 있다. 일본 정부가 4차 산업혁명을 위한 인프라를 구축하고, 어린이와 청소년의 성장과 교육에 투자할 수 있는 예산은 제한적이다. 젊은이의 고등교육과 직업능력을 향상시키기 위한 정부 지원도 제한적일 수밖에 없으며, 기초과학의 연구개발 투자, 신산업 육성을 위한 정부 지원에도 제약이 따른다. 이 것이 일본이 장기침체에서 벗어나지 못하는 중요한 원인 중 하나 이다.

그렇다면 어떻게 바꾸어야 하는가? 이제는 국민이 나서서 국민 부담을 늘릴 방안을 적극적으로 찾고, 정의롭고 공평한 부담의 원칙이 지켜지는 제도와 시스템을 만들도록 정부를 움직여야 한다. 연령에 상관없이 자산이나 소득이 많은 사람이 더 많이 부담하는 방식으로 세제와 사회보장제도를 과감하게 개혁하고, 기초적인 생활보장을 강화함으로써 모두 안심하고 살 수 있는 사회기반을 마련해야 한다.

나아가 가계 금융자산의 60%가 넘는 고령자의 풍부한 자산이 직계 자손의 범위를 넘어 공동체를 풍요롭게 하는 데 쓰일 수 있는 방안도 사회적 차원에서 고민할 필요가 있다. 사회보장제도가 확충되는 고도성장시대에 현역 세대가 부담하는 풍부한 세금과 사회보험료에 의해 혜택을 받은 고령 세대가 이 세상을 떠나면서 다시 현역 세대에게 도움을 주는 새로운 세대 간 연대와 협력의 모델을 만들 수 있을지도 모른다.

이처럼 일본 국민들이 현재의 위기 상황을 자신들의 문제로 받아들이고 적극적으로 해결책을 모색할 때 희망적인 전망도 가능할 것이다. 위기를 극복하는 힘은 국민에게서 나온다.

3. 두 번째 인구위기국가 한국의 과제

그렇다면 일본의 뒤를 이어 심각한 위기에 직면하게 될 두 번째 인구위기국가 한국은 이제부터 무엇을 해야 하는가? 어떻게 해서 희망적인 미래를 만들어 나갈 것인가? 이하에서는 일본이라는 사례를 통해 우리가 얻어야 하는 교훈에 대해 생각해 본다.

대한민국이라는 공동체의 기반을 튼튼하게 하자

저출산 문제가 우리의 최우선 과제라는 것은 누구나 다 아는 사실이다. 합계출산율이 1을 밑도는 매우 이례적인 출산율이 3년 연속 이어지고 있다. 이런 상황이 앞으로도 지속된다면 한국은 정말로 아이가 태어나지 않아 소멸하는 국가가 될 수도 있다. 그렇지만 적어도 내가 사는 동안에는 이런 일이 일어나지 않을 것이라는 안심감이 위기의식을 갖지 못하게 만든다. 한국은 국제적 위상이 날로 높아지고 생활수준도 높아지고 있는데, 아이 기르기 어려워 낳지 않겠다는 사람이 많아져서 국가가 소멸할 수도 있다는 사실을 도무지 받아들이기 어렵다.

무엇이 문제일까? 어디서부터 잘못된 것일까? 저출산 문제는 우리가 발 딛고 있는 대한민국이라는 거대한 시스템을 근본부터 되돌아보게 만든다. 인구문제를 고찰한다는 것은 숫자로 표현된 인구를 구성하는 한 사람 한 사람의 존재를 들여다보는 일이기도 하다. 우리 사회의 구성원이 누구인지, 그리고 그 구성원에 어떤 변화가 있는지, 변화를 초래한 원인이 무엇인지를 꼼꼼히 들여다 보는 것이다.

젊은 세대가 매일 매일의 생활이 너무 힘들어서 그리고 미래가 불안해서 가족을 형성하지 못하는 것은 우리 공동체의 근간을 무너뜨리는 일이다. 어린이가 태어나 심신이 건강하게 자라면서 좋은 교육을 받고 잠재능력을 실현하도록 이끌어 주는 사회, 이런 환경에서 성장한 아이들이 도전적이고 열정적이며 창의적인 젊은이로 활약한다. 이런 젊은이들의 노력으로 우리 사회는 성장하며, 그 성장의 열매는 사회 성원 모두가 함께 누린다. 이런 일이 가능하지 않은 사회는 미래가 없다.

그리고 개인의 입장에서도 이 세상에서 '나'라는 존재를 필요로 하고, 있는 그대로 온전히 이해해 주고 지지해 주는 가족을 형성하지 못하는 것은 인생에서 큰 좌절을 맛보게 하는 일이다. 자유로운 인생을 원해서 비혼을 선택하는 사람의 취향은 당연히 존중받아야 하겠지만, 결혼을 하고 싶어도 불안정한 고용 지위로 인해 결혼하지 못하는 것은 삶의 의지와 희망을 꺾는 중대한 문제이다.

그런데 우리 사회의 양극화가 심화되면서 젊은 세대 내의 격차는 더욱 커지고 있다. 부모의 사회경제적 능력이 교육격차를 낳고, 교육격차가 입학하는 대학을 결정한다. 그리고 이러한 격차가 다시 취업격차, 소득격차, 자산격차로 이어진다. 대기업과 중소기업, 정규직과 비정규직, 여성과 남성, 전문직과 비전문직 등 젊은 세대를 가르는 격차는 더욱 심화되고 구조화되고 있다.

나아가 젊은 세대 내의 격차는 가족 형성의 격차로도 나타난다. 4장에서 고찰한 바와 같이 2015년을 기준으로 일본에서 비정규직 남성 젊은이의 미혼율은 매우 높다. 40~44세가 65.8%, 45~49세가 56.9%이며 생애미혼율은 50.7%나 된다. 반면 여성의 경우는 이와 대조적으로 정규직의 미혼율이 높다. 40~44세가 30.9%, 45~49세가 25.7%이며 생애미혼율은 22.1%나 된다. 이러한 수치는 젊은이 사이의 격차가 만들어 내는 냉혹한 현실을 극명하게 보여 주는데, 정규직과 비정규직이 고용신분제가 되어 결혼할 수 있는 사람과 그렇지 않은 사람으로 나누고 있다. 이는 신분제에서 해방된 근대사회가 이루어 낸 모두가 결혼하는 개혼사회가 무너지는 것을 의미하는 것이기도 하다.

한국에서도 일본에서와 같은 현상이 일어나고 있다. 특히 한국은 젊은이의 미혼율이 증가하는 속도가 일본보다 빨라서 향후 더욱 문제가 커질 수 있다. 이것을 그대로 방치하는 것은 우리 사회의 근간을 무너뜨리는 일이다. 젊은이가 부모의 사회경제적 지위에 상관없이 자신의 열정과 노력으로 성취할 수 있는 사회를 만들어야 한다. 또한 여성이 책임 있는 자리에서 자신의 능력을 발휘하는 것이 당연해진 이 시대에 결혼과 출산, 육아가 여성의 직업적 성취를 저해하지 않도록 제도와 시스템, 문화를 새롭게 만들어야 한다.

국민이 움직이면 저출산 문제도 해결할 수 있다

그렇다면 우리는 저출산 문제를 해결하기 위해 무엇을 해야 하는가? 필요한 개혁을 미루지 말고 과감하고 신속하게 수행하는 것, 이것이 수십 년 동안 개혁을 하지 못해 문제를 키워 온 일본에게서 우리가 배우는 교훈이다. 일본의 전철을 밟지 않기 위해 한국은 일본식의 미시적 조정이 아닌 보다 근본적이고 과감한 개혁을 추진해야 한다.

이하에서는 국민 모두의 지지와 협력 속에서 우리가 중장기적으로 꾸준히 추진해 나가야 하는 과제를 제시해 본다.

첫째, 저출산 문제를 국가와 지자체에만 떠맡기지 말고 기업과 시민사회도 함께 나서서 해결책을 모색해야 한다. 기업은 여성친화적인 고용환경, 근무방식, 인사시스템, 육아지원, 남성 직원의 참여 등 제도와 시스템, 기업문화의 차원에 이르기까지 할 수 있는 일이 상당히 많다. 시민사회도 출산율을 높이기 위한 다양한 활동을 제안하고 실천해 나갈 필요가 있다. 그동안 여성단체에서 여성의 재생산권으로서 낳지 않을 권리를 실현하는 데 역점을 두었다면 이제는 낳고 싶어도 낳을 수 없게 만드는 여성이 처한 열악한 상황을 해결하는 데 앞장설 필요가 있다. 또한 매스미디어도 동참해 이런 활동을 응원하는 사회 분위기를 만들어 나가야 한다.

둘째, 젊은 세대의 결혼, 출산, 육아 지원이 지금까지와는 차원이 다른 수준으로 매우 파격적으로 이루어져야 한다. 5장에서 확인했듯이 2015년을 기준으로 한국의 가족 관련 사회지출의 GDP

대비 비율은 프랑스, 스웨덴, 영국에 비해 절반 이하 수준이다. 따라서 이들 육아지원 선진국 수준으로 가족 관련 사회지출을 늘릴 필요가 있다. 그리고 개별정책으로는 효과를 낼 수 없기 때문에 종합적인 지원책을 마련해야 한다. 아이를 기르는 부모의 입장에서 자녀 양육의 경제적 부담을 줄이고 육아와 일을 양립할 수 있는 지원책이 마련되어야 한다. 자녀의 입장에서는 가정 형편에 상관없이 건강하게 자라 좋은 교육을 받고 독립할 수 있도록 보장하는 지원책이 마련되어야 한다. 이 정도의 파격적이고 장기적인 지원책이 아니고서는 저출산 문제를 해결할 수 없다.

셋째, 어린이 기금이나 미래기금 등과 같은 형태로 독립적이고 안정적인 재원을 마련해 저출산 정책이 흔들림 없이 지속적으로 추진될 수 있도록 해야 한다. 그리고 정책을 꼼꼼하게 설계해 충분히 효과를 내고 있는지 엄격하게 검증해야 한다. 지금까지 저출산 정책이 성과를 내지 못한 것은 지원대상자에게 충분히 지원받고 있다는 만족감을 주지 못했고, 지속적이고 안정적으로 지원이 이루어질 것이라는 믿음을 주지 못했기 때문이다. 이때 누가 얼마를 부담할 것인지, 어떤 부담원칙이 공평한 것인지를 둘러싸고 의견이 대립할 수 있다. 한국이 더 높은 수준의 복지국가를 지향해 나가고자 할 때 정의롭고 공평한 부담원칙은 반드시 확립해야 하는 과제이다. 수십 년 동안 국민부담을 높이지 못해 천문학적인 재정적자를 안고 쇠퇴의 길로 가고 있는 일본의 실패를 따라가지 않기 위해서는 사회보장의 혜택과 부담이 균형을 이루도록 하는 원칙을 확립할 필요가 있다.

　이런 노력들이 적극적으로 전개될 때 저출산 문제는 반드시 해결된다. 전 국민이 나서서 협력하고 실천할 때 인구위기는 극복할 수 있다. 위기 극복의 힘은 국민에게서 나온다.

• 참고문헌 •

일본어

加藤久和, 2011, 『世代間格差: 人口減少社会を問いなおす』, 筑摩書房.

加藤久和, 2016, 『8000万人社会の衝撃: 地方消滅から日本消滅へ』, 祥伝社.

岡崎哲二, 2018, 「日本政府債務, 深刻度は大戦末期並み」(2018. 1. 23. 日経 Biz Gate).

江原由実子, 1992, 「女性問題と人口問題」, 『季刊・社会保障研究』 Vol. 28, No. 3.

健康保険組合連合会, 2017, 「医療保険制度における負担の公平に関する調査研究報告書」.

関口裕子・長島淳子・浅野富美枝・服藤早苗・早川紀代, 1998, 『家族と結婚の歴史』, 森話社.

関西経済同友会, 2017, 「若者政策を国家戦略の柱に: 若者の自律を支え, 人口減少による国力低下を乗り越える」.

関野満夫, 2020, 「戦争財政の後始末: インフレ, 財産税, 戦時補償債務, 国債負担の顚末」, 『経済学論纂』(中央大学) 第61巻 第1号.

広井良典, 2019, 『人口減少社会のデザイン』, 東洋経済新報社.

橋本健二, 2021, 「もう自助努力だけでは抜け出せない!: ニッポンのアンダークラス」(2021. 3. 23 nippon.com).

駒村康平, 2014, 『日本の年金』, 岩波書店.

国立社会保障・人口問題研究所, 2015, 「現代日本の結婚と出産: 第15回出生動向基本調査報告書」.

宮本みち子, 2012, 「成人期への移行モデルの転換と若者政策」, 『人口問題研究』 68-1.

宮坂靖子，2012，「大正期における産児調節運動の展開と普及：産児調節相談所の活動とその利用者」，『家族関係学』No. 31.

権丈善一，2015，『医療介護の一体改革と財政』，慶応義塾大学出版会.

鬼頭宏，2011，『2100年，人口3分の1の日本』，メディアファクトリー.

鬼頭宏，2016，「人口維持できない少子化なぜ起きた？ 豊かになった日本が抱える4つの理由」(2016.11.21. the PAGE).

吉原祥子，2017，『人口減少時代の土地問題：「所有者不明化」と相続，空き家，制度のゆくえ)』，中央公論新社.

吉川洋，2016，『人口と日本経済』，中央公論新社.

内閣府，2014，「人口，経済社会等の日本の将来像に関する世論調査」(内閣府 資料).

内閣府，「これまでの少子化対策の取組」，『少子化社会対策白書』(2019年).

内閣府，『少子化社会対策白書』(2017年，2019年，2021年).

内閣府，『高齢社会白書』(2018年，2020年，2021年).

内閣府，『男女共同参画白書』(2020年).

内閣官房・内閣府・財務省・厚生労働省，2018，「2040年を見据えた社会保障の将来見通し」(内閣府 資料).

鈴木亘，2014，『社会保障亡国論』，講談社.

鈴木将之，2017，『超高齢社会だから急成長する日本経済：2030年にGDP700兆円のニッポン』，講談社.

藤巻一男，2010，「租税負担と受益に関する国民意識について」，『税ジャーナル』14号.

藤田菜々子，2009，「1930年代スウェーデン人口問題におけるミュルダール—'消費の社会化'論の展開」，『経済学史研究』51巻 1号.

藤波匠，2020，『子供が消えゆく国』，日本経済新聞出版社.

落合恵美子，1997，『21世紀家族へ：家族の戦後体制の見かた・超えかた』，有斐閣.

明石順平，2019，『データが語る日本財政の未来』，集英社インターナショナル.

明石順平，2020，『キリギリスの年金：統計が示す私たちの現実』，朝日新聞出版.

明石順平，2021，『財政爆発：アベノミクスバブルの破局』，KADOKAWA.

明治安田生命，「退職世代の資産と老後の生活設計」(明治安田生命 資料).

牧野知弘，2016，『老いる東京，甦る地方』，PHP研究所.

尾崎葵，2013，「日本における財政赤字の問題点とその解決策」，『香川大学経済政策研究』第9号.

山岡淳一郎，2011，『国民皆保険が危ない』，平凡社.

山崎史郎，2017，『人口減少と社会保障』，中央公論新社.

山本起世子，2011，「生殖をめぐる政治と家族変動：産児制限・優生・家族計画運動を対象として」，『園田学園女子大学論文集』第45号.

山田真成・岡田徹太郎，2019，「日本における痛税感形成の要因分析(上)：所得税と消費税を対象として」，『香川大学経済論叢』第92巻 第1号.

山田昌弘，2007，『少子社会日本：もうひとつの格差のゆくえ』，岩波書店.

山田昌弘，2014，『家族難民：生涯未婚率25％社会の衝撃』，朝日新聞出版.

山田昌弘，2019，『結婚不要社会』，朝日新聞出版.

山田昌弘，2020，『日本の少子化対策はなぜ失敗したのか？ 結婚・出産が回避される本当の原因』，光文社.

山田昌弘・白河桃子，2008，『'婚活'時代』，ディスカヴァー携書.

三上直行，2017，「広がる'官製婚活'，成果は出ているのか？ 自治体の婚活支援は活況だが，課題も多い」(2017. 11. 26. 東洋経済 ONLINE).

杉原直樹・高江洲義矩，2000，「高齢化社会をめぐる用語の意味するもの」，『老年歯学』第15巻 第1号.

上野千鶴子，2013，『女たちのサバイバル作戦』，文藝春秋.

善積京子，1977，「日本における非摘出：史的推移とその社会的要因」，『大手前女子短期大学・大手前文化学院研究集録』2券.

石田昌夫，2005，「財政赤字問題の再検討」，『産業経済研究所紀要』第15号.

小林慶一郎 編，2018，『財政破綻後：危機のシナリオ分析』，日本経済新聞出版社.

小田切徳美, 2014, 『農山村は消滅しない』, 岩波書店.

小黒一正, 2020, 『日本経済の再構築』, 日本経済新聞出版社.

速水融・小嶋美代子, 2004, 『大正デモグラフィ』, 文藝春秋.

松谷明彦, 2004, 『人口減少経済の新しい公式:'縮む世界'の発想とシステム』, 日本経済新聞出版社.

松谷明彦・藤正巌, 2002, 『人口減少社会の設計: 幸福な未来への経済学』, 中央公論新社.

縄田康光, 2006, 「歴史的に見た日本の人口と家族」, 『立法と調査』No.260.

市川宏雄, 2015, 『東京一極集中が日本を救う』, ディスカヴァー携書.

榊淳司, 2017, 『2025年東京不動産大暴落』, 朝日新聞出版.

新川達郎, 2019, 「圏域マネジメント論とこれからの地方自治: 2040問題と第30〜32次地方制度調査会の検討から」, 『同志社政策科学研究』第2巻 第2号.

阿藤誠, 2000, 『現代人口学』, 日本評論社.

阿藤誠, 2012, 「少子化問題を考える: 趨勢・背景・政策・展望」(第185回日本大学経済学部経済科学研究所研究会).

阿藤誠, 2017, 「少子化問題を考える: 少子化の人口学的メカニズムを踏まえつつ」, 『医療と社会』Vol. 27 No.1.

岩崎博充, 2019, 「日本人の給料がほとんど上がらない5つの要因: 90年代以降の平均上昇額はわずか7万円程度」(2019. 3. 2. 東洋経済 ONLINE).

岩崎博充, 2020, 「日本人は'失われた30年'の本質をわかってない」(2020. 1. 26. 東洋経済 ONLINE).

岩澤美帆, 2002, 「近年の期間TFR変動における結婚行動および夫婦の出生行動の変化の寄与について」, 『人口問題研究』58-3.

野澤千絵, 2016, 『老いる家 崩れる街: 住宅過剰社会の末路』, 講談社.

若林敬子, 2006, 「近年にみる東アジアの少子高齢化」, 『アジア研究』Vol. 52, No. 2.

NHKスペシャル'私たちのこれから'取材班, 2016, 『超少子化: 異次元の処方箋』, ポプラ社.

NHKスペシャル取材班, 2017, 『縮小ニッポンの衝撃』, 講談社.

原田泰, 2001, 『人口減少の経済学: 少子高齢化がニッポンを救う!』, PHP研究所.

人口問題審議会, 1997, 「少子化に関する基本的考え方について: 人口減少社会, 未来への責任と選択」.

日本経済新聞社 編, 2019, 『限界都市: あなたの街が蝕まれる』, 日本経済新聞出版社.

日本再建イニシアティブ, 2015, 『人口蒸発'5000万人国家'日本の衝撃』, 新潮社.

自治体戦略2040構想研究会, 2018「自治体戦略2040構想研究会 第二次報告: 人口減少下において満足度の高い人生と人間を尊重する社会をどう構築するか」(総務省 資料).

財務省, 2019, 「我が国の財政事情」(財務省主計局 資料).

財務省, 『日本の財政関係資料』(2020年, 2021年).

財務省, 『これからの日本のために財政を考える』(2021年).

猪口邦子, 2009, 「社会政策: 少子高齢化のアジアとEU比較」, 『学術の動向』5月号.

荻野美穂, 2008, 「資源化される身体: 戦前・戦中・戦後の人口政策をめぐって」, 『学術の動向』4月号.

赤川学, 2004, 『子どもが減って何が悪いか!』, 筑摩書房.

赤川学, 2017, 『これが答えだ! 少子化問題』, 筑摩書房.

赤川学, 2018, 「なぜ若者は結婚しないのか? コスパの悪さだけではない'日本の現実'」(2018.1.5. 現代ビジネス).

田多英範, 2009, 『日本社会保障制度成立史論』, 光生館.

田中秀明, 2013, 『日本の財政』, 中央公論新社.

田村秀, 2018, 『地方都市の持続可能性』, 筑摩書房.

井手英策, 2013, 『日本財政: 転換の指針』, 岩波書店.

第32次地方制度調査会, 2019, 「市町村合併についての今後の対応方策に関する答申」(総務省 資料).

第32次地方制度調査会, 2020, 「2040年頃から逆算し顕在化する諸課題に対応するために必要な地方行政体制のあり方等に関する答申」(総務省 資料).

朝日新聞取材班, 2019, 『負動産時代: マイナス価格となる家と土地』, 朝日新聞出版.

早川幸子, 2021, 「2022年, 高齢者医療費負担が2割に上昇! 慌てる前に確かめるべき'実態'」(2021. 6. 25. DIAMOND online).

佐藤龍三郎, 2004, 「少子化の意味: 人口学的観点から」, 『学術の動向』7月号.

佐藤龍三郎, 2008, 「日本の'超少子化': その原因と政策対応をめぐって」, 『人口問題研究』64－2.

佐々木信夫, 2017, 『老いる東京』, KADOKAWA.

佐々木信夫, 2019, 『この国のたたみ方』, 新潮社.

竹信三恵子, 2017, 『正社員消滅』, 朝日新聞出版.

中川聡史, 2017, 「人口減少社会の人口移動: 国内」, 宮本みち子・大江守之, 『人口減少社会の構想』, 放送大学教育振興会.

増田寛也 編著, 2014, 『地方消滅: 東京一極集中が招く人口急減』, 中央公論新社.

増田寛也, 2018, 「所有者不明土地問題研究会最終報告概要: 眠れる土地を使える土地に'土地活用革命'」(内閣府 資料).

持田譲二, 2019, 「一人親貧困率ワースト1, 特異な日本型賃金: 子どもの貧困の実相(下)」(2019. 10. 23. nippon.com).

村上芽, 2019, 『少子化する世界』, 日本経済新聞出版社.

総務省, 2019, 「平成30年度版 過疎対策の現況」(地域力創造グループ過疎対策室 資料).

総務省, 2020, 『地方財政白書』.

総務省統計局, 2020, 『世界の統計』.

土居丈朗研究会, 2016, 「痛税感緩和のための税制改革」(ISFJ日本政策学生会議 政策フォーラム2016 発表論文).

筒井淳也, 2015, 『仕事と家族: 日本はなぜ働きづらく, 産みにくいのか』, 中央公論新社.

坂野喜隆, 2018, 「広域連携とガバナンス: 一部事務組合を手がかりとして」, 『経済学論纂』(中央大学) 第58巻 第3・4合併号.

八代尚宏, 2013, 『社会保障を立て直す』, 日本経済新聞出版社.

八代尚宏, 2016, 『シルバー民主主義―高齢者優遇をどう克服するか』, 中央公論新社.

平野正樹, 2012, 「わが国の財政赤字 何が問題か」, 『岡山大学経済学会雑誌』43-4.

河野稠果, 2007, 『人口学への招待: 少子・高齢化はどこまで解明されたか』, 中央公論新社.

河合雅司, 2017, 『未来の年表: 人口減少日本でこれから起きること』, 講談社.

河合雅司, 2019, 『未来の地図帳: 人口減少日本で各地に起きること』, 講談社.

荒川和久, 2017, 「女性が直面する'稼ぐほど結婚できない'現実: 未婚化は低年収男性だけが原因じゃなかった」(2017. 6. 11. 東洋経済 ONLINE).

横道清孝, 2008, 「日本における道州制の導入論議」, 『アップ・ツー・デートな自治関係の動きに関する資料』, 自治体国際化協会・政策研究大学院大学 比較地方自治研究センター.

横道清孝, 2013, 「時代に対応した広域連携のあり方について」, 『都市とガバナンス』Vol. 20.

厚生労働省, 『厚生労働白書』(2011年, 2012年, 2015年, 2018年, 2021年).

厚生労働省, 2018, 「わが国の人口動態(平成28年までの動向)」(厚生労働省資料).

한국어

국중호, 2012, 『일본의 사회보장·조세의 일체개혁과 한국에의 시사』, 한국조세연구원.

김규판·이형근·김은지·서영경, 2013, 『일본 재정의 지속가능성과 재정 규율에 관한 연구』, 대외경제정책연구원.

신정완, 2017, 「1930년대 스웨덴 인구문제 논쟁에서 제시된 뮈르달 부부의 가족정책 구상의 이론적, 철학적 기초」, 『스칸디나비아연구』 제 19호.

조성호, 2018, 「청년층의 경제적 자립과 이성교제에 관한 한일 비교연구」, 『보건사회연구』 38(4).

조영태, 2016, 『정해진 미래』, 북스톤.

조영태, 2021, 『인구 미래 공존』, 북스톤.

영어

Billari, Francesco C. & Hans-Peter Kohler, 2002, "Patterns of Lowest-Low Fertility in Europe," Working papers of the Max Planck Institute for Demographic Research.

Caldwell, John C. & Thomas Schindlmayr, 2003, "Explanations of the Fertility Crisis in Modern Societies: A Search for Commonalities," *Population Studies*, Vol. 57, No. 3.

European Commission, 2001, *European Commission White Paper: A New Impetus for European Youth*, Commission of the European Communities.

Lesthaeghe, Ron, 2014, "The Second Demographic Transition: A Concise Overview of its Development," PNAS.

Malthus, Thomas Robert, 1798, *An Essay on the Principle of Population*; 이서행 역, 2016, 『인구론』, 동서문화사.

Morland, Paul, 2019, *The Human Tide*; 서정아 역, 2020, 『인구의 힘: 무엇이 국가의 운명을 좌우하고 세계사의 흐름을 바꾸는가』, 미래의 창.

Sobotka, Tomáš, Anna Matysiak and Zuzanna Brzozowska, 2019, "Policy responses to low fertility: How effective are they?"

(Working Paper No. 1), UNFPA.

United Nations, 2017, "Government Policies to Raise or Lower the Fertility Level," *Population Facts*, No. 2017/10.

United Nations(Population Division), 2018, *World Population Policies 2015*, United Nations.

Van de Kaa, D. J. 1987, "The Europe's Second Demogrphic Transition," *Population Bulletin*, 43-1.

Vogel, Ezra F., 1979, *Japan as Number One: Lessons for America*; 広中 和歌子・木本彰子 訳, 『ジャパン アズ ナンバーワン』, 阪急コミュニケーションズ.